增订版

政法笔记

增订版

政法笔记

附利未记

ESSAYS ON ZHENGFA
OR LAW AS POLITICS
with Leviticus

冯 象 著

献 辞

三月——致丁阿姨

回去吧,阿姨,我不冷
我全记住了
　　　你要我一路上当心
　　　以后写信
　　　写信
我全记住了

我们五个人,也不是头一趟出门
回去吧,天都亮了,那么多人
　　　我不冷,还有
鞭炮锣鼓大红花大标语还有
人人人的脸上
　　　的泪好像

是我们抄他们家
　　　贴他们大字报打倒打倒
　　　跟谁决裂看谁忠不忠
回去吧，别挤在红旗下
喇叭叫了，那么多人
也不是头一趟

我全记住了
只没想到，阿姨
　　　我一路上当心以后写信
　　　我不冷
你回到家
依旧哭了一场

目 录

弁 言

上 编

从前没有律师的时候

腐败会不会成为权利

它没宪法

案子为什么难办

公证婚前财产、标价拾金不昧之类

法盲与版权

鲁迅肖像权问题

从卡拉OK与人体写真想到的

性贿赂为什么不算贿赂

送法下乡与教鱼游泳
96

所多玛的末日
107

正义的蒙眼布
119

好律师能不能也是好人
133

县委书记的名誉权
145

孔夫子享有名誉权否
154

诽谤与创作
159

小头一硬，大头着粪
163

取名用生僻字该不该管
175

葛流帕福音
182

法学院往何处去
196

致《北大法律评论》编辑部
209

修宪与戏仿
212

中国要律师干嘛
224

不上书架的书
227

大选2000
232

下 编

利未记
253

学院的圣日（增订版跋）
315

参考书目
323

弁 言

有一年,香港大学法学院的老同事陈弘毅先生来访,问哈佛广场有哪几家书店可看。我推荐了号称"全美最佳学术书店"的哈佛书店(按:此书店实际与大学无任何隶属挂靠关系,因店名起在大学申请"哈佛"商标、成立商标授权管理办公室之前,故得以免费继续使用"哈佛"二字,包括注册含金量极高的互联网域名:www.har-vard.com)。陈先生进了书店即来到"Law"字下面,发现法学书籍仅占了一只书架,远少于周围其他科目(宗教、神话、哲学、政治)的陈列面积,甚为惊讶,问什么道理。我一下答不上来;实在是老主顾了,熟视无睹,竟从未留意过法学的这一"窘境"。上世纪八十年代,哈佛书店后门街角旮旯里还缩着一爿法律书店,窗口粘些"收购旧课本"的黄纸条。后来不知什么缘故关闭或迁走了,哈佛书店却也并不乘机扩展法学的面积。回到家里,又想了想,觉得事出有因,似可这样解释:

法律在美国是一门谋生赚钱的职业(故放在研究生阶段学习,见下文《法学院往何处去》),需要设一道挡人唬人的门槛。传授法律知识的书包括教材,便不是为门槛外的读者写的,所以法律出版商自有一套面向法学院和律师楼的发行渠道,不通过综合性书店。入选哈佛书店那一只书架的法学书籍,大都属于法学理论和跨学科研究的著作。这类书本来就不多,而且要店主估计,能够吸引非法律专业的读者(又名"法盲")浏览掏钱,他才肯进书。难怪法学类的书目和面积有限了。

这跟中国的情形刚好相反。改革开放以来,"有法必依"、"依法治国"诚然是天天宣传的大政方针,在现实生活中,法律却并无令人尊敬的权威,也没有严格的职业门槛,法官律师差不多是人人都能胜任的工作。不然,文凭证书怎么会搞得到处合法非法地贱卖?与此相关,另外一个重要因素是,没有几个读书识字的干部群众愿意承认并且安心于自己的"法盲"地位。秋菊的同类还在天真地期待,通过读书看报或想别的办法,摘掉"法盲"的帽子——好比笑话里说的那只掉进奶油罐儿的老鼠,拼命挣扎,不肯绝望,最后居然把奶油搅拌凝固成一块黄油,站在黄油上跳出了罐儿!所以,书店里满满当当的法律《汇编》《详解》《问答》,其实是法治尚未成功的一个症状。至少,在中国法治脱离"初级阶段"与"国际"亦即美国接轨之前,法律书刊还不会卖不动而被迫撤出主流书店。于是陈先生对哈佛书店的观感给了我一个启迪,让我想到跨出门槛去,为中国的普通读者写一本书,谈谈新旧政法体制衔接转型中的一些法律问题。

不过我这个计划,还有深一层的原因。目前国内书店宣传出售的法律书刊,多半是统编教材或普法手册式的,内容以法条的文字和"学理"解释为主。或者虽然也编写案例,却是用来说明法条的"正确适用"的。而法条,我们知道,跟各级衙门接的电话批的条子,和法院大厦里打牌喝酒、"三陪律师"进进出出那一套,完全是两码事。换言之,法治之法,基本上是不按照本本行事的;后者只是前者的一件漂亮新衣,所以才必须按时更换,"日日新又日新",写真了再写真。这,才是值得我们认真讨论的问题。而且我们这一场讨论,应当从门槛外开始。因为法治在理论上,是全体公民无分阶级性别身份贵贱都有发言权的;因为其中几乎每一项改革,私有产权每一天"神圣"的攫取,资本再临中国,每留下一个深深的脚印,都是以许许多多人的贫困、伤痛和流离失所为代价的。而上面说过,中国正处于法治建设的蜜月期,法律尚未完全职业化,还在努力学习争取成为资本的语言和权势的工具,还暴露着它的红嫩的爪牙。这是一个历史的机遇,因而也是一代学人和批判者肩头的重任。将来法治建成——我想这要不了太久,不过是资本帝国新设一路行省而已,不是什么了不起的功业——格局就该接近哈佛书店的"窘境"了:法律,只给一只书架。

千禧年春,汪晖先生重访剑桥,约请为《读书》杂志写一专栏。便决意实现这个计划,取名《政法笔记》。当时我在哈佛法学院兼课,往往是讲到什么题目,就写什么;只是注意不说一般读者不会感兴趣的太技术性的内容,专为美国学生准备的背景资料也不谈。文章多数刊载在《读书》,少数在《南方周末》、《万象》及香港《信报》,也有未及发表的,共二十五篇。因杂志体例的限制,发表时略去了参考书目,个别文句标点亦有变动。现在全部恢复原状,连同参考书目,俾便检索。结尾两篇原非"笔记",稍作交代:《不上书架的书》是应《南方周末》刘君小磊之邀作的。有学生读了,说要把文章谈论的那四本"对我影响最大的书"找来"学习学习"。这让我非常高兴:当老师的幸福,莫过于看到学生读书上进(虽然他成材与否,不归我的功劳或失败;师生之间,除非谈恋爱做夫妻,我以为不应有任何实际利益的考虑)。所以附上供读者参考。《大选2000》讲的是美国大选期间此地发生的真实故事,因为跟本书的主旨有些关系,或可刺激读者独立思考问题,就一块收了。书名"政法",常有学生问起,说感觉老派陌生。其实这两个字是地道的官方术语,如中央和地方各级党委设政法委员会,主管全国及各省市的政法工作。北京、上海等地有政法学院(大学),为政法战线培养人才。这校名本来十分得体,译成英文,却作"政治学与法律学院"(institute of political science and law),未免误导老外。各民族文化传统的精华,往往是不易准确简明地翻译的,故有"翻译为叛逆"之说(traduttore traditore)。"政法"即一现例。

写作期间,北大法学院苏力、清华法学院王振民、中国政法大学方流芳三位教授先后来哈佛访学,时时切磋,受益匪浅。承北大法学院汪庆华同学(后考入哈佛法学院学习)热情协助,多次为我选购邮寄法律书籍。哈佛法学院安守廉(William Alford)与雪城法学院周熙乐(Hilary Josephs)两位教授,曾就我写的反腐败和性贿赂问题组织讨论并赠阅论文。《县委书记的名誉权》以下三篇和《葛流帕福音》、《修宪与戏仿》,是今年三月在北大和清华所做的三次公开演讲的脚本(非实际演讲内容)。其中北大法学院的演讲由法律出版社鼎力襄助,苏力与葛云松教授评论,深感荣幸。《法学院往何处去》是在清华讲授知识产权的结束语,故保留了讲课的口吻。就以上四个题目,与清华、北大以及湘潭大学、浙江大学、华东师大和上海师大的同仁学子均有愉快的讨论。返美后,中山大学法学院刘星教授及姜勤峰、武增、杨海峰、冷静、沈明、张薇薇、汪庆华、徐昕诸君,先后耐心回答了我的问题。谨此一并鸣谢。

所有文章,照例由内子通读了提出修改意见,"挑刺"质疑辩论澄清,直至定稿。

这本书献给丁幼媛阿姨。她四十年如一日,无微不至地照料了我们全家三代,特别是在文革期间最困难的日子里。她从诸暨老山带来的那些斫柴刺虎水井沉冤的故事,最先开启了我的文学心扉。我十五岁穿着她亲手扎的布鞋去到云南农村,从此,慢慢懂得了她的智慧、她的勇气、她的美德以及我报答不尽的她的爱。

二零零三年七月于麻省新伯利港铁盆斋

上 编

从前没有律师的时候

从前没有律师的时候,制度极不健全。吃饭要粮票,穿衣要布票,副食品凭证供应,仅限于城市户口。那个火红年代的人,鼻子灵敏得大山背面寨子里杀猪他能闻见肉香。不过干部比现在廉洁,官僚主义才冒头便揪出来割了。而且晓得身体是革命的本钱:忠字舞跳完,打鸡血针,还时兴喝凉水憋尿练气功。后来风气变了。记得首先是为了解决子女参军、知青病退回城等问题,纷纷送礼托人走后门。现在的学者认为,这跟当时没有律师有直接关系。

后来平地一声春雷,拨乱反正,恢复了律师,叫作"国家法律工作者",吃国家粮。人们生活一天比一天富裕,市场上一样不缺,狸猫人乳没有吃不到的。外国的高档名牌满街走,不全是假冒。只有贪污腐败的风气制止不了,大案要案层出不穷;犯罪分子通过种种手段把国有资产往自己的兜里塞,一天一个亿不止。揭露出来逃不了的,就逮捕法办了。

于是地狱里灵魂大增。那些从前因贪图资本主义吃

下地狱血淋淋的队伍里居然有了律师。
〔法〕多雷(1832—1883):《神曲》插图《灵魂登舟下地狱》。

了枪子儿的,见到新来的后脑带窟窿的,听说他们犯的这样那样的罪状,差点妒忌死了。可是那些新灵魂叹着气说:我们算什么呀,真正了得的人不会来!老灵魂问什么意思。新灵魂说:他们有律师!

再后来,下地狱血淋淋的队伍里居然有了律师。说是阳世律师太多,职业化不够,门槛低,农民都考得上。客户却越来越难拉了,吃不饱还恶性竞争,不得不铤而走险。大家听了,默默无语。不久,地狱里打架咬脖子的现象明显减少。有权有势的都雇了律师代理;

没钱的每人发一本《阎罗六法》手册,让他们请律师打官司维护灵魂权利。阎王爷还下诏办法学院,宣传法治培训判官,接下来还准备延聘专家起草宪法。

一开始,人间禁止报道地狱改革,凡捏造、散布或听信谣言者一律收容审查,知情不举者追究责任。然而不出仨月,还是透露出一点风声。一说网上可以查到;互联网接通地狱,是中央情报局的阴谋。一说阎王爷出了大价钱,要挖人间的法律人才。总之,现在明里不说,但圈内人士已经在传:一旦地狱建成法治,下不下地狱便无所谓了。

二零零三年六月

腐败会不会成为权利

提出这个问题,不是耸人听闻。腐败是我们这个时代的商标。好些年了,每次社会调查都说,老百姓最关心、反对的事,就是腐败。下岗也关心,但那是害怕多于反对,领域也没那么广。性质不同。再过二十年,如果腐败仍旧大盘高企,牛市不衰,会不会成为从业者的一项权利?这是一个很现实的问题。不光法律工作者要考虑(比方说经济犯罪案子养活了多少律师、会计,还有其他的人?),大家都应当考虑。先说权利。

权利是现代(西方式)法律的基础。这至少有两层意思:假设您花半价买一件名牌皮夹克,回家先生/太太/朋友一看,断定是假冒伪劣,觉得上当受骗了,要求法律为您讨回公道。法律(通过有关部门/人员)问:您说的假冒伪劣侵犯了您什么权利?要是您说不上、写不出那个权利,法律就很可能:"对不起。喂,下一位!"——法律可不是秋菊的"说法",人家得讲效率——当然,受贿徇情枉法的不算。原来,权利是一种资格、能力、特许、豁免,有了它(再加上别的必要条件,例如金钱、知识、时间),才能劳法律的大驾,保护或促进以权利命名的各种利益。这是第一层意思。第二层,假设您说出了自己主张的权利,法律却仍不能还您公道。例如您要求像"王海打假"那样,按照《消费者权益保护法》双倍赔偿,法律却不承认您是"消费者",因为据调查您是"知假买假"。这条理由,背后的那通理论、那场辩论、那杆标准,偏偏就有某项据说跟您冲突、比您重要的权利作依据。宣传出去,很多人都同意:法律没错,为索赔而"消费",动机不纯,哪能鼓励呀?这么看,权利还是用来解释、宣传、生产和消灭(上述第一层意思的)权利的那一套套理由、理论、辩论和标准的总归宿。通俗地说,就是意识形态。特指马克思批判过的那部掩盖着矛盾的和倒置现实的法权神话:"那座人的固有权利的伊甸园,那个大写的自由、平等、物权同边沁(Bentham)的唯一领地"(《资本论》卷一章六)。注:边沁(1748—1832)是英国法学家,神童(四岁通拉丁语),善改革,创功利派哲学及"全视"无死角环形监狱(panopticon)。死后遵其嘱咐,遗体(蜡头肉身玻璃棺)存伦敦大学学院。

举一个有名的案例说明:

一九九一年十二月二十三日,倪培璐和王颖到北京国贸中心下属的惠康超级市场购物。在糖果柜台前看了一会儿,然后到另一货位选了一个相架。付过款,走出市场大门五六米处时,两名市场工作人员追来拦下她们盘问,还带到办公室让她们打开手提包、解外衣扣、摘帽子检查。两位消费者觉得人格受了侮辱,名誉遭到侵害,据报道还曾有轻生的念头。终于,半年后向朝阳区人民法院提起民事诉讼,要求判令被告国贸中心赔礼道歉、消除影响并赔偿经济损失及精神损害抚慰金。被告辩称,惠康超市关于工作人员有权在收银处检查顾客带进店内的包袋等规定,以公告形式张贴在市场入口处。原告一旦进入市场购物,即应视为自愿接受该规定,等等。很多人,包括吴祖光先生,听说后都挺气愤:"店大欺客"是"中国长期封建社会留下来的丑恶现象"哪!结果吴先生反而被国贸中心告了,指他在《中华工商时报》发表的一篇批评文章与事实不符,并且说某某"洋奴意识"、"恬不知耻",已构成诽谤,侵害了国贸中心的名誉权(李束、文力编:《中国名人名案实录》,第140页以下)。

法院怎么判?《最高人民法院公报》一九九三年第一期刊登的"倪培璐、王颖诉中国国际贸易中心侵害名誉权纠纷案"说:"法院认为:权利,是指法律赋予公民或法人可以行使的一定行为和可以享受的一定利益。公民或法人行使某一行为,如果没有法律的依据或者不符合法律规定,都不能自认为有权利行使这样的行为"(原文如此)。法律既然从未赋予商家盘问、搜查顾客的权利,惠康超市便无权张贴那公告。即使张贴了,由于没有法律根据,也属无效。超市和(推定看了公告,接受其规定)进入超市购物的顾客之间,形成不了契约关系。没有契约上的权利,仅仅因为怀疑(而无确凿证据)原告偷拿货物,就盘问、搜查,便是严重侵害原告"依法享有"的名誉权。最后,经法院"查清事实,分清是非",被告表示愿向原告道歉并各付一千元经济损失和精神损害补偿,请求原告撤诉。原告接受了"补偿费",同意自行和解。法院裁定,准予撤诉。

表面上,"法院认为"一段似乎主张权利法定,调过头来以法律为权利的基础,拒绝契约自由的原则。实际上这里有一个宪法性约束或难题,就是人民法院无权解释《宪法》:本来可能直接适用本案的《宪法》条款,如"禁止……非法剥夺或者限制公民的人身自由,禁止非法搜查公民的身体"(第三十七条),在审判中不许引用、讨论。法院只好借口权利法定,将"找法作业"推给被告,绕开这个难题(刘连泰:《我国宪法规范》,第17页)。说不出法律"赋予"即无权利张贴公告,这样的推论,当然是现实的倒置:大写的权利(意识形态)对权利的否定,或权利话语的无穷循环。

然而"法院认为"作为司法文件公开发表,同被告请求和解一样,也是法院"查清事实,分清是非"的结果,即以事实(问题)和是非(价值)为出发点界定权利、解释法律。所以此案同时表明,权利的界定在司法实践(和实际生活)中可以是"机会主义"的,可以为达到某一特定目标或效果(如反对商家"洋奴意识",保障公民言论自由)而收窄、放宽。前些年《人民法院案例选》公布的一批案例,国家干部和科技人员"挂靠"全民或集体单位,利用业余时间承包业务收取报酬,因符合"三个有利"和"深化科技体制改革"的政策,不算贪污受贿,便是放宽的一例。由此可见,法律"赋予"不了所有的权利;权利可以源于法律之外、之上而一样要求法律保障。在此意义上,权利可泛指任何"推定享有保障而他人不得干涉的重要利益"(波斯纳:《法理学问题》,第331页)。保障的推定或期许,则可来自多种与国家法律共生、重叠或冲突着的社会实践,如政策、道德、宗教、行业规范、乡约民俗等。

明乎于此,就可以说腐败了。

"贪污和浪费是极大的犯罪",这句话我想绝大多数人都会赞同,至少到目前为止。赞同,不仅因为是毛主席的话,而且还反映一种普遍的道德态度:贪污可耻。毛主席讲贪污,包括贿赂侵吞、勒索舞弊、假公济私等一切令干部被资产阶级"糖衣炮弹"打倒而腐败的行为。反腐败的斗争方式,是通过"三反"(反贪污、反浪费、反官僚主义)那样的运动:"全党的大清理,彻底揭露一切大中小贪污事件,而着重打击大贪污犯,对中小贪污犯则取教育改造不使重犯的方针"(引自薄一波:《若干重大决策与事件的回顾》,第141页)。"贪污犯"分大中小而区别对待、分化瓦解、争取转变、挽救大多数,则是基于两类不同性质矛盾的学说。现在依法治国,不这么说话了。

今天腐败为什么成风,大案要案居高不下,论者见仁见智。或指公共权力未受制约,政经不分、党政一体而容易被人利用谋取私利;或责经济体制转型而出现价格双轨(计划价和市场价),刺激倒卖"寻租";或怪传统文化、封建特权、西方腐朽生活方式,等等(王沪宁:《反腐败》,第9页;肖扬编:《贿赂犯罪研究》,第43页以下)。唯有人们对腐败的容忍、迁就乃至辩护,作为一个道德立场和伦理价值问题,研究的还不多。这一点对于本文的讨论却至关重要。因为腐败既然有那么多原因和机会发生而难以"大清理",司空见惯,在某些领域、某种场合,它差不多也可以"推定享有保障而他人不得干涉"了。比如医生拿病人红包,学校收家长"赞助",就极少"彻底揭露"。那么,是什么东西还挡着腐败,不让它获得权利的待遇呢?恐怕也就是道德了。

于是,腐败要成为权利,"硕鼠"要扮作楷模、坐稳这个长那个委员的位子,就首先要贬低道德。这在法治建设(转型)中的社会,即是用大写的权利贬低道德,使之多元化"分大中小而区别对待、分化瓦解、争取转变",逼它从"问题"和"是非"之域出走。然后,贪污是不是极大的犯罪,就可能作为道德中性的"纯"政策问题(例如经济效益)进入司法实践,要求法律回答。

举一个大案要案"褚时健等贪污、巨额财产来源不明案"(《最高人民法院公报》2/1999)分析:

一九九八年八月六日,云南省人民检察院向云南省高级人民法院提起公诉,指控原云南玉溪红塔烟草(集团)有限责任公司董事长兼总裁褚时健等三被告人利用职务之便,共同贪污公款三百五十五万美元;褚单独贪污一千一百五十六万美元;财产和支出明显超出合法收入人民币四百零三万元、港币六十二万元:构成贪污罪、巨额财产来源不明罪。褚在共同贪污犯罪中起主要作用,系主犯。

关于第一项指控(共同贪污),褚的辩护人没有质疑指控的主要事实,即被告人把玉溪卷烟厂在香港成立的国有独资分公司当作"小金库",截留外汇烟和出口烟浮价款(差价款),再设立账外账,转至境外银行存放,计二千八百五十七万美元,从中私分三百五十五万美元。相反,辩护人把矛头指向适用法律,提出被告人既没有利用职权,也无贪污动机,私分不是贪污。利用职权一项,下面再谈。先看贪污动机。褚向检察院交代动机时称,当初接手当厂长,玉溪卷烟厂的规模、资产和昆明卷烟厂不相上下。干了十几年,玉烟厂翻了两番,抵得上四个昆烟厂,贡献不可谓不大。"有人说,你拿的少了!于是,心里就不平衡……出问题了"。

律师的辩护词(《中国律师》3/1999)就此展开论证:"客观、公正地讲,按共产党实事求是、敢讲真话、敢讲实话的精神讲,褚时健该不该多得,该不该多分配?!褚时健有这个想法对不对,该不该?!因为他毕竟没有分配到四个昆明卷烟厂厂长的收入……烟厂每创造一个亿的税利收入,褚时健的收入才有一千元左右,或国有企业有一个亿的收益加上红塔山品牌价值,褚时健可分配得六百九十四元收入"(按:褚的合法月收入为三千多元)。接着,就引用江总书记在十四大和十五大报告中阐述的"按劳分配为主体,多种分配方式并存","效率优先,兼顾公平"等政策,问:"对褚时健等按照其的劳动价值、劳动成果,根据其的管理、决策、技术等,他应该分配多少?……他的合法收入应该是多少!"辩护人认为,真正"出问题"的不是被告人;是因为"市场经济发展过程中我们应该解决而没有解决处理好的问题严重存在,依照历史唯物论和辩证唯物论的物质决定精神,物质决定行为的原理,[他]才产生了不平衡心理,产生了私分的意识"。所以,私分差价款属于违规"按劳分配",无贪污动机,不算贪污;顶多套一个集体私分国有资产罪,最高刑期七年。

律师的辩护策略,如说过头话、问假问题等,出了我们的讨论范围,且不说它。"按劳分配"云云,实际要法官考虑的,是中国法学界委婉地称作"法律滞后"或"良性违法"的问题:法律规范(如贪污罪)不符合指导法律实践的党的政策(如"让一部分人先富起来"),跟法律应当体现、保护的社会价值相抵触。用自然权利理论的话说,便是公民有权违背"恶法",因为他"天赋"(即"固有")的"基本人权"(如果按劳分配也算其中一项)高于国家法律的"不良"规定。

这里,需要谈谈法律上贪污罪的构成。通说(遵斯大林时代苏联刑法理论)构成要件有四,缺一不可:主观(直接故意)、主体(行为人身份,即"国家工作人员"等)、客观(行为,即"利用职务上的便利,侵吞"等)和客体(侵犯对象,即"公共财物"等)。要定被告人的罪,政府(控方)必须证明四要件齐全,并且所控行为的社会危害足以构成犯罪。注:社会危害轻则不得检控、定罪。例如最高人民检察院最近试行的统一立案标准规定,国家工作人员贪污或受贿数额满五千元,或虽然不满五千元但影响恶劣、情节严重的,才予立案侦查。

但是,"直接故意"仅指行为人(被告人)"明知自己利用职务之便所实施的行为会发生非法占有公共财物的结果,并且希望这种结果发生",而不论犯意出于何种动机(陈兴良编:《当前贪污贿赂》,第11页)。这一点,法庭上控辩审三方应该都是明白的:即辩护人抓住"动机"作"主观"的文章,并非心存侥幸,企图偷换概念;而是将辩论和定罪标准拔高到法律之上,到"人的固有权利"栖息的伊甸园,那座因为亚当、夏娃还未受蛇的诱惑吃知识之果而"恬不知耻",道德绝对中性的"贡献"与"分配"政策的天堂。所以,辩护词才否认被告人利用职权。理由是差价款来源本不合国家规定(即非国家计划内的经营所得),性质属商业回扣,超出厂长管理的国有财产范围。私分即使不法,也与行使厂长职权无关。听起来像是狡辩,其实是主张公共财物未受侵吞。注意:"狡辩"在这里并无指责辩护律师之意。他也是法治社会道德多元化的产物,须遵守律师的职业道德,包括热忱尽力为当事人服务,实现他的"重要利益",换取自己应得的报酬。

法律怎么回答?《最高人民法院公报》编者按:一九九九年是全国各级法院"审判质量年"。为提高审判质量,包括法律文书质量,特发表本案(1998)云高刑初字第一号刑事判决书,"供各级人民法院参考,以便进一步推动审判方式改革的深化,尤其是法律文

地狱的第八层第五沟专门关贪污犯,
一个个泡在滚沸的柏油里挣扎,直至被魔鬼钩起来撕碎。
〔法〕多雷(1832—1883):《神曲》插图《魔鬼拷打贪污犯》。

书制作水平的全面提高"。判决书没有正面回答"按劳分配"的问题。只说对被告人的重大贡献,党和政府已经给予"政治上、物质上的荣誉和待遇";无论功劳多大,都不能享有超越法律的特权。但"历史表现反映出的主观方面的情节(按:即动机),可在量刑时酌情考虑",依法判决:被告人褚时健犯贪污罪……无期徒刑,剥夺政治权利终身,并处没收财产人民币二十万元。

腐败会不会成为权利？乐观者道：你瞎说！这怎么可能？电视新闻报道，昨天他们还枪毙了一批头衔带"长"的呢！这么容易乐观的人，大概是信地狱的。地狱的第八层第五沟专门关（广义上的）贪污犯（barattier），一个个泡在滚沸的柏油里挣扎，直至被魔鬼钩起来撕碎。这是但丁说的，他七百年前访问过地狱（《神曲/地狱篇》第二十一章）。

二零零零年五月

它没宪法

这几年出差常到北京。到北京的感觉,大家都有体会,要钻出机场楼,坐上出租车才真正找到。那就是誉享全球的"中央一台第一套节目":时事经纬司机"侃"。有一次,恰逢扫黄"严打","的哥"的晚间生意大受影响。一肚子苦水倒完,总结成一句难忘的话:您说,咱们中国问题在哪儿?它没宪法!

我没抗议。中国其实一直有《宪法》,连文革期间公检法都砸烂了也不曾指示取缔。说话听声,锣鼓听音:他说的是缺法治。法治,据说按正确的理解应作"良法"之治。良法,在现代国家须出自一部"母法"。这母法的名,便叫宪法。可惜有宪法未必法治行;自从立宪,倒是清末法律改革家沈家本说的"有法而不循法,法虽善,与无法等"(《历代刑法考/刑制总考》)的情况居多。难怪有个别"法盲"生活于恢恢《宪法》之下而不知头顶上"国家意志"白纸黑字。当时一笑了之。

后来,香港特区终审庭判"一二九(小人蛇)案"不当心犯了错误。特区政府(通过国务院)请求全国人大常委会依照《宪法》(全国大母法)行使权力,解释《基本法》(特区小母法)推翻终审庭的判决。香港法律界因此掀起一阵波澜,学者、律师、政论家纷纷著文,辩论特区政府邀中央"干涉"特区司法的宪法理据和法律后果。被人问了几回宪法问题,又想起北京司机的话。对照中西学者的论述,觉得还就是他对《宪法》的看不见、没感觉,触及问题的要害。问题不妨这样提:《宪法》怎么不见的?不见了,干吗还老拿它抱怨、呼唤?

两个问题都涉及宪法(制度)跟《宪法》(文本)的性质和功能。

世界各国的宪法,文字都大同小异;宣传普及,都好用"人权"、"神圣"之类的"靓"词。落实到中国近代史,原来和鸦片、眼镜、自鸣钟一路,是舶来货。在它的老家,本是关于国家权力的一套规则、信条;分动(运作程序)、静(组织结构)、内(部门关系)、外(公民权利)四个方面。人权,当然也是宪法在"理论"(即宪法语言的"神圣"意义)上致力规定和保护的。但正如我们已经指出的(见《腐败会不会成为权利》),权利是法律的基础,而非法律(包括宪法)的赐予。

常听论者(包括法律界的)感叹,某国《宪法》"稳定",且由此推想其宪政"成熟":例如美国,一七八七年让一群"国父"订好联邦《宪法》用到今天,没怎么大改。其实,宪政的规则、信条不限于《宪法》的序言和条款,而包括国家不时制定、修改的所有宪法性法律(如最近九届全国人大第三次会议通过的《立法法》),最高(或宪法)法院的有约束力的判例,以及历史形成的惯例(如英国的"不成文"宪法)。美国的宪政动荡不能说少:林肯废奴、罗斯福新政、民权越战莱温斯基,等等,《宪法》却"以不变应万变",正表明宪法原则(语义)漫出《宪法》(文本),必须在案例和惯例中找。成文法未经诉讼(形成案例和惯例)无法律上(特定语境)的确切含义,乃是普通法的一大原则。但这传统可以一直上溯到亚里士多德的名言:不成文的惯例(ethos)比成文法(grammata)要更权威、稳定(asphal-esteros),因而更能纠正因君主或官员个人意志和欲望造成的不公(《政治学》卷三章十一)。比如英国,女王依惯例,不能像美国总统那样,否决威敏寺议会两院通过的法案,尽管法律从未如此规定。假如她打破惯例否决,便会是一场输定了的宪政危机。再如归还香港要议会批准,也是惯例,而非法律。严格就法律而言,归还"殖民地"(从英国的角度看;中国政府的立场不同)的双边条约《中英联合声明》生效,和当初逼迫大清割让领土、赔偿鸦片商的银两损失一样,是不需要议会批准的(史维理:《香港宪法与行政法》,第63页以下)。

规则如此宽泛无极,自身超脱文本的约束而约束君主、政府、政党、议会及一切国家权力的划分和运作——宪法不啻一部社会政治生活、理想、感情和态度的"活"的制度。形成这"活宪法"的历史和社会条件,这里无法一一讨论,但它"活"着的最显著的标志,无非是司法独立和公民拥有直接或间接的宪法诉权。换言之,宪法的"成熟",它的权威和稳定,在于(相对君主、政府、政党、议会等)独立的司法审查和广泛的公民参与:通过"按原则进行的"诉讼(即违宪审查),不断"宣布、适用我们社会的一些经久的价值"(毕科尔:《最不危险的部门》,第58页)。

宪法登陆中国,国情不同,性质和功能就发生了变化。限于篇幅,我们只说一九四九年以后。

变化首先来自苏联开创的社会主义传统。遵照无产阶级专政的理论,社会主义宪法无意成为国家权力的真实或常态的规则与信条。相反,它是新宪政从立宪的政权那里领受的成文法上的认可和祝贺。这一点毛主席在延安批国民党宪政时,早已一针见血:"世界上历来的宪政……都是在革命成功有了民主事实之后,颁布一个根本大法,去承认它,这就是宪法"(《新民主主义的宪政》)。政权——列宁说的无产阶级通过暴力夺得并维护的"不受任何法律约束的权力"(《无产阶级专政与叛徒考茨基》)——的真实或常态的运作、组织、划分和约束,另有一套位于《宪法》信条之上的成文和不成文的规则、惯例。这就是由党内长期民主集中制培育、锻炼而成的政治伦理和组织纪律。因此,真正重大的、关系到国家权力的"动静内外"四个方面的政策和决定,包括"根据宪法"立法修宪,照例是不用《宪法》文本的事前支持的。事后的认可和祝贺,则视革命和建设总路线的需要,确定范畴与提法。例如一九九九年《宪法》修正案,学者建言汹汹,从"理顺党政关系"到"私有财产神圣不可侵犯";调研结束,却"只对需要修改的并已成熟的问题作出修改"(即发展社会主义市场经济,包括非公有制经济;依法治国;追认一九九七年新《刑法》取消反革命罪,代之以危害国家安全罪等)。修宪工作,实际由党中央成立的宪法修改小组主持(《人民日报》海外版2000.4.14,第4版)。

这样,"根据宪法"四个字的意思,就跟上文说的"成熟"宪政有所不同。宪法仅仅在统编教程里,才得以"上升为国家意志,形成制度和法律"(许崇德编:《中国宪法教程》,第16页),从而吸引、接纳并规范各种意识形态化的注释和挑战(详见下文)。在真实、常态的政法实践中,《宪法》却远非"活"着的国家权力制度的基本文本。当然,也就不可能是从业者和当事人通过信访、调解、诉讼等化解纠纷的政法程序,寻求建构的规则与信条之母。于是顺理成章,司法独立不包括违宪审查;法律上的表述,则是"依照法律规定独立行使审判权,不受行政机关、社会团体和个人的干涉"(《宪法》第一百二十六条)。删去了违宪审查的审判权,在理论上还必须否认法院对任何部门制定的任何法律的解释权,哪怕有关法律明显违宪或相互冲突。因为司法解释的最终理据,必然触及宪法解释,而与解释者的宪法地位不符。这就是为什么全国人大常委会在明文认可"谁立法谁解释"惯例的同时,在整个司法系统,只"赋予"一间法院,即最高人民法院,解释"法院审判工作中具体应用法律、法令的问题"的权力(《关于加强法律解释工作的决议》,1981.6.10)。这理论上不能再"贬损"的解释权,显然不足以应付实际。最高人民法院为解决受其监督的各级法院在审判中遇到的诸多法律问题,不得不一而再、再而三地扩张"具体应用"的范围,用司法解释填补法律条文的"空白"。尽管如此,法院审判权的局限即公民诉权的匮乏:公民无法提起宪法诉讼。司机"法盲"看不见《宪法》,说到底,是他无资格、无能力参与宪政的结果。

道理这么讲,难免抽象。举一个极普通的案例说明:"毛集镇石河村二百零七户农民诉毛集镇政府加重农民负担案"(《人民法院案例选》4/1998)。

一九九三年,河南省桐柏县毛集镇石河村村民委员会以办企业为由,向本村农民每户"借款"二十元。一九九五年,又收取特产税、保险费、治山费、农建费、油料差价款、集资办学款、荒地费等七项税费,其中办学款和荒地费系毛集镇政府委托征收。办学款是镇政府关于实施《中国教育改革和发展纲要》的文件布置的。文件要求全镇农民当年人均集资十元,用于扩建毛集镇初中。村委会却将集资额提高到每人三十元。镇政府发现后通报批评石河村擅自加重农民负担,责令将多收的款项(减去已用于村小学的)退还群众。荒地费是镇政府为制止毁林开荒,向荒地使用者按荒地每亩三十元征收的"森林植被恢复费"。村民认为上述八项"借款"和税费加重了农民负担,推举四个诉讼代表人,告到县法院。

常言道"中央政策很好,基层政策好狠"。巧立名目摊派税费造成的"农负"问题,虽然中央三令五申禁止,至今未能根绝;一些地方甚至"反弹"成为政治问题,亟待"综合治理"。基层法院是综合治理的"前哨阵地",逮上这样典型的"农负"案子,却面临一个看似诉讼程序、实属宪法解释的难题。《行政诉讼法》规定,法院只受理公民、法人等对"具体行政行为"提起的诉讼,而不得审查"行政机关制定、发布的具有普遍约束力的决定、命令"(第十二条)。后者称"抽象行政行为",司法解释作"行政机关针对不特定对象发布的能反复适用的行政规范性文件"(最高人民法院《关于执行〈行政诉讼法〉若干问题的解释》,2000.3.10)。那么本案村委会收取税费,是不是具体行政行为? 通说以法律没有明文规定而否定村委会的行政权;村委会行使的行政职能,只能得自依法享有行政权的上级机关的委托(马原编:《中国行政诉讼法教程》,第127页以下)。所以,村委会自行摊派税费,虽然"具体"(即针对特定对象、就特定事项而作),却非"行政",超出了行政诉讼的受案范围。怎么办?

倘若改以民事诉讼("民对民")当作侵权或债务案件审理,则因为民事诉讼采用"谁主张谁举证"的原则,原告农民须承担证明村委会侵权或违约的责任。不像行政诉讼,举证责任归被告行政机关,要它证明自己的行政行为合法。此外,还有一系列实体法问题法理未明(如摊派算不算"行政合同"、适用什么规则),争讼极易旷日持久,越发加重了农民负担。反之,如果农民坚持行政诉讼,认为村委会依惯例享有行政权,故而《村民委员会组织法》关于村委会"办理本村的公共事务和公益事业"的规定(第二条)应理解为授权从事"公共行政"(余辛文:《关于农民负担》,第133页),则法院进退两难:它不能越权审查法律,解释并宣布村委会的行政权能。

告不了村委会,农民无奈,只好把委托征收办学款和荒地费的行政机关镇政府做了被告。执行委托的村委会,则作为"同被诉具体行政行为有法律上的利害关系"的第三人参加诉讼。可是这样一来,村委会自行征收的"借款"和税费,因为无关被告委托,仍旧超出了审理范围,判得一个"本案不作处理"。剩下的办学款和荒地费,据查证,前者经县政府批准,符合《河南省农民承担费用和劳务管理条例》的有关规定;后者依据《森林法》,且有县党委"桐发(1990)52号文件"支持。只有村委会多收每人二十元办学款"超出委托范围,属于无效行为,应予退还"(此事镇政府业已通报纠正);荒地费没有县林业主管部门授权,属于"越权征收",应全部上缴主管部门,然后判决"撤销被告向原告征收荒地费的行为"。

最后农民实得:"每人二十元钱,除用于建本村小学的费用外,[由村委会]于本判决生效之日起十日内退还缴款人。"

读者或许要问:即使委托征收符合有关法律、文件,那办学款和荒地费是否仍可能违背党的政策加重了农民负担?当然可能。但这样提问题,实际是要法院鉴别、解释有关法律、文件的实质合法性和位阶关系。而这鉴别、解释的性质和方式,归根结蒂,乃是违宪审查。本来,没有违宪审查制度,不等于法院不审查行政立法等抽象行为。只是法院不能宣布、执行审查的结果,如认定某行政规章或命令无效。实际上,法院审理案件,"以事实为根据,以法律为准绳",理所当然要选择作为审判依据的法律,排斥与之抵触的法律。既有选择,鉴别、解释、审查便在其中了。那么,如果法院发现两件或多件均可适用但相互冲突的规章、命令怎么办?《行政诉讼法》的规定是:"人民法院认为地方人民政府制定、发布的规章与国务院部、委制定、发布的规章不一致的,以及国务院部、委制定、发布的规章之间不一致的,由最高人民法院送请国务院作出解释或者裁决"(第五十三条)。这是"贬损"司法审查的"谁立法谁解释"原则的当然推论。政出多门,机关之间争权夺利、推诿责任的事屡见不鲜。这条规定一旦认真贯彻,法院审理行政部门违法的案件,每逢法律冲突,便要"送请"上级解释、裁决(崔卓兰:《行政规章》,第144页)。这不是允许别人直接或变相干涉法院审判,是什么?

说到这份上,《宪法》再"靓"也只好躲起来不见人了。

然而人们到处呼唤着《宪法》:不仅在教科书、会议室里,而且在"放下筷子骂娘"之后;不仅作为学术概念"纸上谈兵",而且变成改革的对象、策略、标语和口号——"依法治国"难道不是"宪法至上"?一直在讨论设立的专事违宪审查的宪法委员会,应当隶属全国人大还是人大常委会?如此这般,这般如此。怎么解释?

答案不在别处,却在上一篇"政法笔记"讨论过的权利话语的意识形态功能:须知宪法是权利话语部落中最"神圣"的一族。唯其神圣("大写"),由它规定("赋予")的各种权力与社会关系才得以统统颠倒、彻底扭曲了,从我们视野里消失,留下一行行权利的脚印。但是在中国,在法律本土化或"现代化"的进程里,《宪法》除了示范、跟踪指定的官方意识形态,并随之不时调整方向外,还担负一项同样重要而且更加敏感的任务。那就是充当不断高涨的法治化批判意识的"母法"。试想,除了《宪法》,那批判意识还愿意跟谁学习走路、说话?换言之,它既是那接受批判的虚构法权关系的透明幻影,一领只有"法盲"才看不见的透明"新衣";同时又大力培育、精心驯养着自己批判者的批判意识,用权利话语"一二一"调教他的步伐、他的口号。《宪法》其实一刻也不曾从我们中间消失。不然"中国问题在哪儿"引出的反响,就不会是一声娘,"它没宪法!"不会是把说这话的人打成"法盲"的无数荧屏故事和高头讲章。

二零零零年五月

案子为什么难办

《秋菊打官司》在陕西宝鸡上映时,有观众在影片里意外发现一张熟悉的脸:街头卖棉花糖的女人。据报道那女人生过天花,是从来"连照相都不愿"的;现在可好,突如其来把她搬上银幕"亮相",足足四秒钟之久!社会上接着就有种种流言蜚语,甚至当面嘲笑,说她"成了明星","长得那样还上电影";还连累到上学的儿子,在学校遭人奚落。可怜她没做过一天刘晓庆、活济公、灭鼠大王、油画模特,却要受这份舆论曝光。后来,也不知是法治意识还是律师怂恿,她居然千里迢迢来到北京市海淀区人民法院,递了诉状,告电影制片厂侵犯肖像权,要求公开道歉、剪除那四秒钟镜头并赔偿精神损失费八千元。区法院组成合议庭,调查审理已毕,于一九九四年十二月八日作出一审判决:被告下属《秋菊》摄制组在宝鸡市"纪实性摄影"拍下原告形象并在影片里使用的行为,不构成侵犯肖像权。卖棉花糖的女人败诉(《法制日报》1994.12.10,第2版)。

判决一出,文艺界包括官方传媒一片赞扬:"个人利益应当服从社会利益"。法学界却意见分歧,掀起一场辩论。按照《民法通则》

规定,"公民享有肖像权,未经本人同意,不得以营利为目的使用公民的肖像"(第一百条)。既然原告从未同意别人拍她的镜头,《秋菊》又是商业片(而非比如说现场新闻直播),放映后确实造成伤害(精神上的痛苦等),制片厂的主观过错(疏忽)的责任似乎就难以推脱了。然而,中国的国情是,文艺(尤其电影)的创作和发行/公演,向来由政府有关部门管理,层层把关、严格审批。要是群众再一个个都做起文艺的"婆婆"来,肖像权、名誉权,一件件法律武器,叫人以后怎么创作? 最后,还是苏力说到点子上;这是一桩"容易引出坏法律"的"难办的案件",因为当事人双方的权利(肖像权和言论自由)冲突而不可两全。故而法院必须权衡利弊,配置权利,即站在"社会的制度化权利配置"(而非追求"个别案件中的最大效益")的高度,分析事理,作出富于"实践的智慧"的决定。在此意义上,《秋菊》案揭示了一个比"个人利益服从社会利益""更为根本性的宪法性问题"(苏力:《法治及其本土资源》,第175页以下)。

这是就法理而言。再看国情。

《宪法》在中国不是一部可以提起诉讼的法律(见《它没宪法》)。本案中文艺工作者的宪法权利言论自由固然"基本"(初始),比起卖棉花糖的女人的肖像权来,是大得多的"善"(价值),本身却不是制片厂在法庭上能够直接援引的法律依据;它只可以做被告的抗辩事由(如"社会利益"、第三人嘲笑之过错等)背后的政策或策略依据。众所周知,"政策和策略是党的生命";一切政法实践(作为党交给的任务)都不例外。以政策和策略观之,当事人的权利冲突,无非是那个不断扩张的民事权利肖像权所代表的个人或局部利益和用《宪法》"公民基本权利"的语言宣传、落实,代表全国人民最高利益的党的文艺方针政策之间,产生的抵触。这抵触所包含的具体的矛盾,如公民个人的人格权益(肖像、名誉、隐私等)和创作自由、作品审批、宣传部署,等等,本是生活中屡见不鲜而经常要各级领导处理的。所以,《秋菊》案对于区法院的承办法官来说,是不一定感觉"难办"的。

虽然如此,苏力一针见血提出的制度化权利配置的难题,还可以稍作探讨。简言之,洗去权利话语的油彩,这里赤裸裸冲突着的,其实是伴随社会法治化而来的一些不可调和的多元价值与道德信念。这才是问题——借用苏力的题记(袁可嘉先生诗)——"根本的根本"。我们从区分几种难办的案子入手。

通常说某案子棘手,多指它的"外部"因素复杂:级别高、牵连广、谣言多、影响大,所谓"政策性强"。有名的如陈希同案(参见"陈希同贪污、玩忽职守上诉案",《最高人民法院公报》3/1998),还有最近中纪委重点抓的厦门远华(四二零特大走私)案。费时费力,都是难在查清事实、掌握政策;关键的决定(如"双规"的范围期限,杀不杀、杀几个等),便需要由上级领导乃至中央拍板。这类案子,法律上一般是没什么难题的,至少就已公布的案例材料看。所以,虽然对干部群众的教育意义大,法律界的声音却只有座谈会发言纪要。

另外一些案子难,却是因为触及了法律的空白或"灰色地带",需要司法者积极寻找适用条款、分析重构,甚至根据法理原则创制新的规范和标准,以维护当事人的合法权益。也举一个肖像权案子为例:

《民法通则》第一百条对肖像权的规定(见上文)据说有个"漏洞",为人诟病已久。就是照该条款字面理解,侵权的要件,除了

"未经本人同意"之外,还要"以营利为目的使用公民的肖像"。似乎不以营利为目的,擅自使用就不算侵权。这样一来,就多出一种"打擦边球"的招数,即使用不直接营利或未曾营利,从后果(证据)反推原因(目的)的豁免抗辩,给肖像权保护出了一道难题。然而,在"董云诉南阳市虹光摄影图片社……侵犯肖像权纠纷案"(《人民法院案例选》2/1996)中,南阳市卧龙区法院开拓一条新思路,将"漏洞"堵了。

虹光摄影图片社(被告)未征得董云(原告)同意,把她的照片交给市邮电局内部刊物《南阳邮电》,与记者采写图片社的文章一起配发。辩称,《南阳邮电》免费赠阅发行,所刊文章未收取分文费用,不存在营利问题。配发照片是为了新闻报道,非属商业广告。但卧龙区法院认为,文章不乏广告内容,"能够起到广告作用,应认为[配发照片]具有营利目的"。法官并且在此案评析中指出,《民法通则》的肖像权条款,应看作"一个授权性的法律规范",即设定公民对自己肖像享有独占和专用的权利;只是由于"立法时的局限",才没有明确规定,非营利目的擅自使用他人肖像也是侵权。否则肖像权的独占和专用便无从谈起。而且,肖像权是人格权的一种,法律不能置肖像权体现的精神利益于不顾,只保护"由精神利益转化、派生的财产利益",跟《民法通则》"保护公民人格尊严不受侵犯的立法宗旨"相悖。法律既然"意在授权",具体的侵权构成,就应由法官在审判实践中"具体掌握"了(同上,第121页)。

这种克服法律"缺陷"的案子,法律界讨论最勤;因为技术性较为昭著,讨论者的高见和共识,有时还被立法机关考虑、采纳了。但环顾中外历史,此类疑难虽然真实恼人,需要从业者动脑筋花力气解决,就其策略功效而言,不过是法律为增加年度预算、扩大自家地盘而每日每时生产消费的"业务";所谓"法令滋彰,盗贼多有"。所以古代贤哲如"随笔之父"法国人蒙田(1533—1592)经常教导,国家颁布法条案例万千,非为抵人事变化之无穷;实际是让掌权者定谳有随意增减、滥用权力的机会。因此,立法乃治国安民不得已而为之的事情,以简单、稀少、概括为贵(《论经验》)。这是就立法和司法的一般矛盾,讲人的理性和判断力之局限:法律(包括宪法)上的漏洞,是不可能通过增订法律条文、强化法律解释来消除的。漏洞之多,和从业者法治意识之发达恰成正比。

《秋菊》案不属于事实难查、法律难补这两种"难办",但又好似两者的变化结合。《秋菊》摄制组的行为不难查清,制片厂打赢这场官司,也不靠钻法律的漏洞。法律却仿佛出了问题,脱离国情,同政策"不咬弦"。政法政法,"政策是法律的灵魂";立法、执法、司法都要以政策为指导,"法律是党的政策的定型化、条文化"(韩述之编:《社会科学争鸣大系》,第243页)。这些本来都是常识。过去没有肖像权、名誉权的时候,读者/观众和作家/导演/制片厂一样,向各自的单位或主管部门负责。规则很简单,人人知道:凡审查过关、"两报一刊"或任何权威渠道尚未点名或不点名批判的文艺作品,自然符合广大群众的利益。倘若看到银幕上的某人(反面角色阶级敌人除外)有生理缺陷,就品头论足、议论嘲笑,这是一个思想教育的问题;无关影片的目的(营利与否)、手法(纪实还是虚构),更谈不上要制片厂道歉、赔钱。现在以肖像权为依据主张人格利益的独占和专用、制约国家的文艺方针,冲突着的利益改换名称,思想教育就让位于权利配置,案子就变得"难办"而可能上升为"宪法问题"。由此可见,同样的事实和利益冲突,在不同的政法策略环境里,便有不同的处置程序、不同的认识和结论、不同的司法正义。

但问题似乎不那么简单,还需要从两方面讨论。

一、究竟是什么样的权利的成长,使得长期以来行之有效的方针政策在《秋菊》案中碰上一个难题,至少在法理的层面?如果冲突的仅仅是公民个人的肖像权和体现公共利益的言论自由,则后者的优先地位是不难抽象地建立的,因而也就无所谓"难办"(张新宝:《言论表述》,第43页)。所以,肖像权的诉求里必然还包含一种人们普遍期待受尊重的利益,它的名称(内涵、外延)在理论上应当同言论自由一样"神圣"而宽泛灵活,难以用法条一一规定;因而它代表的利益可以和言论自由作宪法(和法理)上的抗衡与配置,进而使配置的结果(判决)变得不那么容易预测而影响到人们对法律的信心("坏"法律)。我以为那就是隐私权:卖棉花糖的女人平时一直享有的不照相、不当"明星"、不受人议论的自由。

隐私权在《宪法》和《民法通则》里没有规定。但司法程序和妇女、儿童权益保护法规都有保护权利人(包括当事人、受害人)隐私(过去也作"阴私")的条款;如涉及妇女、儿童、家庭隐私的案件,规定不公开审理。可见在一定范围内,公民的隐私是受法律认可、保障的。

隐私是人类文明的一个标志。事实上,将个人的身体、事情之一部划归"私"的范畴而对他人有所"隐",是任何发生个体意识、承认私人生活空间的社会都必须有的观念。中国自不例外。从前有个孟母教子的故事:孟子的夫人独自在家,以为没人看见,就把跪坐的礼节暂时放一放,伸开腿蹲坐(踞)着休息。不料丈夫一声不吭推门进来,见夫人这般"无礼",吓了一跳,扭头便去母亲那里告状:妇无礼,请去之! 幸好婆婆是明白人,弄清事实,将亚圣教训一顿:

"《礼》不云乎:将入门,问孰存;将上堂,声必扬;将入户,视必下。不掩人不备也。今汝往燕私之处,入户不有声,令人踞而视之,是汝无礼,非妇无礼也"(《韩诗外传》)。这是隐私合乎礼而受到尊重的例子。当代中国人和古人一样,也处处划分私的范围,以规范、限制或逃避他人的窥探干涉,只是道德信念上的根据有所不同。最高人民法院鉴于这个国情和审判工作的需要,将隐私解释为名誉权下的一项人格利益而加以保护:"以书面、口头等形式宣扬他人隐私……应当认定为侵害公民名誉权的行为"(《关于贯彻执行〈中华人民共和国民法通则〉若干问题的意见(试行)》第一百四十条;参见《关于审理名誉权案件若干问题的解答》问答七,1993.6.15)。上文说过,肖像权和名誉权一样也是人格权。侵犯肖像权,常常损及肖像权人的名誉和隐私。所以不少学者认为,《秋菊》案的实质是侵犯隐私权。

隐私作为现代(西方式)宪法权利或国际人权(见联合国《人权宣言》第十二条、《公民权利与政治权利国际公约》第十七条),指不受他人和公共权力干扰、监视的一个私人领域,包括身体、住宅、通信、名誉、肖像、家庭生活、朋友聚会等;即所谓"让人卸下盔甲,放心休息,保守秘密的地方"。其渊源直溯欧洲中世纪游侠骑士和森林隐士个人对灵魂负责,独自抵御妖魔、肉体等各色诱惑的生活方式。十三世纪以降,贵族平民出钱请寺院僧侣代行宗教仪式赎罪之风渐衰,宗教情绪内化、罪责个人系解演变为潮流;通过一对一忏悔、独自小声祈祷、节欲禁食体罚认错,等等,培养起一种灵肉对立的个体意识(杜比编:《私生活史》卷二章五)。到了十八、十九世纪之交,法国大革命过后,隐私已是中产阶级("灵魂")将自己和劳动大众("肉欲")分开的重要"道德"界限。享有隐私、懂得尊重隐私,乃是资本家和城市小资产者"文明"生活的标记。所以充足的私人时空,又是工业化社会起码的个人卫生和公共伦理的要求:小孩和父母分床睡,是养成对自己负责的习惯必不可少的措施;市民家庭的女儿,也要有自己布置的卧室、上锁的(用来放日记和信件的)抽屉。连贫民区新修的工人宿舍,公厕都隔成单间,要他们各管各的排泄(贝柔编《私生活史》卷四章三)。隐私终于长大做了"公民基本权利":解作为人类创造性思维所需的独处;儿童和妇女人格独立(成为合格公民)的前提;通过"平等保护"或"正当程序"实现的个人身份/生活的自主选择(如妇女堕胎、同性恋生活);抵制政府和雇主非法监视和控制,等等的权利。直至(大写的)法律庄严宣布:隐私,非但是公民"不受[他人和公共权力]干扰的权利"(right to be let alone),而且是维系整个自由资本主义多元价值体制,使之不至于冲突过甚而陷于崩溃的根本条件,宪法上包括言论自由在内"一切自由的开端"(美国联邦最高法院道格拉斯大法官语,*Public Utilities Comm'n v. Pollak*, 343 U.S. 451, 467 [1952])。

二、换言之,言论自由固然是一社会(无论民主程度高低)多元价值得以存在、表现并相互竞争的重要条件;隐私权却是言论自由这一价值本身得以正当合法地存在,不为政府或商业传媒滥用的首要保障。两者都可以看作普遍、优先或初始的善。每当言论干涉私人领域,隐私权就可能限制言论自由而引起纠纷。这时裁判者的任务,便是针对具体的利益矛盾考虑权利配置的策略,即以权利的名义划分双方背后斗争着的势力的消长范围。在多数情况下,双方势力悬殊(个人隐私对资源丰富、拥有先进技术手段的国家或商业机构的言论自由),只能意味着隐私权难以取胜而地盘日益萎缩。意味着裁判者的公开宣示(判决)和站在裁判者脚印里的学者的学理阐述(教材),必然主张言论(无论对错)中性、无后果,本身即是善;是包容社会多元价值的"真理市场"赖以成长的前提,故原则上不应受到限制,而必须区别于可能产生后果的行为。错误的行为,才是破坏隐私和言论自由的大敌。因为不断重复而"成熟",这虚构的言行间的对立,在法治发达的地方,往往还能获得宪法理论的待遇——虽然,现实生活中的言论,或多或少总带来后果,总有可能越界化为行动;"听其言、观其行",只言不行,仍会被人看成"不作为"而造成后果。所以,司法实践面对的难题,并非两项抽象价值(隐私和言论自由)间的冲突,而是如何估算(配置)言论一旦受到保护、豁免或限制,可能引发的后果。言论从来不因为本身的善赢得法律的保护。相反,每一次具体的言论保护,都是相关利益的角力,即言论之外某一价值(如文艺方针、公共卫生、公众知情权等)对言论后果(如原告的名誉、精神、家庭生活等遭受的伤害)的权衡与配置(费什:《言论自由,没有的事》,第105页以下)。只不过,在言行对立享有宪法礼遇的场合,这一配置(判决)通常还要用宪法原则的颂歌唱一遍才算圆满成功。

可能有读者在说,你讲的是西方的情况吧。在中国,隐私保护不是要依附名誉权、肖像权才能主张,言论自由不是还不能直接提起诉讼吗?这在理论上到底有什么"难办",又怎么会引出"坏"法律呢?

也许应该在文章开头就说明,我们讨论的出发点,是中国业已走上(广义的包括中国特色的)法治之路,越来越多的纠纷进入"正式"的司法程序。而法治的一般趋势,是权利冲突的宪法化,即当事人、裁判者连同官方宣传、公众舆论都学会了把基于多元价值的矛盾说成宪法(或宪法派生)权利的冲突;从而逼迫法律裁判"宪法问题",即某些虽然还不可诉讼,却已经普及且发挥了意识形态功能的宪法价值(如隐私和言论自由)在权利上的配置。这配置的实质,是化约作对立道德价值的对立利益间的策略选择。如上文指出的,这里,并没有抽象冲突的善(价值)孰先孰后的法理问题。在具体的案子里,成败只取决于当事人背后角力着的社会势力一时的强弱,政策和策略一时的倾斜,以及裁判/决策者一时的信念。这临时的权衡、配置,是不可能通过解读法律条文或分析宪法原则来决定(判决)的。问题是,不论裁判/决策者选择何种价值和立场,在法治化(但不必实现高度法治)的体制内,此判决的解说,必须用权利——最好是"公民基本权利"——的语言,并且从此一有机会就一遍遍重复,才能维持该判决(亦即法治本身)的尊严和效能。

换言之,诸如言论自由、隐私权之类宪法权利或基本人权,在诉讼中其实是角力着的道德立场和意识形态价值的代名词。所谓"难办",并非代表这些价值的权利在理论上发生冲突而难以配置(谁大谁小),甚至也不是具体案件处理上的经济或社会效益的最佳产出;而是在日趋法治化(故而价值多元)的社会里,充当大写的理性化身的法律已经无法解决道德价值间的冲突(最突出的例子,无疑是美国宪法上关于妇女堕胎自由隐私权的血淋淋的争论)。这倒不是因为人们丧失道德标准或不懂纠正错误;而是因为只要我们的法治是倡导或包容多元价值的,我们便拿不出任何正当合法而又令自己信服的理由,去要求他人改变道德立场(阚泊斯:《法疯》,第91页)。

所以,在"难办"的案子里,权利之名和法治的正义一样,是无法妥协的利益避免直接政治交锋、两败俱伤的一个"安全"而体面的出路。这出路的去向,却是无法"以事实为根据,以法律为准绳",即通过定义、比较、配置冲突中的权利而预测的。因此在理论上,我们无法论说一般意义上的权利优先;我们只有具体的、随时变化的、归根结蒂属于道德立场的策略选择,以及支持这些立场和选择的社会力量之对比、倾轧、聚散。一切真正"难办"的案子莫不如此;莫不是以权利言说的法治的终点;莫不是法律变得不可理喻、无法预测,一次次"坏"了又"坏"的记录。

二零零零年七月

公证婚前财产、标价拾金不昧之类

最近登报两条立法消息:一是关于修订《婚姻法》的建议,公民登记结婚,应先把个人财产(连同债务)公证了,免得离婚时为确认(分割)婚后所得夫妻共同财产陷入不必要的纠纷。二是关于正在起草的《物权法》的,说统计数字显示,近年来公安部门登记失物招领的曲线如许多新上市公司的业绩,呈节节下跌之势。为鼓励公民积极交出/归还拾得的他人财物,法律不妨规定,失主向拾金且能不昧者支付相当于遗失财物价值3%—20%的酬金。

读完报道,大笑一通。想起来了,谁一边操办婚事一边预备离婚,留好退路的。风流如此——我指的不是现在网上民调"您同意不同意:性是人的一种权利"那种思想或感觉前卫——的"夫妻",我们文革期间闹调动那阵子见得多了:假结婚不同真结婚,是比"性的权利"还要本质、原始、饥饿而冲动的生活的渴望,何须《婚姻法》帮忙捧场?第二项建议,替拾金不昧标价,就更可笑。明明人家不当雷锋叔叔了,失物捡回家里100%归自己享用,你就是依法答应五折回扣,也还欠了他一半哪!

所以还是那句老话厉害:人不为己,天诛地灭。法律能有什么办法?这是关乎法治建设的大问题,放在后面说。先讨论公证上几点技术性问题,也是当时想到的。

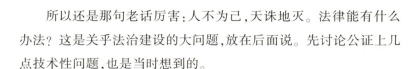

首先,公证统一在婚前办理,未必合适。谁愿意请单位领导开结婚介绍信的时候,被他这么"关心"一句:恭喜呀!当心别把公家的宿舍也一块儿公证了,啊?他已经多次表示疑虑了,如今依法治国,签字盖章会不会引起法律责任;不像过去,讨两颗喜糖"为人民服务"完事。其实,把公证放在洞房次日、蜜月头天,跟一直拖到打架闹离婚找妇联调解的前夜,法律效力都是一样的。婚前公证,看来是图一个心理效果:早早给个人财产掘一道堑壕,跟日后"万一"一分为二的共同财产划清界限,让人觉得仿佛买了保险。保什么呢?保将来手续简便离婚不累,尤其财产上少些纠缠不清。只不过,这"不累险"能否兑现,还取决于公证的功能和成本。这一点,似乎还需要研究。

按照教科书上定义,公证是"国家专门设立的公证机关根据公民、法人或者其他组织的申请,对其法律行为,或者有法律意义的文书、事实,依照法定程序,证明其真实性、合法性和可行性的一种非诉讼活动"(肖胜喜:《律师与公证制度教程》,第 269 页)。这句话基本抄自国务院《公证暂行条例》(1982),现在有点跟不上形势了。我还是从现行公证制度的渊源流变说起。解放初,公证(和办理代表新社会新风尚的结婚证一样)本来由法院管辖。业务主要是证明国家与私营工商业者订立的合同,目的为"监督双方[读作私方]严守合同,保护国家财产,而与欺诈盗骗、违反法令的一切不法行为进行斗争"(司法部《关于建立与加强公证工作的意见》,1953.4.25)。

37

一九五六年公私合营之后,经济领域的契约为行政指令所取代,合同公证已无意义。不久,公证处便随司法部一并取消了。文革结束,一九七九年九月恢复司法部,统管律师、公证、劳改(监狱)三大块。公证处才渐次依行政区域重新组建,纳入国家机关编制。一九九三年六月,司法部"深化改革",推动律师业与公证业"面向社会"、"非行政化"。这个方向最近又重申一次,公证处要逐步过渡成为"执行国家公证职能、自主开展业务、独立承担责任、按市场规律和自律机制运行的公益性、非营利的事业法人"(司法部《关于深化公证工作改革的方案》,2000.8.10)。市场规律加上业务自主("非营利"实指减免税的待遇),将来(实际现在已经开始)公证处就得像律师行一样,扳手指算成本抢活儿了。可想而知,公证费势必也要相应地调整价位。到那时,这笔钱新郎新娘各自负担还是计入彩礼、嫁妆,恐怕又是一个小小的问题。

理论上,公证是关于公证对象(如经济合同、学历、出生、遗嘱、涉外婚姻及收养子女等法律行为、文书、事实)的"真实性、合法性和可行性"的证明,属于诉讼法认可的书证一类(中国无单行的证据法)。"真实""合法""可行"这三个词儿,却是不许写在公证词里的。这是因为一般而言,公证员能够直接观察、核实的事实十分有限。他能够证明的,往往仅限于文书格式、副本内容、当面签字盖章等所谓"最后一个印章属实"的情况。当然,文书证件等若有明显的舛误,他也应该指出纠正。举例来说:假设您大学本科毕业准备出国留学,申请公证您的毕业证书、学位证书、成绩单及副本、译本若干。公证处审查证明的,就只是证书和成绩单原件上,大学公章和校长签名章无错漏,副本、译本与原本内容相符而已。至于您是否曾在该大学就读,修完四年课程,成绩优秀等等,公证书并不负证明的责任(同上,第297页)。这一严格限定责任和效力范围的书证,在诉讼中虽然可以作法院认定事实的初步依据,但通常并不能直接证明"印章属实"之外,有关文书的记载、陈述或主张"真实""合法""可行";况且,"有相反证据足以推翻公证证明的除外"(《民事诉讼法》第六十七条)。

同理,婚前(或婚后)个人财产公证,能够发生证据力的,多半也只限于文书格式、签字盖章的"属实",如房产证、户口簿、股票证券、贵重物品发票等。公证员不可能(也无责任)亲自一一调查核实房产、股票、家具首饰等财物的占有、使用、收益、处分的历史和现状;更无从证明双方意见不一、发生争执的婚前个人财产的归属(公证是"一种非诉讼活动")。从诉讼的角度看,房产证等文书(票证原件)本身已具有证据力,并不需要公证了才能用以举证说明事实、主张权利。通常离婚案件中最棘手的难题,除了子女抚养,就是夫妻共同财产的分割。所谓夫妻共同财产,即双方在婚姻存续期间(从结婚登记之日起,到婚姻结束之日止)实际取得的全部财产,包括债权、继受财物、知识产权的经济收益、结婚登记时父母及亲友的馈赠、婚后购置的个人专用汽车和拖拉机等生活/生产资料、贵重首饰等。传统上分割夫妻共同财产的做法,是先让"双方协议处理;协议不成时,由人民法院根据财产的具体情况,[按]照顾女方和子女权益的原则判决"(《婚姻法》第三十一条)。

所以规定婚前公证财产的实际目的,应是要双方在开始积累共同财产之前,先就各自已有财产的划分和归属取得一致意见,从而将这部分个人财产排除在将来可能分割的共同财产之外。其要点不在公证,而在夫妻就此划分和归属达成书面协议(合同)。公证如果单方申请、瞒着对方或无对方同意,离婚时分割财产就难做到省时省力。只有双方事先同意(达成书面或口头协议)的个人财产划分和归属,在离婚调解或诉讼中对于共同财产的分割才有意义。只要财产协议是依法成立的(双方合意或"当事人意思表示达成一致",无胁迫、欺诈、乘人之危、违法等影响合同效力的因素),法律就必须认可保护,无论订于婚前婚后。故公证真正发挥效力证明的,并非有关财产存在、占用等事实或法律上的权属,而是一法律行为,即夫妻双方关于婚前财产范围和归属的约定。这样的约定(合同),是法律向来尊重并作了规定的,无论生效、执行都不以公证为条件。而且合法有效的合同的变更或解除,须经过双方再次协商并达成新的书面或口头协议。未经协商,合同便继续有效;即使夫妻一方长期占用,甚至变卖了属于双方共有或对方个人的财产,也不能导致变更或解除合同(参见"吴玉英等诉方碧玉结婚时约定房屋产权归属纠纷案",《人民法院民事案例选》1/1997)。

实际上,离婚夫妻为分割共同财产争讼,很少在婚前个人财产的划分上相持不下。根据最高人民法院的解释,"对于个人财产还是夫妻共同财产难以确定的",主张权利(即财产归自己)的一方负举证责任。举不出有力证据、法院又无法查实的,按夫妻共同财产处理。这条司法解释,或许刺激了公证婚前财产的想法。其实不过是《婚姻法》财产分割"照顾女方及子女利益的原则"的自然延伸(女方经济收入低的多,子女年幼判归母亲的多)。就历年公布的离婚案例和评析看,凡疑难复杂的财产纠纷,大都起因于婚后一方或双方所得财产的性质、数量不明,如养老金、赔偿费、营业执照、知识产权(版权作品、专利发明等)尚未实现的收益;或因一方或双方(为逃税、分赃、养二奶等)对收入或添置财产有所隐瞒、转移、变卖、毁损;或涉及一方或双方父母(大家庭)的财产(如析产继承)。

而且,即使划清了婚前个人财产的界限,按照司法解释,某些重要的生活和生产资料,如一方婚前建造或购买的房屋,婚后经过若干年共同使用或经营管理,也可视为夫妻共同财产(吴晓芳:《婚姻家庭继承》,第49页以下)。这些问题,都不是婚前公证个人财产可以解决的。

由此看来,婚前公证个人财产好处实在有限。既不符合公证的一般原理,也没有顾及离婚当事人的实际需要。我这样说,不是"一刀切"反对婚前公证。公证自有它的用处,尤其对于婚前业已积累了相当财富的男人,假如他有理由担心未婚妻将来钻空子闹离婚的话。但即使从这位睡不好觉的老板或大员的切身利益出发考虑,如上文指出的,关键也不在公证,而在拿去公证处敲图章的夫妻财产协议。这协议——如果他稍有一点法治意识,就该明白——由于各人预防的"万一"不同,是不可能有现成的格式合同让当事人自个儿填写的;应该请熟悉业务而经验丰富的律师起草。除开此类预防"万一"的情况,婚前公证如果进得了《婚姻法》,对于大多数"合格人士"来说,只有两种含义:不是(自愿)买一个心理上的安慰,就是(被迫)在已经蛮可观的结婚开销之上,再加一笔"婚姻税"。

《婚姻法》的修订始于一九九六年。自一九九八年起,修订稿(草案)触发了几场争论,各界人士纷纷发表意见,至今不衰。尤其针对"细化离婚标准"、"排除第三者妨碍"、"受害人精神赔偿"等条款,一些论者言辞激烈,生怕"开历史倒车",造成"用法律来解决道德问题"的后果(参见《中国律师》10/1998)。婚前公证财产的建议,照此看法,大约也有滥用法律之嫌。然而财产分割是离婚调解和诉讼的核心问题之一,非用法律不可。建议不可行,也许是粗心大意、考虑不周所致;有关领导派人下到妇联、法院等实务部门征求一下意见,即可改正。但建议之所以被人想到、郑重提出,却是现行法律碰上了从前没有的难题的缘故。我怀疑,这好心的建议是法律本身出了问题的一个症候;而问题与迄今为止《婚姻法》论者担心或批判的刚好相反:法律已经不再试图、也无能力"解决道德问题"。法律正陷于我称之为"找不着道德支撑法律、帮法律解决问题"的困境。

现代中国人正式接受而向往的婚姻理想,至少在二十世纪下半叶,是当事人自主缔结的一夫一妻制"爱侣型"婚姻。《婚姻法》就其"大写的权利"功能而言,便是这一理想上升为"普世"价值的展现,虽然依法缔结的一个个具体的婚姻,未必符合爱侣型婚姻的伦理标准。换言之,法律的基本原则(婚姻自由、一夫一妻、男女平等、禁止包办买卖虐待遗弃等)固然只要求最低限度的遵从(比如打老婆一般不算虐待,不违反男女平等);任何具体规定见之于文本(结婚条件、抚养义务、离婚界限等),却不得背离爱侣型婚姻的伦理标准。崇高道德理想和最低限度遵从如此结合,法律才能在实际运作中应付各种规避和挑战,才显得出效能和权威,才算"合法"——合乎人们对"良法"(正义)的期盼。

推而论之,在现代("法治化")社会,任何伦理标准的通行都离不开意识形态化的法律解释。反过来说,法律上的决定(包括立法),归根结蒂,无非伦理及政治决定之衍生、变种;决定"正确"与否,非任何"法学原理""中性规则"的形式推演所能圆满解释,而必须诉诸隐藏在法律背后的政治/伦理立场(包括例如"性是人的一种权利"那样压抑变形了的权力意识)。美国"批判法学"有句格言"法律即政治",说的就是这个道理:一切问题作为法律问题的"最终"解决,只能完成于伦理或政治上的"正确"选择(凯尔曼:《批判法学指引》,第64页以下)。这句话应该不难懂,举一个前些年修订《刑法》时的例子:刑法学家也有见不得死刑的。查一查"现代文明"趋势、"人类理性"准则,都说死刑不能预防犯罪、杀人不必抵命,他们就辩论起死刑的存废来了(贾宇:《死刑的理性》,第40页以下)。无奈中国的伦理国情,居然跟美国许多州和联邦刑事制度一般"落后",还停留在"不杀不足以平民愤"的历史阶段。废除死刑纵有千般妙论,也难进入政治实践,做成"正确"的立法。这道理的另一面,则是大家都熟悉的生活常识了:但凡政治上不好说、说不通的事情,比如该杀的没杀、不该管的乱管,法律的任务,就要帮它遮掩、为它打扮。这项政治任务其实由来已久了。中国古代兵家讲"兵刑同制",便是刑罚如军事,同为政治之利器的意思(见拙著:《木腿正义》,第46页以下)。

政、法关系(或政法策略)既然如此,回到上述婚前公证财产的建议,便不难发现,修订《婚姻法》引起的许多争议和困惑,都是法律未能完成政治任务的结果。不过,困惑远非《婚姻法》独有。我们曾经指出,为建设现代化而嫁接培育的法治,每每以道德多元为代价。在道德分化剧变之际,政法策略紊乱犹疑,是不足怪的(见《案子为什么难办》)。

上文讲到,婚前公证的关键,在订立夫妻财产协议。问题是如果公证由《婚姻法》规定,成为登记结婚的条件,就显然抵触了爱侣型婚姻的理想。作为理想,爱侣型婚姻只有在夫妻关系仅仅维系于爱情而不受任何身份、门第、种族、宗教,特别是财产的羁绊的时候,才能彻底实现。所以它的解体的标准、法定的离婚"门槛"只能是"夫妻感情确已破裂"(《婚姻法》第二十五条),而非例如对方失业或犯罪入狱而影响本人的事业前途。离婚自由诚然是婚姻自由的一个组成部分,是法律答应保护的夫妻权利,法律却不能公开宣布,婚姻的成立可以附加任何便利离婚的条件、期限或退路安排(虽然并不禁止当事人自行商定结婚的条件)。事实上,婚姻如果可以有条件、期限和退路,在爱侣型婚姻的理想看来,便同卖淫嫖妓相差不远;变成一笔生意,一种不受婚姻道德约束的"自由"的契约关系:按条件、期限、退路(如钟点次数年龄场合)论价的"性契约"或"临时婚",或如波斯纳法官不无讽刺比喻的,与美国式"轮妻制"(无离婚限制的一夫一妻制婚姻在私有制条件下的必然产出)相对应的,一部分妇女通过假结婚、财产婚或卖淫实现的"多夫制"(波斯纳:《性与理性》,第 130 页)。

尽管如此,我们却不能将夫妻财产协议(无论公证与否)简单地等同于"性契约"。财产协议不必是结婚的条件,而可能出于另外的考虑;即一旦"夫妻感情确已破裂",谁也不能保证当事人无财产纠纷而离婚顺利。这社会成本和个人损失的概率总是存在的:一个不同于"用法律来解决道德问题"的问题,追根溯源,来自爱侣型婚姻的理想在我们周围天天的破灭。这自然不是什么新闻——除非发生在一班被媒体追踪吹捧的明星富豪大人物的身上——而是一开始,就从专归《婚姻法》保管的"大写的权利"名册中剔除了的另类的"自由"婚姻。这"自由"也不是新闻,而是法律(通过英国法学家梅因)早就宣布过的,所谓一切"进步社会"都要经历的一个"从身份到契约"的"历史运动"(《古代法》):只要"人不为己,天诛地灭"还受人信奉,"自由"的私有财产所有者之间的"平等自愿"的婚姻,就必然要通向契约。而契约的自由,乃是奠定现代法治的第一块基石。

通观人类社会"进步"的历史,可以说,"用法律来解决道德问题"向来是婚姻家庭法的职责;现在修订,则是尝试放弃这一历史地位。但真正的挑战,还要看《婚姻法》能不能赶上我们这一个"进步社会"正在发生的"历史运动"。婚前公证的建议出台之前,这一点还不甚明了;论战各方和法律本本一样,都高举着爱侣型婚姻的旗帜——直至揭开修法建议覆盖着的那份财产协议。美国女权主义法学的主将麦金农,曾将法律建构的男性中心私有制支配的"历史",形容为一倒置的"镜像",充满着"从中性化和自然化了的政治变来的道德"(麦金农:《走向女权主义国家理论》,第238页)。那份财产协议,本来也是很有机会悄悄化作中性而自然的道德律的。不料修法建议将它放错位置,跟《婚姻法》的理想对立起来,出了它的洋相:"镜像"颠倒,婚姻自由的"历史"便如同"平等自愿"的卖身"婚契",又露一次马脚。说"又"一次,是因为不算发现新大陆,不是女娲抟土作人祈媒置昏(婚)以来的头一趟。那一趟发现我们归功于恩格斯,即他对那个"与文明时代相适应的""以通奸和卖淫为补充的一夫一妻制"的批判(《家庭、私有制和国家的起源》)。

"人不为己,天诛地灭",只发生在我们找不着道德支撑法律、帮法律解决问题的时候。读者若不信,我引一则"读者来信"为证:

今年八月十九日《法制日报》法律顾问栏读者"曾发"来信:老伴到照相馆照相,不慎将手提包忘在摄影室,内装二百五十元现金及金戒指两枚。经"照相馆的几位同志共同确证",手提包被印刷厂石某捡去。找到石某,他并不否认,但拒绝归还:"我又不是偷的,还不还谁也管不着!"问:碰上这样的事该怎么办?《法制日报》答:此在民法上称为"不当得利",构成条件一二三四云云。《民法通则》第九十二条:"没有合法根据,取得不当利益,造成他人损失的,应将取得的不当利益返还受损失的人"。据此建议,受害人可先请求不当得利者所在单位的组织干预,"力争用简便圆满的方法解决"。如他坚持拒绝返还,则可提起民事诉讼,由法院依法裁决。

看来失主要拿回她的手提包,还有一段长路。我们的问题是:民法既已规定无条件归还他人失物("不当得利"),再标价拾金不昧(例如3%—20%回扣),两者是否冲突?这冲突假如成为现实,对于将来的失主和石某们,意味着什么?

二零零零年八月

法盲与版权

一九九六年岁末,有件案子"震动了文艺界"。简单说来,经过是这样的:一九九三年九月,汪曾祺先生(被告一)将京剧《沙家浜》剧本收入陆建华(被告二)主编、江苏文艺出版社(被告三)出版发行的《汪曾祺文集》(戏曲剧本卷),署名"汪曾祺、薛恩厚、肖甲、杨毓珉集体创作,由汪曾祺主要执笔写成"。这署名却藏着一个漏洞:漏了《沙》剧的前身沪剧《芦荡火种》的作者("上海沪剧团集体创作、文牧执笔")。结果,沪剧团(现称院)和文先生(已故)的夫人诉至上海市第一中级人民法院,请求判令三被告停止侵权、赔礼道歉、赔偿经济损失四万元,并恢复原作《芦》剧作者的署名。不过官司没打太久。纠纷伊始,《文集》主编就对记者表态:《沙》剧"一度"只署京剧作者姓名,是"特定的历史条件限制"及"人们的法制观念也比较淡薄"造成的;现在应当承认《沙》剧是改编作品,"还历史本来面目"。汪先生本人也表示,事情出于疏忽,愿意通过上海《新民晚报》(1997.1.16)向文夫人道歉,并遵照法律支付应得报酬。不久,汪先生去世。其继承人向原告道歉,取得谅解,原告遂撤了对汪先生的起诉。官司于一九九七年夏调解(协议)结案:出版社和《文集》主编承认侵犯著作权(版权),向原告道歉;《文集》如再版,得按一九六五年三月《沙》剧首次发表于《人民日报》时的署名格式,补上《芦》剧作者;被告方赔偿原告经济损失三千五百元(《人民法院报》1997.8.14,第二版)。

我们的兴趣,不在案子的结局,也无关当事人之间的是非曲直、分歧和解。此文的缘起,在汪先生接受记者采访时说的两句话。记者认为,纠纷能否顺利解决,"最为关键的是作为《沙》剧编剧"的汪先生的"态度",即他承不承认《沙》剧系《芦》剧的改编,愿不愿意更正署名。不料"态度"没问出来,反被汪先生将了一军(录音"未经汪先生审阅",《文汇报》1996.12.26,第二版):

> 问:那您觉得我们是否可以套用现在的法律认定《沙》是一个改编作品呢?
>
> 汪:反正那个时候(创作时)还不存在这个(著作权)。
>
> 问:那么在您看来存不存在所谓"侵权"?
>
> 汪:这个我不知道。我是"法盲",哈哈……
>
> 问:如果将来北京青年京剧院演出时说明书上加署沪剧原作者姓名,您是否同意?
>
> ……
>
> 汪:随他们要写就写,不写就不写,都可以。

汪先生说,署名问题不止《沙》剧一个戏,至少八个"样板戏"都有;"不是一般的著作权问题,是怎样解决历史遗留问题"。记者没有往下追问。

"法盲"碰上了"历史遗留问题",汪先生说的是大实话。说者无意,听者有心;我以为这两句话无意中触及一个法制改革的核心问题,也可看作版权引发的中国基本政法策略的转型换代问题,值得研究。政法策略是个大题目,这里无法细说。限于篇幅,我们只就其中有关法律回溯适用与法治意识培养的策略,提出两个相关的问题讨论:法盲(事前不知法者)能否免责?版权能否回溯"历史遗留问题"?先讨论第二个问题。

本案纠纷系于《文集》署名,或原告作者身份(署名权)的认定。《文集》出版于《著作权法》实施之后,所以解决纠纷的依据为《著作权法》。这是双方当事人一致同意的(根据以往的案例,相信也是法院的立场)。《文集》署名却源于一个"历史遗留问题",即历史上《沙》剧及其前身的创作、发表和署名的政法理据。故原告署名权的理据也是"历史遗留问题"。如此,讨论"历史遗留问题",就必然要拿它放在《著作权法》的基本概念、规则和原理的框架内分析。于是本案的关键便是,如何将发生在"前版权"时代的一些行为、言论和社会关系赋予版权的意义而加以认定、处理。但法治的一般原则,是法律不得回溯既往(ex post facto)施行或加重惩罚,或剥夺公民、法人在法律实施前已取得的权益。因为若合法权益随时可能被新法修正取消,人民将无所适从。这就是为什么《著作权法》明文规定:"本法施行前发生的侵权或者违法行为,依照侵权或者违法行为发生时的有关规定和政策处理"(第五十五条)。据此"不回溯"条款,似乎就不该用《著作权法》处理本案这一类症结在"历史遗留问题"的侵权纠纷。

然而,在司法实践中,版权却是回溯历史的,而且从未停息。自八十年代中文化部颁发《图书、期刊版权保护试行条例》起,已有一系列处理"历史遗留问题"的版权案例为证。本案只是近年来见诸报端的又一例。司法实践和法律条文的官方或"学理"解释有所差距,本是法律运作的常态;否则法律便办不成一个热门专业和职业(详见下文)。但如果官方/学理解释大大脱离司法实践,就肯定有深一层的道理。这道理,可以从版权的性质和功能两方面考查。

版权和专利、商标、商业秘密等一样,属于知识产权。顾名思义,知识产权是产权(property),即私有产权的一种。产权是人与人之间就物(res)形成的一束社会关系。那物本身并非产权,而是产权的对象,或由产权限定、支配、保护的客体。知识产权的客体是无形或抽象的物——特定形态的知识或信息。版权的客体,便是文字、口述、音乐、美术、电影、工程设计、地图、计算机软件等"作品",以及作品传播者(出版社、表演者、音像录制者、电视台等)的"邻接权"。抽象物没有具体有形的存在,而只存在于人的"精神生活"里。它不能像有形物(如土地、楼房、足球明星、方便面)那样直接(或物质地)占有、使用、转让、消灭,而只能靠法律建构的人与人之间因它而起的财产和人身关系来界定它的形态。由于历史的机缘,现代(西方式)法律对这些关系的规定大致比照有形动产上的物权(参见罗士《作者与业主》,另文讨论);或许因为这些关系当初被产权化,目的就是让资本通过抽象物来"依法"支配、瓜分物质世界的市场和财富(德雷贺斯:《知识产权哲学》,第4页)。

版权也是一种法律的想象和分类——脱离法律或法律执行不力,便不会有很多人相信它、尊重它、受它的支配。但版权和专利、商标、互联网域名等有一点明显的不同;它需要再多一层法律的想象:专利、商标、域名等是通过法定程序申请,由指定管理机构批准授予申请人的产权,其权属、范围、期限等,都有案可查。版权则无须国家批准,连形式上的注册登记也不需要。它是在"作品"形成(但不必完成,例如一幅画了一半的素描)的那一瞬,"自动"来到世间的产权。传统上,这产权的初始状态被想象成作者(业主)对其作品(抽象物)享有的"完整绝对"的所有权(jus in re)。因此版权(不包括作者署名、修改、保护作品完整等"永久"精神权利)在一般作品中"抽象存在"(subsistence)的期限,便以作者的寿命加上若干年计算(中国目前的规定,即从作品形成到作者去世后第五十年十二月三十一日午夜止)。版权的发生既然无须国家批准,存续期又随作者的寿命千差万别,任何"前版权"社会(如八十年代的中国)在引入版权制度时,便只能宣布法律从哪一天开始保护版权,而无法规定保护一旦启动,版权从哪一天开始。即在法律生效日,版权自动回溯抵达所有符合版权保护条件的作品,无论该作品的形成、占用、转让、继承等发生在什么样的政法环境。当然,这也意味着版权纠纷的自动回溯,使得《著作权法》的"不回溯"条款在司法实践中成为具文。

版权纠纷往往涉及权属,权属常取决于作者身份的认定。假如系争作品形成前后所处的政法环境对私有产权较为友善,当事人的版权主张和创作行为(无论单独、合作、受委托、执行任务或按约定进行),就容易套用版权的概念、规则和原理来分析认定。版权回溯也就不致引起很多问题。但中国不是这样的情况。二十年来经济改革的重点和一大难题,就是变革产权关系。版权回溯早已不可能安安稳稳,控制在套用法条或援引例外的层面。事实上,回溯历史引起的历史性"震动",已经促成中国基本政法策略的转型换代,令版权成为社会控制现代化或法治化的中心环节。

我们以《沙》剧为例说明:

《沙》剧及其前身《芦》剧在文革前及文革中历次发表,均署"集体创作"(有时同署某某"执笔")。"集体创作"外加"执笔",自然不等于版权意义上的"创作"——即"直接产生文学、艺术、科学作品的智力活动",不包括组织他人创作、提供咨询意见或物质条件等所谓"辅助活动"(《著作权法实施条例》第三条)——而是对版权创作的否定。两种创作间的差距,主要不在创作方式或份额(剧本中几多文字出自文先生、汪先生的手笔),而在执笔人与版权(私有产权)的政治伦理关系。在他们贯彻"文艺为工农兵服务的方针"搞样板戏的年代,非但版权不许存在,连版权所代表的"资产阶级法权"思想,也是文艺工作者"灵魂深处爆发革命"彻底扫荡的"糟粕"。署名"执笔",首先标志的是对执笔人阶级成分和政治立场的认可。执笔人因其家庭出身("讲成分但不唯成分论")和本人政治表现合格,被吸收加入"革命队伍"(集体)从事"创作",贡献他的写作技能。作品署名与否、怎样署名,跟他的写作无关。因为此时的写作,只有如一滴水融入集体的大海,只有完整正确地反映了布置创作任务的某某"同志"的意志,听写下那位"旗手"的每一句宝贵指示,并且将作品的成功完全归于集体和革命的路线方针,才有可能在政治伦理上为执笔人胜任。因此写作不可能如《著作权法》想象的,出于作者独立的人格,因为独立人格的表达,须显示最低限度的"原创性"而不允许抄袭或听写他人。相反,对于样板戏那样的"无产阶级革命文艺"(作品),执笔人(作者)的独立人格和个人意志,恰是作品改造的对象。写作是作者改造自己的知识分子灵魂,清除错误思想,抛弃独立人格,争取做"新人"的一次机会。是福柯在《何谓作者?》一文中(或许有意)没有揭穿的"作品杀作者的权利"的经典示范。读者只消翻一翻当年任何一位执笔人的回忆录或采访记就会明白,"创作"是怎么回事:检查、悔悟、感激、重写,充满对作者身份的逃避和对作品的百依百顺。当然,消灭作者和版权,仅仅是作品的第一桩任务;它真正的历史使命,如那变《芦》为《沙》为样板戏的意志指出的,是全社会的改造与更新。

版权每回溯历史一次,便是一次历史的忘却和改写:为了给作品"恢复"作者、替版权"找回"业主,我们必须"依法"(即依私有产权)重新想象集体/个人、创作/执笔和革命文艺/作品之间的全部政治伦理关系,必须将自己的亲身经历忘却,改写成"历史遗留问题"。正是在此意义上,现阶段政法策略的法治化一刻也离不开版权,因为以"神圣"的产权和契约言说的法治,只有靠不断忘却和改写历史才能自圆其说,成为大写的"理性"而劝人皈依。

如果汪先生言及"历史遗留问题"表达了对版权回溯的无奈,那么他的另一句话,"我是法盲",则可看作一种想当然的抗辩假设:事前不知法者应可免责。署名之所以犯错,是因为忘了《著作权法》。倘若当初把法律本本找来读一读,侵权就不会发生(《新民晚报》,同上)。但这句话(假设一)必须还包含一个前提(假设二),方能成立。那就是无论《沙》剧的署名问题属什么性质、归什么成因,法律都有现成的答案;人们只消弄懂并遵循法律的规定,就应该可以避免或正确处理一切"不法"行为,包括"历史遗留问题"。这两项假设,我管它叫"大实话",乃是凡信赖现代法治的人都必须认真培养的心理习惯。习惯成自然,成为一种"法治意识"或条件反射:法律,不仅是"社会正义"的源泉,而且是从人类"实践理性"提炼来的智慧百宝丹。故而历史对于法律,不过是等待解决的一堆遗留问题而已。

但是法律的实践,即使在某些高度法治化的西方社会,跟这"大实话"法治意识也还有一段距离。它与其说是特指(而能够合理预期)的实践的理性,不如说是泛指(而无法统一防范)的政治/伦理的操作(见《公证婚前财产》)。所以,西方式法治的一般归责原理,并不以事前知法与否(晓得戒备)为公民、法人承担法律责任的条件。此即拉丁法谚"不知情者得免责,不知法者不免责"(ignorantia facti excusat, ignorantia juris non excusat)之意。因此,所谓"法盲"而产生误会、无意侵权的辩解,虽然出于标准的法治意识,实际是请求法律通融一次,如批条子求情者常说的,"下不为例"。问题是,作为法盲,有没有可能事先了解真实管用且足够详尽的法律规则而避免误会、侵权?若无可能,上述两项假设就无意义、不成立。

读者不妨设身处地替法盲想象一下,就某一具体决定,例如作品署名,他要把法律了解到一个什么地步,才能放心行使自己的权利?首先,光读《著作权法》大概是不够的:条文太简略。《著作权法》说著作权包括署名权(第十条),属作者,但"本法另有规定的除外"(第十一条)。可是问题不在法盲本人的作者身份(这一点一般不难证明);而是针对他的署名权主张,就同一署名作品,还有什么人可能主张相同、在先或相对优越的权利;这些冲突的主张,如本案所示,又基于什么历史事实和政策法规,等等。显然,这署名决定牵扯的问题之广,远非法律本本上那两条规定所能涵盖。这里,不但需要了解法条、研究法理;更重要的,还是历史事实的调查取证,以及对相关事实和各方权益主张的论证、分析。调查论证如此复杂,当然不是普通人可以对付的;恐怕得向业内人士付费咨询了,才能获得真实可靠的信息和意见。也因为这个缘故,这些年来大张旗鼓"普法教育",固然是在训练公民的法治意识,却没有消灭几个法盲。

一百二十年前,美国联邦最高法院大法官霍姆斯(O. W. Holmes, Jr., 1841—1935)尝言:法的生命在于经验。这是所谓"现实主义"法学的经典立场,把知法(何谓法律)的问题,看成预测法院就一个个具体案件可能作何决定,这样一个经验性的问题。既然是预测现实,就不该太理想主义或学究气了;大法官建议,不如从所谓"坏人"(解作具体案件中,关心行为为结果胜于行为的动机、原则、理想、逻辑的某参与者)的角度出发,看待法律,了解法律,探测它满载着"社会欲望"的"无言"的躯体(《法律之路》)。

法律无言,且经常受制于社会上各方势力的欲望,诚然是美国的写照。此话出自大法官之口,大概也是经验之谈。但美利坚毕竟是法治早已安顿了的国度,比起我们的法盲朋友面临的中国特色的困境,知法还算容易。试想,后者除了国家正式发布、不时修订废除更新失效的条例措施,他还要熟悉多少有关部门的文件、各级领导的意志,等等等等,才可以勉强当一回大法官推荐的"坏人",预测某法院某法官(有时还包括法官家属)关于他那个作品署名可能有什么欲望?

大法官的"坏人"现实主义还蕴涵一项假定,就是案件审毕,法官的决定一经宣布,即成为法律而受到尊重。我指的不是英美普通法"法官造法"的传统或"遵循前例"(stare decisis)的司法政策:凡本院或上级法院通过判决书宣布的法律原则,在今后案件中,只要事实和法律争议点"实质相同",就应当坚持而不轻易放弃。大法官假定的是,判决下达,当事人及有关政府部门、企业、个人不管心里愿不愿意,一般都取合作而非抗拒的态度。

这与法合作的态度,在我们法盲这里,却是不敢随便指望的。现实主义的知法观,说到底,是将法律归结为一个个参与者生活经验中的法律。经验告诉我们,中国的法院不但没有"造法"的授权,依法作出的判决还每每得不到执行,演变成被执行单位或个人依仗各方势力,跟法院讨价还价。这方面虽然缺乏完整可靠的统计数字和基于数字的研究,但从各级法院发表的报告和论文看,近年来"执行难"的规模相当惊人。以浙江省为例,省高级人民法院报告的数字是:九十年代(至一九九八年),法院"执行收案数"平均每年递增20%不止;同时期"执行未结数"则以13%左右的速度攀升。一九九七年全省"执行收案数"126,154件,当年十二月底"执行未结案"达31,652件,占同期"执行收案数"四分之一。"执行难"的对象多是乡镇政府(违规担保、撤销兼并乡镇企业)、困难及转制企业(破产、债务)、金融系统(不良借贷)和军警、执法机关(地位特殊)。而法院干警人少案多,装备差,对付不了被执行人的"围、阻、抢、殴、扣";加之当地领导、银行等"应依法协助"的单位出于种种地方和部门利益不愿合作,当事人又"精通"法律,假离婚、公款私存、分立法人机构、抽逃资金挂空债务等等,防不胜防(童兆洪:《缓解执行难》,第3页)。法院判决既然有可能落空,法盲知法就不仅仅是一个法律问题。换言之,法律还粘着当事人双方的地位、钱财、后台、关系;同样的官司,不同人打,结局可能大不一样。

由此看来,法盲知法,只能是"事后诸葛亮"的事业了。在大多数人的生活经验里,事前知法——每作一个重要决定,先为之找到适用法律,预测可能发生的纠纷、解决纠纷的途径、裁判者如何裁判、判决能否执行,等等——只是可望而不可及的理想。人们真正需要应付的法律,永远处在事后来临、溯及既往的位置,除了个别领域(如刑法)涉及剥夺生命或人身自由的规定(西蒙:《正义的实践》,第45页)。

总括我们对汪先生两句大实话的讨论,也可以这么说:法律无言,居高临下回溯既往的那个位置,其实是法治的起点。因为法律若不回溯,就没有所谓"历史遗留问题"。而历史问题的遮掩和重构,原是法制转型的首要任务。这任务在中国的基本执行策略,便是版权。所以版权无法不回溯历史,一如法盲不得推说不知法律,虽然有时让"法治意识"难堪,却是地道的法治。哪里有回溯,哪里就有法盲。法盲因此是建设法治的先决条件和必然产出,是社会法治化以后我们大多数人的名字。

二零零零年九月

鲁迅肖像权问题

周海婴先生为父亲肖像权打官司,屡见传媒报道。学界亦有评论,大都围绕死者有无肖像权一个问题。这大概是因为案中被告(即被指"以营利为目的"擅自制作/销售鲁迅头像金卡、金邮票之类者)曾试图以此否定周先生的诉讼主体资格(诉权)的缘故。对于周先生的实体权利主张,即"鲁迅肖像权"中的"财产利益"的性质内容、法理依据等,却探讨不多。我以为,相对业已大致有了答案的诉权(详见下文),其实这看不见、摸不着的财产利益或产权,才是官司的关键。倘若让它成立,获得司法保护,则周先生不啻通过诉讼赢得一项用肖像权命名的特权。如果再影响到立法,引起专家学者的关注,把它分析注释讲座主编了,到那时,"法律与制度必同人的思想携手共进"(杰斐逊总统语);不要说肖像权,就是中国民法的基本原理搞不好都要改写。这一连串的问题,都系于当前法治改革的"瓶颈";头绪纷繁,我还是按照程序从周先生的诉权讲起。

打官司首先打程序。民事程序上第一个要求,就是公民起诉须有诉权,否则法院不予受理。诉权之有无,以当事人是否确系案件的"权利主体"或与案件有无"直接利害关系"而定。例如请求偿还借款,须是债权人;请求离婚,须是配偶,等等(《法学词典》第三版"诉权"条)。周先生请求法院制止被告使用鲁迅肖像牟利,却面临一道障碍:死者能不能有肖像权?若能,范围期限如何划分?又由谁来主张保护?这些问题,是只要公民享有肖像权,死后肖像留存人间,就一定会发生的。法律本本居然未作规定。我们说过,法律无规定或规定不清,不等于公民无权利(见《腐败会不会成为权利》)。但中国民事主体制度的一般原则是,自然人的权利能力始于出生,终于去世(《民法通则》第九条)。死者无民事权利能力,不能享有民事权利并承担民事义务。肖像权属人身权或人格权。传统的(教科书)民法理论认为,人格权的对象,如生命、姓名、肖像、名誉、隐私、贞操等,均非财产,不能用金钱衡量换算。又因为这类"精神权利"与公民的人身紧密相连("体现的是公民的精神情操、价值观念、思想意识";佟柔编:《中国民法》,第447页),它们的存在便被看作须以民事主体的存在为前提;即人格权唯主体本人方能享有,不允许分割、转让、继承、抛弃,因而必随主体的死亡而自动消灭。换言之,公民死后,肖像权即不复存在,旁人(包括配偶子女)也就没有替死者诉求法律救济的资格,或"站在他的脚印里"以继受人的身份充当新的权利主体了。

周先生请了律师。律师经过研究,提出一变通的"学理"说法,主张所谓"死者肖像权"应理解为"死者生前的肖像利益":民法原理或有必要坚持肖像权与公民的生命共始终,寄寓公民肖像的精神或人格利益却可以在公民死后继续存在,影响死者亲友的感情和切身利益,故有维护的必要。推而论之,保障死者的肖像利益,也是全社会公序良俗的要求(《中国律师》10/1998,第29页)。事实上,司法实践中对死者人格利益的保护已有一个可供参照的先例。此即发生在天津的"陈秀琴诉魏锡林、《今晚报》社侵害名誉权纠纷案"(《最高人民法院公报》2/1990):

小说《荷花女》在晚报连载,讲的是原告陈老太太已故的女儿(四十年代天津艺人,艺名荷花女)的故事。老人认为小说随意虚构情节歪曲事实,损害了女儿名誉;要求停载不果,一九八七年六月,一纸诉状递进天津市中级人民法院,告作者和报社侵权。作者辩称,写小说的目的,是"通过对荷花女悲惨命运的描写,使读者热爱新社会,痛恨旧社会";小说非但未损害荷花女的名誉,反而美化抬高了她的形象。但不论小说对死者的名誉有何影响,原告与本案无直接利害关系,无权起诉。同时反诉,指原告起诉造成本人名誉及经济受损,要求恢复名誉、赔偿损失。报社辩称,文责自负,报社没有核实小说内容的义务;保护死者名誉权无法律根据。

法官判案,照理说,只需做到"有法可依,有法必依"即可。但法条从来多遗漏,不时会碰上无法可依、甚至有法难依的困境。死者名誉权便是一例:《民法通则》只规定了公民享有名誉权(第一百零一条),没有说死后名誉权如何处理。天津市高级人民法院(本案二审法院)就此向最高人民法院请示,后者复函(1989.4.12):公民去世,名誉权仍应依法保护,死者之母(作为近亲属)有权向法院起诉。这句指示,负责编写案例的二审法院法官是这样理解的:"公民的名誉是社会上一般人对……公民的品德、声望、素质、信用、才能等方面的评价",直接关系到他的社会地位和人格尊严;公民死后,社会评价并不自动停息。所以承认并维护死者的名誉权,是对公民"整个人身权利保护的不可缺少的一个方面"(《人民法院案例选》1/1993,第101页)。凡《最高人民法院公报》发布的案例,一律经由最高人民法院审判委员会讨论通过,一年不过二三十件,故极具"指导意义"。此案刊出,实际确立了死者名誉权司法保护的先例。后来各地涉及死者名誉权的案件均照此办理,有名的如成都"海灯法师名誉权案"(范应莲诉敬永祥等);案中最高人民法院复函四川省高级人民法院(90民他字第30号),同意原告的诉权乃基于海灯法师(已圆寂)的养子的身份。

但是,两件复函中死者"名誉权"之说,明显抵牾了人格权终于公民死亡的传统民法理论。一九九三年八月,最高人民法院颁行《关于审理名誉权案件若干问题的解答》,"在总结经验的基础上"修正术语,去掉了"权"字:"死者名誉受到损害的,其近亲属有权向人民法院起诉"(第五项)。

周先生的律师以"死者生前的肖像利益"代替肖像权,便是要法院参照上述司法保护死者人格利益(名誉)的先例。最近见报的几件死者肖像权案,似乎确认了这一做法的可行性,至少在被告擅自使用死者肖像牟利的情况下如此。例如据报道,一九九九年,北京市崇文区人民法院审理一桩因医院利用死者照片做广告引起的纠纷,市高级人民法院就原告(死者子女)主张的"死者肖像使用权"作书面答复,认为区法院可以根据《民法通则》第五条(兜底条款)保护公民、法人合法民事权益的"规定精神",参照《通则》"有关保护人身权的规定"和最高人民法院"关于保护死者名誉的司法解释"(即《解答》),禁止未经授权擅用死者肖像的行为并责令道歉、赔偿经济损失。答复并且指出,保护"死者肖像使用权",不等于死者享有肖像权,"其本质是对死者亲属特定利益的保护"(《法制日报》2000.11.15,第三版)。但"特定利益"究竟何指,司法保护的范围期限到底多大,答复没有说明。

答复含糊其辞,跟法院的权限有关:法院无权解释法律(见《它没宪法》)。可是周先生却含糊不得。因为如果"死者生前的肖像利益"或"死者亲属特定利益"仅指人格利益(即要求使用死者肖像,一如描写死者生平,须尊重他的人格),那么他人使用鲁迅肖像,只消尽了尊重人格的义务,就未尝不可以营利。例如案中被告制作/销售印有鲁迅头像的"纯金纯银邮票",宣布的目的就是"纪念鲁迅诞辰一百一十五周年"。所以,从周先生的立场出发,光有(基于直接利害关系的)诉权是不够的。他必须凭继承人的资格成为权利主体,必须明确主张"鲁迅肖像权"的产权性质,挑战肖像权的传统定义,即肖像权作为人格权只能以肖像权人的精神利益为归宿、与主体生命共始终的理论界说。因为那寄寓死者肖像的无论冠以什么名称的"生前"或"特定"利益,只有变作产权,才可能发生继承、转让,使继承人、受让人成为它的绝对业主,就死者肖像享有"对世"(即排斥任何他人占有、使用、收益、处分)的权利(jus in re)。

《民法通则》的肖像权条款(第一百条)显然是承认肖像权包含财产利益的,因为该条款在"未经本人同意"之外,另加"以营利为目的"使用公民肖像作为判定侵权的要件。理论上,这财产利益被视为由占主导地位的精神利益派生,处在从属的地位。《通则》的规定却以从属利益受损害判定侵权,大大收窄了肖像权的保护范围(见《案子为什么难办》)。有论者担心,法律只禁止侵害肖像权财产利益的行为而不管非营利目的的使用,仿佛精神利益反倒是次要的,"容易引起人格权商品化的误解"(马原编:《民事审判实务》,第205页)。这是在说立法的"漏洞"。然而立法不可能直接导致人格权(实指人格,详见下文)商品化;人格的商品化是实行商品经济的结果,而建立商品经济是中国二十年经济改革的一大成就。

于是周先生(通过律师)主张,肖像权中的财产利益,例如人们普遍接受的肖像权人收取肖像使用费的权利,实际是一种财产权。言下之意,这财产利益并不附属于精神利益;应当承认它的产权性质而允许继承(即属于《继承法》第三条所举七类财产、产权和债权之列)。肖像权唯有这样"解构"了重新认识,才顺应商品经济的大潮。随着市场上人格特征的商品化利用日趋频繁(如商家收买复制影视和体育明星的肖像、姓名等替产品做广告),一些肖像的巨大财产价值已是不争的事实。必须给予肖像权完整独立的产权待遇,才能扭转肖像使用上明显的不公:生前用于牟利得经本人授权,犹如个人财产;一旦公民去世,肖像立刻落入公有领域,他人可以无偿使用,几近"不当得利"。为防止这样的"不当得利"发生,周先生的律师呼吁,法律(包括民法原理)就不能"形而上学地理解和教条主义地运用,而应该以辩证唯物主义的态度大胆地承认客观事实",即肖像权是"具有人身权和财产权双重权利的特殊人格权"(《中国律师》,同上)。

"主义"云云,乍一听好像哪里捡来的口号:死者肖像权如何定义,法律怎样保护,套得上哪门主义?但如果我们舍弃"特殊人格权"等委婉说法,和案中原告的核心诉求("鲁迅肖像权"的产权性质)对照了看,就很有深意了。首先,这口号之能够被提出,本身已表明某某主义即使没占着上风,也已经相当"光荣"体面;不然肖像权要变成新产权,怎敢把问题提升到"态度"的高度!其次,那"态度"或政治/伦理立场反映的,无非是一种权利话语的掩饰策略;用人们熟悉的标语口号,把人格特征(肖像)的商品化解说成法律"承认客观事实",进而"现代化"的必然结果。最后也是最要紧的,那集政治/伦理共识、"现代化"经验于一身的新产权/肖像权,还标志着现阶段中国法制改革,尤其私有产权成长的方向和新拓的边疆。这三层意思,换一个通俗的说法,便是"鲁迅肖像权"的伦理解说、引进机制和性质范畴。道理其实并不难懂,不妨掉转次序,略作发挥,分述如下。

一、性质范畴。细心的读者大概已经发现,上文讨论中我们的用语"死者肖像权"和"鲁迅肖像权"不是互换的概念。前者多指原告启动司法程序的诉权(不论是否改称"利益"),为建立"直接利害关系"所需;后者才涉及他的实体主张,即请求民事救济(如禁止制作/销售鲁迅头像、赔偿财产损失)的基础。这区分的背后,却是一个简单的事实:肖像权固然人人一份,蕴藏在肖像中可供商品化的财产利益,却不是人人都能实现的。事实上,那财产利益对于大多数人来说只是一个假设;唯有极少数人才具备条件(如才能、性格、长相、金钱、运道等),得以在生前或身后将它实现,成为可以交换流通增值的财产。换言之,普通人的人格只在理论上有商品化的价值和权利;在现实生活中,只有少数名人的人格才有商品化的价格和特权。"死者肖像权"和"鲁迅肖像权"因此是完全不同的概念;后者占据的,正是前者反复强调的肖像权人或其亲属的精神利益所排斥的那个领域:产权。

广义上的产权(property),包括一切具有交换价值的权利;任何权利,只要其价值能被占用、转让或作为合同标的物,即是产权。但"鲁迅肖像权"并非某一具体的鲁迅肖像(例如一幅版画)生出的产权(物权或版权);而是关于天下一切鲁迅肖像的蓝本,那抽象地存在于"虚空"之中(因而不会随肉体死亡而消灭)的鲁迅肖像"原型"的产权,即知识产权的一种(见《法盲与版权》)。其发生的前提,是名人人格的商品化或"物化"。名人是社会生活中醒目的标记或角色(persona)。所谓醒目,指名人依其社会角色往往有一些独具"联想价值"的身份特征,如肖像、姓名、嗓音、扮相等。将这些特征和商品"捆绑"了展览出售,便可能吸引并保持消费者的注意力和购买欲,为商家带来商机。按照知识产权的原理,人格的商品化本是不足为奇的。作为商品或物,名人人格与先已进入产权领域的米老鼠、超人、三毛等人造的"人格"并无二致,也可以变成或依附各种知识产权的客体:比如人们为超人的形象、故事主张版权,发放生产许可证,为他的道具服装注册外观设计(专利)。但版权和专利属于有期限的垄断,保护只及原创的作品、新颖的设计等,并不能彻底使人格特征物化(摆脱人格的生命期限)而获得永久的保护。真正让人格完全物化而独立的,是商标。诸如肖像、姓名等人格特征如商标标识一样,通过宣传、使用,可在其身份特征的本义之外,建立起纯属产权排斥本义的"消费符号"而争取法律的认可和保护。这符号,在商标法上称"第二含义",是一些所谓"驰名商标"的主要力量所在。例如"县以上行政区划的地名"不得用作商标(《商标法》第八条),但"青岛啤酒"之"青岛"在消费者心目中早已排斥了山东地名的本义,成为一啤酒厂家和产品的专用符号。法律因此特许豁免,准予注册,承认其"第二含义"的产权。名人人格也是驰名的符号,它的各种特征也可以用作商标,成为商家垄断市场压抑竞争的利器。就其商标化的人格(醒目的消费符号位置和无期限的商品化权能)而言,也可以说,名人即人格化的商标。

由此可见,所谓"鲁迅肖像权",只是个别商标化的人格就其个别身份特征(肖像)的"第二含义",向法律提出的一项豁免期限而特许物化的诉求。只不过由于历史的原因,中国民法目前对于物

(res)的制度化重构,还不得不取审慎回避的态度。那项豁免,因而也只能以"生前的肖像利益"或"特殊人格权"的形式笼统地主张。然而,正如周先生的律师指出的,法律终究要"大胆地承认"新产权的事实。或许这正是中国民法走向"现代化"的一个征兆,因为充当大写的"正义"的现代(西方式)法律的一个主要特点,就是在分配一个个具体的正义的同时,不断陷于和自己的基本前提——私有产权的冲突(艾德曼:《形象所有权》,第25页)。

二、引进机制。西方式法治信奉一条格言:"有权利方有救济"(ubi jus, ibi remedium)。司法实践却常常反其道而行之:凡需要救济者,法官即为之宣布权利,所谓为克服法条僵硬,循"公平良知"(ex aequo et bono)的"衡平"原则判案。"鲁迅肖像权"的诉求,也是要法院制止"明显的不公",为原告宣布一项新产权或特权。表面看来,这通过诉讼挑战人格权原理,敦促民法"完善",为新制度开先河的做法,略似英美普通法依靠判例发展法律(法官立法)的传统。然而稍加考查就会发现,理论上的出发点恰好相反。

普通法,简言之,就是和立法机关制定的成文法相对,依惯例和判例"自洪荒以降"逐步形成的各种原则、规矩和诉权。在普通法看来,既然法律出自惯例,而惯例不可轻易动摇,法律便可以假定是早已完善了的;法官的任务,只是去"发现"那些人们虽然不甚明了却一向"拥有"的规则权利,将它们一一宣布、阐明原理。由此建立起看似保守的"遵循前例"之制,包括那一整套区分及拟制"例外"的推理技术。在此意义上,对当事人而言,法律便常常是回溯运作的:法官可以事后"发现"一条规则、一项权利,做成"前例"或"例外",用它定分止争,形成新的判例。在美国,类似"鲁迅肖像权"的主张也曾引发著名的官司(马丁·路德·金肖像案、"猫王"姓名案,等等)。案中争议的产权,最早便是由法官从各州的普通法"梳理"出来,取名"公开权"(right of publicity,与普通法上的隐私权相对),然后渐次编进成文法的。普通法之为"活法"而跟得上时代的步伐,照英国法律史家梅因的说法,大抵借助于三件工具:虚构、衡平、立法(《古代法》)。我们说过,英美法国家的立法,无论文字表述详尽与否,须经过诉讼才知道确切的含义(见《它没宪法》)。故立法跟虚构、衡平一样,也要等待法官的"发现"。法律无遗漏,却能够时时"发现"不见于文本的规则权利,是普通法最基本也是最成功的虚构。

在中国,诉讼当然也有阐明法律,乃至变更、创制规则的效用。但就整个制度的设计而论,法律规则和公民权利是只承认实证的存在而不接受虚构的"发现"的。所以通常的理论解释,倾向于一种"主权者命令"式的实证法律观,以国家立法为一切法律规则和公民权利的唯一或最终的渊源。于是法制改革或法治的现代化,便免不了重复一对矛盾的立场:一方面,新的立法必须说成是优于旧法(或旧政策旧道德)的唯一切实可行的进步,否则法律的权威和效能就无从维持;另一方面,任何法规一旦颁行,改革家的任务就是找到它的漏洞缺点、提出修订补充的建议。法律既是进步的,又是落后的;既是"科学"的,又是"形而上学"的;既是公民权利的依据,又是实现权利的障碍。诉讼——任何促进法律"完善"、与"先进"标准接轨的诉讼,都必须在"完善"法律的同时,重新确认法律的不完善、亟待改革。因此,对于"有权利方有救济"的法治原则,人们可以这样"大胆地承认"司法实践的例外:凡需要救济者,即否定立法现状而主张"完善"权利。"鲁迅肖像权"官司,便是运用这权利引进机制的又一范例。

三、伦理解说。现代法律还有一个特点,就是不喜欢讨论规则与制度的正当性或伦理目的。它希望人们相信,规则与制度的变迁存废(包括新权利的诞生)是法律"生长"或"发达"的结果。着眼点自然是法治的尊严,同时也造就一种不嫌重复而无限循环的权利话语。比如,关于传统人格权中财产利益的正当性,标准的解释便是:法律若不保护某形象某名字,那形象、名字便会一钱不值;而那形象、名字之所以应当受到保护,不过是因为法律承认它的财产价值(盖恩丝:《争夺下的文化》,第183页)。但这样解释"鲁迅肖像权"却行不通,因为新产权提出的问题,是财产利益之下那个商品化人格的正当性。为那人格作私有产权的解释,实际是为法治的前提和边界作伦理的答辩(而我们知道,法律规则"正确"与否,最终取决于规则背后的伦理共识;见《公证婚前财产》)。这个问题,涉及产权的伦理价值,本是古今贤哲一再论述的题目,这里不可能一一探讨。但伦理答辩首先遇到的难题,来自新产权的性质和中国民法的一个基本"缺陷":

自一九八七年实施《民法通则》,物权(尤其不动产领域)的界定与重建一直是立法的"瓶颈",《物权法》至今停留在起草阶段。知识产权的迅速发展,却让民法"提前"建成了抽象物上的产权王国,颠倒了产权谱系的"正常"历史顺序:由具体而抽象,从土地、房屋到资讯、人格。顺序颠倒,新产权本来可以借用的经典理论就难免"脱离实际"了;例如,洛克关于产权来自个人劳动与(上帝创造的)土地之"混合",故为"自然权利"的说法(《政府论》)。另一方面,如上文所说,"鲁迅肖像权"虽然取人格权的形式,实质上却是人格的异化与豁免。无论怎样分析、为之正名,它都是少数名人的特权。因而无法套用黑格尔关于产权乃人格的具体化的理念。因为新

而生命在于行动,不在创造。
〔荷〕伦布朗(1606—1669):《亚里斯多德与荷马像》。

产权即使在理论上也不是那种可以人人享有、人人尊重,因而"充满伦理意义"的"普遍的"权利(《法哲学》)。所以,我们无法将人格的商品化看作"自然"或"普遍的"权利;只能退一步,考查它的伦理功能或工具性价值。

产权理论界有一种关于财产与人格的假说:如果人人都能拥有一份财产(但不必平均),分量"足以令人负起认真使用并管理个人财产的责任",财产私有(产权)便是可辩护的了:它可以帮助人格实现"普遍的伦理发展"(瓦尔准:《私有产权》,第5页)。这假说能不能替新产权作伦理辩护呢?财产私有培育公民美德(政治/伦理责任)的理论,滥觞于亚里士多德。他认为,私有源于人爱己的天性,而爱己须适度。惟其财产(ktesis,即占有物)私有,方能有慷慨赠与、帮助他人之乐;取消私有,便同时丢掉了两样美德(areta):对女子克制占有她的欲望(即不贪图别人的妻子)和不吝惜施舍自己的财物(《政治学》卷二章二)。如此,产权("依惯例认可的私有")乃是工具性的价值,其范围期限,须视它所服务的各个价值而定。所以亚里士多德还说,财产是行动的工具而非目的;本身并不能创造任何东西。它的价值,只在便利我们做事、采取行动;"而生命在于行动,不在创造"(ho de bios praxis, ou poiesis estin)。但问题是,当财产私有的伦理目的——人格成为产权的对象而商品化时,我们还能不能坚持这古典工具主义的伦理立场?

人格始于摹仿(mimesis)。自由的摹仿为学习与竞争之母;限制摹仿,则为垄断,为产权,为行动工具。那么,人格能否既做行动工具又当伦理目的?

二零零零年十一月

从卡拉 OK 与人体写真想到的

哈佛法学院和商学院的学生社团,准备春节过后联合举办"亚洲商务年会",组织者来电话,邀请到会谈谈知识产权在中国的保护。问他具体有什么节目,他说新世纪头一届,保证精彩,开幕式由世贸组织候任总干事长亲临致辞,论坛嘉宾的鸡尾酒会安排在大学(福格)美术馆,之后还有晚宴、舞会;"只是不提供卡拉 OK"。原来他在上海工作过,晓得国人在此类场合的招待规格和娱乐爱好。

这类年会照例要摆点派头。规模大,却是为了照顾毕业班的学生求职;为他们同与会的上百家从事亚洲商务的大公司的代表牵头会面,"双向选择"。安排一个"知识经济和知识产权"论坛,大概是回应那些出钱派人支持年会的公司对盗版仿冒的关切。我问是不是这样,电话那头笑起来:对,对,不过您别太深奥了;或者也可以分析执法不力的原因,就是您上学期讲过一课的……

这个问题其实是最深奥的,最没办法做十五分钟大会发言。理由有三:首先是知识与文化背景的隔阂。《财富》杂志去年十月号有篇报道,讲一位在上海经营"北欧风情"(Bo Concept)家具连锁店

她以柔长为特点,体态呈正三角,上窄下宽……
〔意〕莫蒂亚尼(1884—1920):《卧女写真》。

的丹麦老板维护知识产权的"英勇"事迹。那老板是"中国通",会说普通话,"下海"五年有余,居然闹不清"打假"得劳动区工商局,以为雇一家香港的英资私人调查公司便可以收集侵权证据,开始打官司。后来屡战屡败才找到工商局的门路。可是提着证据材料走到办公室门口,见里面一堆人围着桌子打牌,吞云吐雾的太平景象,又糊涂了,以为地址抄错或政府搬家,进了跑单帮的阿庆们歇脚的茶馆。试想,"中国通"铁了心打假尚且"迷路",年会的听众得从哪一道(上海人说的)"门槛"教起?其实我们对美国的认识不也是这样:天天说它民主宪政如何如何,等到人家最高法院判"布什诉戈尔案",五比四借口"平等保护"一笔勾销老百姓"人人一票、票票算数"的白日梦,才晓得,哈佛法学院大名鼎鼎对宪法从来不抱梦想的宪法权威却伯(Lawrence Tribe)先生,停了课飞去华盛顿帮戈尔辩护手工点票,也做了梦。

其次,便是影响知识产权执法的因素太复杂。或者说,假冒伪劣只是那法纪松弛、腐败孳生的大环境的一隅;跟逃税漏税、海关走私一样,须从多方面入手研究。报载国务院体改办、财政部会同世界银行召集中外专家,为中国的行政执法环境"把脉",专家们"坦诚"指出五大病症:一曰"人治"思想,一些领导干部"由于历史的和现实的原因"凌驾法律之上;二曰立法疏漏,尤其有关"责任"和"罚则"的条款过于原则,"致使执法中的随意性很大";三曰地方/部门保护主义,为本地区本部门的"局部利益"包庇纵容违法行为;四曰体制不顺,基层执法部门职责交叉、重复执法,或各自为政、互相推诿;五曰执法人员素质低,不能抵御金钱美女的诱惑,"造成执法不公、执法犯法的严重现象"(《法制日报》2001.1.10,第五版)。其实这些都是老生常谈。病根还在缺乏有力的监督,包括"依法独立行使审判权"的法院的监督。可是法院系统也病得不轻,人大代表年年批评;法官们自己也承认,当事人"普遍感到立案难、审结难、执行更难"(段百涛:《关于司法裁判》,第32页)。再看知识产权,规定和操作都不乏"漏洞"。例如,侵权赔偿按民法的"填平"原则,以权利人(原告)的实际损失或侵权人(被告)的非法获利为准。赔偿的举证责任主要由原告承担,且范围往往限于狭义理解的直接损失。但知识产权的价值很大一部分在商誉(goodwill)、市场占有率等"独占利益",需要用间接损失来计算。赔偿范围过窄,原告举证困难,就起不到"填平"损失、阻遏侵权的作用。直到去年八月《专利法》通过第二次修改(今年七月一日起实施),才增加一种可带惩罚性的赔偿标准,即在实际损失或非法获利难以确定时,"参照该专利许可使用费的倍数合理确定"(第六十条)。此外,如果将视野扩展到法律背后的"政治文化",则老祖宗传下来的"关心"思想的表达(出版)甚于尊重表达的私有(产权)的习惯,怕也是巩固知识产权的一个障碍(安守廉:《窃书不为偷》,第119页)。

第三,执法和侵权是一对矛盾。执法严,侵权少;侵权盛,执法难。但归根结蒂,是先有侵权后有执法;有侵权泛滥之弊,才有执法不力之忧。执法不力只是方便了侵权,不是侵权的真正起因(为犯法而犯法,是另外一门学科研究的问题,此处不论)。所以我想,为大会发言计,与其评论执法环境,重复一遍众所周知的事实,不如探讨一下侵权的根源与机制。侵权在知识产权领域,除了"法盲"不知法而违法的情形(见《法盲与版权》),一般的论述,都可归结到一个市场供求和成本/收益的分析。就是说,用市场的眼光看,侵权之所以发生,是因为有经济上的诱因。以电脑软件为例:当软件原版和盗版同时出现在市场上时,只要盗版的质量还可以,不妨碍使用,消费者就会因其价廉而选择购买盗版。于是市场产生了对盗版的需求,盗版开始驱逐原版。原版之所以比盗版贵很多,则因为后者省去了前者价格中包含的用于研究开发、建厂投产、宣传推销等等的支出。盗版的成本只是一张光盘的价钱,微不足道(摊到每一张光盘)的复制费用,外加联系生意、打点门路、储运批发等方面的开销。盗版既然成本低、风险小、赚头大,做盗版生意(侵权)的人就多了。

这"诱因论"最大的优点,在于揭示问题不止执法一端。执法不力固然让盗版者有机可乘,市场需求才是盗版问世的"第一推动力"。自然,在我们这个知识经济和互联网时代,科学技术对产品信息的传递、盗版质量的提高、盗版活动好似割韭菜一茬接一茬地生长等,也功不可没。盗版还反过来刺激市场需求,包括对盗版技术、资金、人员、设备的需求,甚至牵动地方经济(如工人就业、政府税收),从而使执法环境变得越发严峻。

然而"诱因论"也有不足之处。它只解释了市场需求的作用,却不问需求的市场根源,即消费欲怎样形成:为什么消费者希望得到某功能某款式某型号某品牌的产品,而那些产品恰好都在知识产权保护之下,因而未经许可,复制销售便是侵权。这个问题,似乎是只要提出"诱因论"就必须接着回答的。但从何说起好呢?就一直没有动笔。转眼到了元旦,浏览"新浪网"的国内新闻,突然得了启发。

有一条新闻"好靓",叫作"广州靓女写真挤爆影楼"。说是世纪之交"女孩子"为"短暂的青春"做一册写真影集已蔚成风气。她们"大都有着较高的素质和良好的修养,以公司文员、设计人员等白领为主,也有部分教师、研究生"。再看链接的报道,原来这股风源于日本,起先在中学女生中间流行,称之为"偶像再比较";后来传入东南亚,被"成熟女性"用来"展示魅力",不幸"和黄色行业有染"。广州、武汉等地的拍法,却是两年前从台湾学来的。还说,拍裸照"在国外已是司空见惯的生活方式",送去洗印的胶卷,十个里面有四个是人体写真。故美学家一致认为,人体(尤其女人体)的美"应该被充分认识和肯定",因为她"以柔长为特点,体态呈正三角,上窄下宽……两耳、两乳、两臂、两脚刚好位于左右两边"("网易"转载《华声报》1999.10.13)。

从那一具具经过散光造影摆布加工的"上窄下宽",我想起了卡拉OK。卡拉OK和人体写真一样,也是扶桑的原产。两者的乐趣都在仿真,即通过对明星偶像的歌声、扮相、姿态、表情等等的摹仿,满足摹仿者的表演欲及与"偶像再比较"的幻想。卡拉 OK 取消了演唱者与观众、歌星与摹仿者的界限。唱卡拉 OK,就是跨越那摹仿者和歌星之间的物理、生理和心理距离,登上一座虚拟的舞台,让心里面那个(美国人所谓)"躲在浴室唱歌的人"走出羞怯与自卑,放声摹仿他的歌星;在摹仿中表现自己、感觉自己。卡拉 OK 之所以会在个性表露较为克制的东亚各国流行,便不是偶然的了。

人体写真,通常是一种劳务或表演——记者"狗仔队"(paparazzi)为满足读者好奇心、观淫癖,追踪明星拍人家的裸照不算——写真者(摄影师、广告或电影制作者)须向写真对象(模特、性感演员)付费,购买她的服务、表演及有关形象(照片)的使用权。但"靓女"写真却刚好相反:写真对象要为自己的"表演"和形象付费,当了消费者;写真者出售技术、知识、器材和场地的使用等,成为提供服务的商家。那么,消费者"靓女"不顾家庭和社会阻力,不惜高价购买了什么呢?当然不仅是自己赤条条来世,长成"青春"("两耳"及其他器官对称发育)的一套"柯达"或"富士"存照,或向陌生人的眼睛和道具大胆裸露一次的快感。她追求的,该是代表"较高的素质"的一个身份符号、一次"良好的修养"的表现和感觉;须知拍裸照是"国外"流行的"生活方式"。

不难想见,劳务/表演摇身一变做成"生活方式",公众如何议论。但对于参与交易的双方,拍裸照却是一局只有赢家没输家的棋,经济学家称作"帕累托优胜"(Pareto-superior):消费者购得一份社会的"不理解"(借此将自己跟那个"土得掉渣儿"的社会相区别,以显示身份、素质与修养),连同她的影集,一箭双雕。商家则拿到一笔利润丰厚("挤爆影楼")的生意,成批定做(复制)一种名叫"人体艺术"的消费品和消费观。而"人体艺术"背后,还有它真正的发明人、赞助者兼批发商的满意笑容:好莱坞电影、巴黎香水和前卫艺术的投资者、经纪人和拍卖行。当消费者把原先投向时装模特、影视明星等偶像的目光对准自己,试图以自己的身体复制偶像、与之重合("再比较")的那一刻,正是国际资本营造的全球化仿真消费实现之时。仿佛"言成肉身"(《约翰福音》1:14)的奇迹再版,只消注视者与被注视者、崇拜者与偶像连为一体,在影集里。同时,这笔交易也没有忘记双方对裸照(作品)各自享有的权利:肖像权仍归本人,以维护公民隐私;版权属于摄影师(作者)或其雇主(除非合同另有约定),以防有朝一日"靓女"(拷贝)变作偶像(原作),被人拿去复制牟利。

我在上一篇"政法笔记"里说,摹仿乃学习与竞争之母,摹仿的自由是自由的人格形成的前提条件(见《鲁迅肖像权问题》)。卡拉OK与人体写真式的摹仿,却是完全程式化了的。那些歌声、扮相、姿态、表情,无非是音像出版商、化妆品和运动鞋公司等"偶像产业",按季节推出来"惊世骇俗"的一拨拨明星时尚的翻版。换言之,仿真的乐趣,与偶像合一的感觉,其实都是偶像抛出的诱饵。目的是将羞怯的摹仿者驯化为大胆的消费者,造成市场对偶像所代表的某种"生活方式"及其具体表现形式,即某些偶像化的品牌产品的需求。利用人的摹仿欲(乐趣)大规模生产摹仿(消费),是典型的品牌战略(branding,详见下文)。表面看来,也算"帕累托优胜":偶像的生产者和摹仿者双方各取所需,各有所得,因而仿真消费的游戏似乎可以不断地玩下去。但如果我们进一步考察偶像生产和仿真消费进入某一具体市场(例如中国)的状况,就会发现问题不那么简单。其中关键的一点,便是偶像生产、仿真消费同知识产权的矛盾关系。我以为,只有澄清了这三者互动的原理和机制,知识产权在中国的困境才能得到圆满的解释。而这解释在中国准备加入世贸组织,答应接受并落实后者代表的资本全球市场准入和自由竞争的原则之际,对我们理解知识产权本身的历史局限,也是不可缺的。

本文所谓偶像,包括任何被人崇拜摹仿而发生品牌效应的对象。品牌即一指向产品的符号(文字、图形、声音等);在现代消费者社会,也是专门为消费者发明,用来教他辨认产品及由产品构建的理想"生活方式"的"唯一语言"(参见鲍德里亚《替身与模拟》)。语言学的常识是,语言符号(能指)与其表示的事物或概念(所指)之间只有任意的关系。例如汉字"偶"表示"木头、泥土等制成的人像"或"双数"或"偶然"(《现代汉语词典》1979年版,第837页);其音与义或内容形式的统一,对于现代汉语的使用者来说,纯粹出于偶然(即训诂属于事后总结的语言规约的解释)。同理,作为品牌的偶像与其代表的产品形象或消费理想,两者间也没有必然的可事前确定的逻辑关系。一人一事一物之成为偶像而发生这样而非那样的品牌效应,是大量重复使用的结果。偶像的生产,或"唯一语言"的形成,因此是一个克服那充当偶像的人、事、物的本义,建立定向的联想和含义的经营过程。通过各种宣传渠道向消费者灌输联想、含义,让他熟记偶像的性格特点和身份象征,与之认同。然后,他便会将偶像的特点和象征赋予相关的品牌产品及其消费者,继而产生与后者攀比的欲望,加入该品牌产品的忠实用户的行列。渐渐地,品牌产品的消费就成了表明消费者社会地位和个人情趣的惯常的手段。因为这消费欲起于认同、攀比和摹仿,也可以说,品牌战略本质上是一营造偶像、鼓励摹仿的机制。

假如有一个电影演员想出名赚钱,从品牌战略的角度看,他大约需要这样一些条件:除了靠本人努力和天分,还要有好本子、好导演、同事配合、制片人拉来投资等等。但关键在传媒的炒作:他主演的片子、他的生活隐私、真真假假的恋爱、结婚离婚的细节,都要评论家、节目主持人和八卦新闻记者不断"揭露",引起争议。至此,他才能换一副定制的人格,当上偶像,获得商家青睐,为宣传包装他的名字、肖像、歌声、表演等投资,将他贴上产品,变作产品向消费者说话的"唯一语言":品牌。不用说,品牌可以是一笔巨大的财产。它的主要价值,即在对偶像符号的联想和含义的垄断。此垄断在法律上若取产权的形态,便是知识产权。

换言之,品牌若要占据市场,偶像若要维持其品牌价值,都得发展知识产权。事实上,偶像生产须臾离不开知识产权,因为关于偶像的各方面的知识和信息都需要产权的保护:剧照和故事作为版权作品;制作技术和设计方案争取申请专利;姓名、肖像等人格特征要求物化成为产权(即公开权);而一切形象、表达、方案、特征的识别符号(文字、图形、声音等),都可以用作商标,即通过商标建立对符号标识的区别性联想和含义的垄断(见拙著:《木腿正义》,第61页以下)。在此意义上,品牌战略也就是商标战略。商标是规范市场竞争的工具。有了商标,市场上竞争着的类似的商品和服务才得以相互区分,塑造形象,供消费者选择;广告才能吸引巨额投资,明星、名模的身价才有保证。但品牌战略更进一步,它要用商标/品牌支配消费,做消费者社会的商品交换的组织原则。根据这一原则,一切品牌产品(尤其消费品),从形式到内容,都应做成品牌的广告;产品设计的目的,即为品牌创造观众/消费者,并最终将观众/消费者也变成品牌的广告。品牌消费,说到底,就是摹仿欲的无限膨胀和满足。

摹仿在不同的文化传统和不同的经济发展阶段,可以实现不同的价值。在中国,社会正处于现代化进程之中,生产和消费领域的摹仿行为,就其总体功效而言,满足了第三世界知识产权进口国的一个基本而迫切的需求;那就是超越社会发展和语言文化的多重差异,迅速利用并掌握先进的文化与技术产品,"迎头赶上"同发达国家展开竞争。当然,摹仿不必是侵权的同义词。摹仿之"越界"成为侵权,不过是由于摹仿——尤其那些满足迫切的消费需求的摹仿——的对象,大多属于品牌战略宣传包装的偶像产品,而偶像无一不带着知识产权的烙印。

理论上,当一品牌产品打入一新市场时,如果知识产权执法严厉,能有效压制因品牌偶像的宣传而必然激发的盗版仿冒活动,那品牌就能顺利占领那市场,将摹仿欲导向"合法的"消费。然而品牌战略是竞争的产物。随着品牌竞争日趋激烈,竞争者势必试图拉近消费者与偶像的距离,转而生产越来越大众化的偶像。这一趋势与数码声光技术的结合,就是以卡拉 OK 和人体写真为代表的仿真消费。可是,偶像一旦变成仿真消费、重复翻版的对象,它在消费者/摹仿者心目中就难以保持独一无二、不可取代的权威地位。为使摹仿者"真实地"模拟偶像,感觉并表现偶像的"生活方式",偶像(原作)和仿制品(副本)的界限便不可能继续维持。因此仿真消费的乐趣,还来自对原作的"不敬",甚至"亵渎"(看似未经批准的更改、替代)。问题是,这"亵渎"的酣畅,未免影响到人们对维护原作"身价"的各种制度,特别是知识产权的态度。因为对后者传统的"浪漫主义"伦理解释,正是建立在承认原作的原创性权威和作者的个人天才的基础上的("天才,即为知识的宇宙引入新元素者",英国浪漫派诗人华兹华斯语):社会为报答少数天才的伟大作品与发明,特意为包括他们在内的全体作者和发明人划出一片产权(版权、专利)的领地(伍德曼西编:《建构作者》,第15页以下)。

于是九九归一,仿真消费的乐趣化作消费者对偶像和仿制品"一视同仁"的态度。显然,如果消费者普遍信奉不敬原作的消费伦理,人们就很容易忽略知识产权为建立其基本规范对社会提出的尊敬原作的要求。换言之,撇开我们天天收听的关于侵权和执法的种种意识形态化的解释,就会发现,知识产权用来判定侵权的去伪存真原则,跟现代消费者社会的仿真追求,所谓事物不必分辨真伪皆可互换替代而享受的那种消费意欲(本雅明:《启明集》,第225页),正好背道而驰。此时,执法稍微松懈,盗版仿冒就可能蔓延开去,直至"野火烧不尽,春风吹又生"的地步。

由此看来,当前知识产权领域的侵权高潮,实际是中国开放品牌市场向消费者社会过渡,亦即中国的现代化进程不可避免的一个阶段。侵权不止的根源,却在偶像生产、仿真消费和知识产权三者间难以调和的矛盾。所以单就执法而论,很可能,我们目前引进实施的以世贸组织推行的规范(即TRIPS协议)为基准的知识产权制度,已经走到了尽头。当然,出于品牌战略的考虑,偶像生产不会因为仿真消费可能刺激盗版仿冒,就放慢拓展新市场的步伐。相反,代表最新明星时尚的品牌偶像,常常是通过广泛流行的侵权产品进入市场、发布消息、排挤对手、取代本地品牌和旧消费习惯的。因此大规模的侵权,至少在现阶段,是一整套西方消费价值移植中国成功的标志,虽然以法律观之,该定义为权利人(不论中外)难以估量的利润损失,或假冒伪劣对消费者权益的伤害。如果我们把侵权放到历史大场景里观察,还可以这样解释:侵权泛滥和随之而来的执法不力,乃是包括知识产权在内的西方式法律,作为可持续消费的文化偶像和意识形态,在中国被崇拜摹仿的当然结果。侵权和立法一样(其实远甚于立法),规范并体现着人们的社会关系和伦理选择。

二零零一年一月

性贿赂为什么不算贿赂

六四年二月廿七。晨起,倦。办公室枯坐一上午。将去办公室,白哥妻来,请为丈夫说话。余颇爱此女,抚其玉颜。未敢唐突,以其性格庄重故。

六四年五月卅一。饭后回办公室,招白哥妻至,独伴余良久。然此女极庄重,余虽动于中,未敢强求。日后必为她丈夫效力,以不负其所托也。

这两段日记,作者叫皮普斯(Samuel Pepys,1633—1703),是英国十七世纪的大人物,事业巅峰时官至海军部长、皇家学会会长(这会长的荣誉和影响力,非其他带"长"的职衔可比;比如会员牛顿发现万有引力,写下巨著《数学原理》,便是经皮会长亲自盖章批准才发表的)。不过,令皮普斯名垂千古的,既非他一手缔造的帝国海军,也不是皇家学会,而是他的六本日记。日记(一六六零年元旦至一六六九年五月底)是用速记密码写的,死后同他的藏书一道赠了母校剑桥大学莫德林学院。直到一八二五年,才被人发掘破译,整理出版。从此,《皮普斯日记》就成了英语世界最受宠的枕边秘笈。

他"赤裸裸地记录下来"的那个"真我"（先师杨周翰先生语），率性流露的虚荣心、进取心、贪心和良心，处处打动着读者，激发他们的道德优越感。部长也的确能干，几乎每周都有佣金、回扣和礼物进账；金币、火腿、马驹、餐具等等。为此他在日记中没完没了感谢上帝，有一次谢恩谢得兴奋了，居然闻不见肉香，忘了晚餐（六四年二月二日）。但他做事也有原则，而且向朋友公开宣布过：一是决不为"干坏事"受贿；二是若运气好能替人排忧解难，不介意拿点报答。造军舰的木匠白哥（Bagwell）听说了，想请皮大人帮忙找一份像样的工作。那当然不是坏事。可他预先送上的"报答"不是别的，是自己的老婆。

大人本是多血质的性格，在教堂听布道，眼角飘进一个丽人心里也会痒痒。来往几次，便同木匠老婆亲热起来。当年十一月十五日，将她带到一爿僻静的啤酒屋，酒酣之际下手。那女人"侧目叹息……拒斥良久，终于一步一步遂了余的心愿，其乐无比。"后来，十二月二十日那天，木匠夫妇请他到家里吃晚饭。"饭后，寻一事差他［即木匠］外出办理，and then alone avec elle"——一句话中间转调，英语变法语——"随即取她入怀，其力拒，余强合，虽不甚乐。"

有善解日记的心理分析家认为，"强合"一节转用法语，透露出作者人格在宗教伦理、社会道德和腐败风气张力下的分裂。因为日记内容有速记密码保护，别人看到也读不懂，所以法语应付的，就只能是内心那个自审自慰的"我"（ego）了；仿佛下意识里树一道语言栅栏，隔离那"不甚乐"的事件，将它（id，即"我"的另一面）挡在"我"的日常理性与道德领地之外（《日记》卷十，第179页）——圈起理性与道德，一场性交易（贿赂）得到了"净化"；删去它危险的"干坏事"（由通奸而强奸）的联想，只留下对一位"极庄重"的女子

**但他做事也有原则：
一是决不为"干坏事"受贿；二是若运气好能替人
排忧解难，不介意拿点报答。**
皮普斯像，时年三十三岁，伦敦大火（1666）。

的关心与效力。据《日记》记载，事后，皮普斯为木匠写过两封不成功的举荐信。

今年三月，春寒料峭，读《三联生活周刊》十二期采访报道：全国人大四川代表赵平女士等响应"以德治国、依法治国"的方针,联署一个《刑法》增设"性贿赂罪"的议案,舆论界反响"空前"。四月回国,又逢"严打"。与法律界的同仁谈及性贿赂入罪,都说难,跟现行法律对贿赂的规定冲突;搞不好还混淆个人隐私、性道德和国家法律的界限,扩大死刑的范围。根据《刑法》,受贿数额巨大、情节特别严重者,是可以处死的。

什么是现行的规定呢? 通俗地说,便是"计赃论罪"。贪污贿赂视同盗窃,定罪的主要证据是嫌疑人侵吞、挪用、收取的钱财。故《刑法》将贿赂的范围限定在"财物"(第三百八十五条),排斥了包括"性服务"在内的一切非财物类好处。计赃论罪是我们老祖宗的做法,本本上的规定,至少可以追溯到《唐律》。依《唐律》,利用职权贪污受贿属私罪。私罪,即"不缘公事,私自犯者",或"虽缘公事,意涉阿曲",例如"受请枉法之类";以其多出于故意,处罚较因职务上的过失而犯的公罪为重。但《唐律疏义》卷二"诸犯私罪"条,议曰:"受请枉法之类者,谓受人嘱请,曲法申情,纵不得财,亦为枉法。"要点在私受请托,不得得财。私受请托即渎职,是对皇帝的不忠和冒犯,所以要治罪。这一点,比现在的法律严格。

《刑法》计赃论罪原则的直接的源头,是解放初颁布《惩治贪污条例》,发动"三反"、"五反"时,所谓"大贪污"概念:贪污为一切腐败行为的总称,贿赂是贪污的表现形式,所以定罪量刑适用同一个原则(见《腐败会不会成为权利》)。文革结束,一九七九年立《刑法》,行贿受贿才正式另立罪名,列在第八章(渎职罪)。贪污则专指"国家工作人员"等"利用职务上的便利,侵吞、窃取或者以其他非法手段占有公共财物"(第三百八十二条),学界通称"小贪污"。贪污(和浪费)在毛主席时代固然是"极大的犯罪",严格说来,却套不上今天的法律概念。那年头反贪,不靠法律手段;相反,官僚化技术化职业化的法律,同官僚主义、"白专道路"、企图削弱摆脱党的领导的各个"独立王国"一样,乃是革命的对象。贪污分子如果中了"糖衣炮弹"丧失阶级立场(或者本来就出身反动,迷恋腐朽生活方式),无论"给出路"让他重新做人,还是斗倒批臭,都有成熟的成套的挽救及专政措施。

改革开放以来,干部的婚外性行为之能够"除罪",等同于"生活问题"而不负或少负政治和法律责任,除了特权的庇护,主要是政法环境演变、法治意识成长的结果。渐渐地,越来越多的人认为,成年人之间自愿发生的性关系和性行为,只要不伤害他人,都属于个人或家庭的隐私,国家和群众不该监督、干涉。"法律面前人人平等",干部和老百姓一样,也享有隐私权。事实上,因为特权与腐败同步滋长,干部的隐私和免责范围要比常人大得多。等到腐败变成"心照不宣的惯例"(赵平女士语),性贿赂作为婚外性行为的一种,也就堂而皇之纳入"道德范畴",跟《刑法》上的贿赂拉开距离。当然,实际生活中"用到色情场所消费来行贿或者招待客人"(同上)的那一方,花的往往是公家的钱,那笔钱可以算成客人收受的"财物"。但如果数额不大(不满五千元),检察机关不予立案侦查,那趟"消费"便只是纪律松懈、随大流的表现。

性非赃物,如何定罪?能够这样提问,非有高昂的法治意识不行。因为提问者必须既相信法律不干预道德的神话,又坚持成年公民无妨他人的性行为纯属道德范畴(因而须豁免刑事责任),还要觉悟到法治时代道德多元的大趋势(所以国家不得强行统一道德标准)。只不过,如此看待性贿赂,在一些腐败丛生的部门和地区,不啻对行贿受贿的容忍、隔离甚至"净化"。我因此想起了皮普斯。

他在日记里登录收纳的礼物,总要强调自己为国为家为朋友工作如何卖力。虽直言"受贿",仍毫不汗颜,向上帝谢恩祈祷不止。写到性贿赂,却百般委婉,有些情节粉饰不了,就换作法语。显然,皮大人觉得,性贿赂和财物贿赂相比,更需要在道德上"净化"了,才可以放心地去想、去干。而性贿赂在当代中国享受的"纯属道德范畴"的礼遇,则来自一种法治精英意识(或无意识?)的委婉辩解:通过维护《刑法》计赃论罪的原则和抽象的个人性自由的道德藩篱,将性贿赂圈在了腐败犯罪行为之外。

有位法官朋友建议,我写文章谈谈在美国法律如何对待"肉弹"案的。美国如何,是时下讨论中国问题常用的参照系;回应强权、同它制定部署的一系列"国际标准"接轨、周旋,也需要了解美国。但是美国之于性贿赂入罪,还有"他山之石,可以攻玉"的一层意义:美国也是腐败大国。

腐败不好统计,因为当事人极少(主动或被迫)公布数字。但仅就传媒揭发、政府承认的贪污贿赂等"白领犯罪"的规模(案件涉及的领域、级别、数额等)而言,美国应该不逊中国。这不是我个人的观察,而是一位专家,雪城大学法学院教授周熙乐(Hilary Josephs)在她去年发表的论文《美、中腐败考》里总结的(第288页)。当然,腐败的国情有别。许多做法,别国法律视为贿赂的,比如大公司向候选人的政党捐款、院外活动集团招待国会议员,在美国都合法。反之亦然。不过,据熙乐的比较研究,美、中两国反腐败的法律总体上差距不大,只是美国司法部门对腐败的惩治之勤、严打之广,略胜中国。所以民意调查,美国人抱怨担心的几大社会问题,腐败不在其中。

贿赂,按照联邦法律,解作意图影响公务行为而向官员给付、应允的任何"价值"(value)或非法"对价"(consideration)。打引号的两个术语,我写出英文,解释一下:所谓"对价",即为诱使或换取对方履行或答应履行而给付、应允的某些好处;原指普通法上有效合同成立的一项要件(您可以这么理解:孩子考重点高中一分之差划入另册,您有本事有福气托人批条子找校长或校长家的通融。假如一切顺利,按照不成文惯例,为使孩子入学,该谁出什么对价?)。所谓"价值",可以用熙乐的文章援引的案例说明,"即[当事人]主观赋予礼物者,哪怕该礼物毫无商业价值"(U. S. v. Williams, 705 F. 2d 603, 623 [2d Cir. 1983])。换言之,任何给付、应允,只要其物质或精神上的好处为双方当事人主观认可,如果其他要件(比如"公务行为")也得到满足,就是贿赂。如此宽泛的定义,"肉弹"或"性服务"自然属贿赂无疑。

相对中国《刑法》简单的计赃论罪,美国法律似乎老练得多,为商业社会层出不穷的"受请枉法之类"预留酌情惩治的空间。其实美国的做法并无特殊高明之处;贿赂的法律定义,在主要西方国家(和日本)的刑法都是尽量宽泛而包含非财物类好处的。这就引出一个重要的道德判断问题:现代西方社会对成年人之间自愿发生的性行为(如肛交)已经普遍除罪(或罪而不禁),为什么同时却保留性贿赂罪,亦即将意图影响官员公务的婚外性行为或"性对价"视为除罪的例外? 这无疑反映了一种严厉的伦理态度,值得深入研究。

美国腐败问题权威、联邦上诉法院第九巡回庭法官努南(John Noonan, Jr.)先生写过一部《贿赂史》,探讨作为道德观念的贿赂在西方思想史上的流变。他指出,贿赂首先是关于某类互惠行为的道德界定,其概念之核心为一诱惑,以期对本应无偿履行的公务施加不当影响(努南,第 xi 页)。一行为出于互惠的目的(故在形式上表现为自愿)却令人厌恶、引起公愤乃至入罪,的确离不开社会道德、文化价值和政治利益等各方面的甄别和意识形态化的法律定义。也就是说,贿赂跟表示友谊、礼节或善良风俗的送礼,在外部行为特征和好处内容上很可能相差无几,例如都是投桃报李;一时一地的法律之所以认定一桃一李为贿赂而禁止,最终只有在产生该法律的社会的政治、文化、经济体制和正义观那里才能找到解说。"贿赂"一词的历史,似乎也可佐证它同"礼物"的渊源关系。查一查词典,古代两河流域、埃及和地中海文明诸语言里,表示贿赂的词的本义,都指礼物、贡献。贿赂(贬义)是后起的意义。古汉语亦不例外。《诗/卫风/氓》:"以尔车来,以我贿迁。"贿谓财物。《诗/鲁颂/泮水》:"大赂南金。"毛传:"赂,遗也。"都是本义。到了中古汉语,才演变为我们现在理解的含义(私赠财物而行请托)。柳宗元《答元饶州论政理书》:"弊政之大,莫若贿赂行而征赋乱。"

努南考证,送礼行贿之别,在西方文明,当始于以色列人奉一神教,以耶和华为世界唯一裁判之时。因为若与上帝立了约,再向任何偶像或充当裁判的人送礼请托,就是亵渎,大逆不道。摩西在西奈山传给以色列人的上帝诫命有:不可冤屈穷人,不可诬告,不可杀害善良无辜,因为我决不赦恶。不可收"贿赂"(希伯来语 shohad 指礼物、贡献,故钦定本英译作 gift),因为贿赂蒙蔽智者(裁判)的眼睛,歪曲正派人(证人)的证言(《出埃及记》23:6 以下)。而献祭耶和华的牺牲不算贿赂,是因为上帝至大全能,受人敬畏,不可能有偏私而收"贿赂"(shohad,钦定本译作 reward;《申命记》10:17)。行贿受贿之恶,传道者常以另一受谴责的罪行奸淫比喻。"不可奸淫"

是上帝通过摩西颁布的"十诫"之一(《出埃及记》20:14)。为行贿受贿而犯奸,则两诫同破,罪孽之深,可想而知。

犹太教禁贿赂奸淫的戒律为基督教所继承。从此在西方,性贿赂入罪就"天经地义"合乎社会的道德共识和政治要求。此禁戒历代不乏"案例"解说,最出名的大概要数莎士比亚的"问题剧"《一报还一报》。剧情是这样的:维也纳公爵假装访问波兰,由副手"道德化身"安杰罗代行裁判权。青年克劳丢令爱人未婚怀孕,安杰罗欲"复活"一条禁私通的法令,处以极刑。克劳丢的姐姐伊莎贝拉新入修道院,闻讯赶来,求安杰罗效法耶稣施仁爱恕罪人。不料安杰罗放下假圣人的面具,道:你愿意哪一样,让公正的法律掳走亲兄弟的性命,还是赎(redeem)下他来,献上你的身子……? 姑娘气得发抖:赎他! 与其姐姐永世沉沦,不如兄弟速死……无耻的赎身跟慷慨的宽恕是两家;合法的仁爱跟罪恶的赎买没关系(二幕四场52—113行)! 不用说,假圣人因为索取性贿赂(未遂),差点儿身败名裂,下了地狱。

然而正如《唐律疏义》所言,贿赂(受请枉法)的关键在渎职私受请托。认识这一点并不需要一神教教义支持,也无关立法者的身份地位:神明、圣人、君主、民选代表。所以在古代非犹太/基督教的社会,行贿受贿(包括性贿赂)也是常受谴责的。例如西塞罗(公元前106—前43)指摘罗马元老院的政敌"美少年"(Clodius Pulcher),说他为摆脱亵渎女灶神(Vesta)的指控,拼命打听担任裁判官的那些议员、军官和护民官的性格嗜好,然后通过朋友暗中安排馈赠,为他们送去陪伴过夜的女子,介绍"俊美高尚的青年",最后得以赎身免罪(《书简/致阿提库》)。西塞罗用的这个"赎"字(redemptam,名词 redemptio),后来在西方语言里便有贿赂的意思。

百年来,中国人关于婚姻、性道德和性行为的官方理想,一直是以西方的理想,亦即主流犹太/基督教伦理为样板的。因此表面看来,学西方(例如美国)的榜样,性贿赂入罪,至少在国家立法的层面,应该是没有大的道德和政治障碍的。然而,一九九七年八届全国人大五次会议修订《刑法》,决定保留计赃论罪,贿赂仅限财物,不同国际(即西方)接轨。原因何在呢?

本来,一九七九年旧《刑法》有一颇具中国特色的"类推定罪"条款:没有明文规定的犯罪,可以比照本法分则最相类似的条文定罪判刑,报请最高人民法院核准(第七十九条)。该条款在实际运用中控制较严,似乎集中在破坏婚姻家庭的行为和性犯罪(如鸡奸幼童类推强奸罪或流氓罪)。故理论上不排除将性贿赂比照财物贿赂,作为贿赂罪的"具体表现形式"定性处理,如湖南省高级人民法院研究室曾著文建议的(《法治通讯》3/1989)。但是新《刑法》遵循国际通行的"法无明文,不罪不罚"(nullum crimen nulla poena sine lege)的罪行法定主义,取消了类推定罪。于是,法院审理涉及性服务的贿赂案件,至多只能把性服务作为"其他犯罪情节"来追究。而要确定性服务情节的社会危害性(是否"严重"、"恶劣"到了使行贿受贿者的行为构成犯罪的地步),依然有一个类比斟酌的裁判过程。由此产生一个反对性贿赂入罪的论者经常提出的司法操作问题。

性贿赂的定罪量刑不好操作,据说是因为难以符合现代法治强调的"正当程序"(due process)原则。刑事诉讼程序的出发点是"无罪推定",即未经审判定罪,被告人得享有推定无罪的待遇。所以废除了逼供讯,拿出证据来证明被告人犯罪的责任(举证责任),一般由代表政府的公诉人(检察官)承担。性服务大多是"心照不宣"或隐秘的交易,调查取证难免与当事人的人身和财产权利冲突,受其限制或得不到证人配合;拿到证据之后,如何证明被告人主观上有受贿的犯意(mens rea),而非生活作风问题或两情相悦,目前也没有明确的规定。一些论者因此认为,西方发达国家对贿赂范围规定过宽,不适合转型中的中国"市场经济的实际情况"。性贿赂入罪"内涵不确定,缺乏可操作性,定罪量刑都有困难"(马克昌编:《刑法的修改与完善》,第276页)。作为替代,国家工作人员违法收取非财物类的好处(如招工、提干、入党、调动工作、迁移户口、出国留学、性服务等),可以通过程序简便灵活的党政纪律处置。例如中纪委《关于共产党员在经济方面违法违纪党纪处分的若干规定(试行)》(1990.7.1)要求:"党和国家工作人员、集体经济组织工作人员……中的共产党员,利用职务上的便利,为他人谋取利益,其父母、配偶、子女及其配偶接受对方钱物,虽未能证实本人知道的,也要追究该党员的责任"(第十三条)。采用的是不论主观过错的严格责任追究制度。

中纪委的规定之所以不区分故意、过失、不知情等主观意识状态,是要防备腐败分子在社会转型期利用体制(包括法律)上的漏洞推脱责任。司法操作当然不可能那么"一刀切",但举证责任稍做调整,给法官多一些酌情权,查处性贿赂就不会无章可循了。故所谓操作难,只是难在现行的定罪量刑规定不配套。否则那些抓性贿赂治罪的国家和地区(例如香港)怎么操作?不过,我们与其指责新《刑法》忽略了一个简单的程序或审判技术改造,不如后退一步,将立法看得复杂些:立法者宁愿把性贿赂推给党政纪律和"道德法庭",也不跟国际接轨,是否出于某种深思熟虑的选择呢?我以为,答案是肯定的;立法者选择了简化规则,避免扩大司法人员的酌情权,以尽量减少司法腐败的机会。

司法腐败容易激起民怨;酿成民谣,四处流传,给法治建设带来莫大困扰:"大檐帽,两头翘,吃了原告吃被告;原告被告都吃完,还说法制不健全"(引自李浩:《法官素质》,第85页)。司法腐败的成因,归根结蒂,无非参与者(公安干警、检察官、法官、律师等)道德败坏而监察不力。值得注意的是,因为现代法治源于西方,不是中国原产的知识,司法腐败作为实现法治的一大障碍,就往往被想当然地看作参与者缺乏专业知识训练的结果。而衡量参与者专业知识训练最省力的方法,是检查他们的科班学历。例如据报道,全国法院系统二十五万名干部当中,本科占5.6%,研究生占0.25%;绝大多数法官的出身是复员转业军人和社会招收(转干)的中学毕业生。由此得出结论:法官"非专业化倾向"严重,以致"缺乏程序公正的理念",不懂约束自己的行为,私自会见一方当事人或其诉讼代理人;受礼吃请,造成"三陪律师"泛滥和司法腐败(同上)。这一虚构的因果关系及其知识与制度背景,最近已有专著剖析讨论(见苏力《送法下乡》第十、十一章)。此处不赘言。我们要指出的是,把参与者的专业知识训练等同于司法操作能力,再等同于道德操守,如此推理,必然得出一个似是而非的论断:因为现阶段法官、检察官等参与者普遍专业素质低,趋于腐败,所以若将性贿赂入罪并赋予司法人员一定的操作酌情权,必定引发更多的腐败。而司法腐败对于法治的危害,比性贿赂有过之无不及。

换言之,新《刑法》坚持计赃论罪、贿赂限于财物,是两害取其轻的选择。

法治的威力,不在对违法犯罪的严惩,而在劝人相信,那由法律的意象和分类构筑的世界,乃是他能够拥有的"唯一合理的生活世界"(参见康特尔:《想象法律》,第261页)。一个性贿赂几成惯例而不治罪的世界,在当代中国,肯定是没有多少人向往的。乍一看,新《刑法》似乎犯了法治的大忌。但是,假如人们相信社会上还不可避免地存在严重的司法腐败,而性贿赂入罪可能扩大腐败的疆域,那么贿赂限于财物的定义,性贿赂纯属道德范畴的解说,便仍有可能筑起人们无法拒绝的唯一合理的生活世界。

二零零一年四月

送法下乡与教鱼游泳

前年苏力来哈佛访问的时候,巡夜的校警一定注意到他了:神学院左手,凡瑟堂有间办公室下半夜还亮着灯,有个人影在那儿用功,凌晨才离开,回他在大学警察局楼上的宿舍。我和内子每次去看他,都约在凡瑟堂。他下楼来开门,顺便吸一支烟,在冬日清新的寒流里。然后就滔滔不绝谈他正在写的《送法下乡》。这本书现在已由政法大学出版社出版,封面是泥土和春草的颜色。每次翻开,作者殷切而自得的神情便又浮现在眼前。

送法下乡大概是中国的专利。法,指国家制定宣传实施的本本上带注释、大楼里穿制服的法律。这种法律一下乡就走样,历来如此。借用(书中提及的)强世功对陕北某村"炕上开庭""依法收贷"的描写,就像"高射炮打蚊子",什么民法学说、国家与社会理论等等,突然派不上用场了(强世功:《"法律"是如何实践的》,第490页)。问题当然不是蚊子个头太小,而是高射炮打它干什么。《送法下乡》首先一个学术上的贡献,我以为就是对法律这门高射炮作了深入细致的考查:通过探讨中国农村基层司法制度的知识技术和人员组织,填补了一个空白。这空白不仅是中国的,还是外国的。因为建设中的法治,连同附丽其上的各种学说与制度,都产生于西方的历史经验和思想传统,必须验之于中国的问题,才知道它的好处跟局限。"拿来主义"容易,拿来以后怎么用,难。当然,研究法律如何下乡,为什么走样,还有很现实的意义。毕竟,中国人口的大多数生活在农村。改革开放以来最先的成功和最终的挑战,也在农村。

然而,苏力的文章似乎是经常被误读的,尤其他关于"本土资源"的论述。对此,他在自序中"交代"了看法:"概念本身并不重要",没有必要脱离语境为它打笔仗;"重要的是研究中国的问题,回答中国的问题,提出一个个解决问题的具体办法"(第 ix 页)。我不知道,这样的"实用主义"立场能否为批评家接受。但苏力对基层制度或权力关系"边缘地带"的关注,特别是他的理论分析的"进路",常常在具体办法之上给我启迪。如同他的题记,何其芳先生的诗句所言,"你将怯怯地不敢放下第二步,当你听见了第一步空寥的回声"(《预言》):第一步属于苏力。我们往哪里放下第二步、第三步?

上星期同学生讨论商标法,想到一个跟送法下乡连着的问题:法律呆在大城市,坐在机关大楼里又怎么样?那些看上去"非常整齐"的规则定义,碰到官僚与商业社会的纠纷时,又能应付几许?就算没有司法腐败,是不是也得调动法官(以及律师和有关人士)的"个人的智慧",在"规则之外或法律没有明确规定的地方作出努力"(《送法下乡》,第 186 页)?或者干脆叫停,像不久前最高人民法院关于证券民事赔偿案件的"406 号通知"(2001.9.24)那样:本本上说的一清二楚,股民们起诉符合立案条件,却因为《证券法》和《公司法》对民事责任的规定"不够具体,法院操作起来有一定的困难",就"暂时不予受理"了。也许有人会说,这跟土炕上一边喝当事人的酒,一边"依法收贷"的村干部不同,那大楼里的法官考虑的是整个司法系统方方面面的运作,金融市场现阶段的稳定发展,所以才把诉讼规则临时改了。这话不错。村子里那个"熟人社会"跟大城市的这个不可同日而语,文化水平眼光胆量都差一大截。但问题是法院这临时一改,把法律规则的"尊严与效能",或规则之下人们行为后果的"可预见性"给破坏了。跟送下乡的法律一样,变成着眼于个案纠纷或当前局势(而非实现法律的普遍原则)的灵活的政策手段。只不过,在大城市高层次(例如二审案件中)正规实施的法律那里,政策更加细密,手段越发复杂而已。换言之,本本上的规则、学理之类与司法实践脱节,除了"熟人社会"、司法腐败等内外部因素"制约"之外,恐怕还有一个苏力称作"为解决中国具体的现实问题之必须"的原因(同上,第123页)。

我举一个最高人民法院审结发布的特大商标案为例:"广东省轻工业品进出口集团公司与TMT贸易有限公司商标权属上诉案"(《最高人民法院公报》4/2000)。案情如下:

一九七九年春,广东省轻工业品进出口公司为开发新产品,与香港东明贸易有限公司总经理王少明等人商谈,达成定牌加工出口吊扇的意向。随后又签订了包销协议。双方一致同意,商标由包销方东明公司免费提供。该商标由字母"TMT"和一菱形图案组成,系王少明根据东明公司英文名称的首字母缩写及吊扇进口地沙特阿拉伯海关的菱形入境签章设计的。他还提出在国内注册TMT商标,但"由于受轻工业品公司的误导,东明公司错误认为当时香港公司不能在内地注册商标";于是双方商定,内地注册由轻工业品公司办理,香港及海外注册归东明公司负责。一九八二年,东明公司歇业,王少明另组建TMT公司,接手吊扇包销业务,并为继受相关权利,偿还了原东明公司欠轻工业品公司的全部款项。一九九二年,中国外贸体制改革,允许厂家直接出口定牌加工产品,打破了各省进出口公司的业务垄断。TMT公司和轻工业品公司开始发生矛盾。TMT公司以对方没有依约打击内地侵权仿冒活动,造成巨大经济损失为由,要求返还商标。轻工业品公司则认为对方违约拒付商标使用费,且未经许可使用TMT商标在国内安排厂家生产吊扇。双方多次协商未果。一九九七年,轻工业品公司向海关总署备案,禁止出口TMT商标产品,造成厂家产品积压。次年,TMT公司(原告)在广东省高级人民法院起诉轻工业品公司(被告),要求"返还受委托在国内注册的商标专用权",标的金额一亿元人民币。

这场官司,如果严格按照法律本本的规定,原告一点戏都没有。这是因为:第一,中国《商标法》实行"注册保护"和"注册在先"的原则:不注册不保护;谁先注册,商标归谁。所以常有抢注他人商标,待价而沽的情况。不像在美国,因为普通法上的权利(见《鲁迅肖像权问题》),商标的保护始于使用(所谓"使用在先"原则),恶意抢注是侵占他人财产或不正当竞争。第二,《商标法》规定,国家设立商标局,统一受理注册申请。商标经核准注册,商标权人即在指定的商品或服务类组享有"商标专用权"(第三条),别人不得在同一或类似的商品或服务上使用相同或近似的商标(但少数"驰名商标",例如"可口可乐"、"红塔山"等,可以享有宽于注册范围的保护)。本案中TMT商标既然是被告合法注册,并按时交费续展,使用于指定商品(家用电器),商标专用权就非它莫属了。第三,《商标法》还有一项规定,学者诟病已久,就是有关注册的各种争议由(国家工商管理局设立的)商标评审委员会处理,其裁定为"终局决定"(第二十一、二十九、三十五条),法院无权审查。这就干脆堵死了原告的路:商标专用权因注册而产生,注册争议不受法院管辖,原告凭什么起诉?

然而《商标法》不作数:法院决定受理,并判决支持原告。被告不服,上诉至最高人民法院,称:本案不属法院管辖,一审判决事实认定、法律适用均大错,且将巨额国有资产判归香港公司,造成国有资产严重流失,不符合国家利益。

最高人民法院坚持了管辖权。认为"从商标权的性质看,权属纠纷属于民事确认之诉,应当属于人民法院民事诉讼收案范围"。但一审判决认定被告"代理"东明公司(视为原告的前身)在内地注册商标有误。代理人不能以自己名义注册被代理人(东明公司)的商标;否则即注册不当,只可在法定期限内向商标评审委员会申请撤销注册,法院无权管辖。本案双方当事人的关系,应定性为"事实上的商标权财产信托法律关系"。TMT商标是东明公司自行设计、首先使用并提出注册的;多年来原告通过广告宣传使商标知名、资产增值,等等。这些事实足以说明,商标是东明公司"通过合作关系授权"被告以自己名义在内地注册、管理的:被告(受托人)只是商标"名义上的权利人";东明公司/原告(委托人/受益人)才是"实质上的权利人"(《人民法院案例选》2/2000,第268页;详见下文)。据此,最高人民法院引用《民法通则》所谓"帝王条款",即民事活动应当遵循"自愿、公平、等价有偿、诚实信用"原则的规定(第四条),二零零零年五月十五日终审判决:TMT商标归原告所有;原告自愿补偿被告二百五十万元。

法律本本不作数,是因为遇上了它解决不了的实际问题。法律怎么办?它有两个惯常的做法:一是把实地现管的规则(例如村干部在土炕上摆的道理或"地方性知识")"去伪存真"总结归类,依照法条的要求重新记述了,做成审判或调解结案的文书。二是反过来加工案件的历史事实,削足适履,使之符合法律概念的分析判断。我们讨论过的革命样板戏《沙家浜》著作权是一例(见《法盲与版权》);本案的"商标权的性质"和"事实上的商标权财产信托法律关系",是又一例。试想,《商标法》一九八三年三月一日开始实施;提前四年,轻工业品公司与东明公司谈判定牌加工出口吊扇那时,商标是什么性质?是计划经济体制的组成部分,国家工商行政管理的一个项目(一切产品的生产销售均需有关部门安排审批、登记牌号)。无怪乎《商标法》把终局决定权给了政府机关(商标评审委员会):计划经济原本不干法院的事。所以,本案终审判决以"性质"否定政府机关的专属管辖(终局决定权),将"商标专用权"的注册争议从《商标法》剥离,解释为民法意义上的"民事财产权利"(私有产权)的权属纠纷,实际是宣布业已建立的商品经济的一项法则:私有产权受法律保护,争议最终归法院审查。"巧"得很,这也是世贸组织的规范(TRIPS协议)要求。大势所趋,今年十月二十七日,全国人大常委会通过修改《商标法》的决定(十二月一日生效),取消了商标评审委员会的终局决定权。

我这么说,并无指责"错案"的意思。相反,我认为此案是近年来最高人民法院发布的最有创意的案例之一。其一大创新,即引入"事实上的信托关系"学说,绕过"注册保护"或商标专用权基于注册的僵硬原则,不啻"以判例的形式完善了立法"(当时正在起草《信托法》)。这么做也是与国际接轨。不意却引来专家学者许多批评。因为,根据今年七月一日生效的《信托法》,信托财产必须"确定"、合法所有;设立信托,应当采取书面形式,如信托合同、遗嘱等;法律要求登记手续的,应当办理信托登记(第七、八、十条)。而 TMT 商标一无信托合同,二没有办理登记;合法注册"确定"的商标权人,明明是轻工业品公司。据报道,曾有三十多位关心此案的人大代表把问题带上"两会"向法院"质疑";后者迫于压力,已复函答应"重新认真审查"(《法制日报》2001.10.29,第七版)。人大代表如此积极"监督"法院的审判工作,当然有反腐败的用意。由此而起的宪法理论问题(如司法独立),已有论者关注,可另文探讨。我想指出的是,拿事后生效的新规则来追究"错案",也是替法律"去伪存真"的一道手续。但我们不该忘记了,法官的任务,不是预测未来的规则变化;他引入案件、创制运用的,只能是针对当前纠纷的一些程序、原则或学说。那么,"事实上的信托关系"究竟何解呢?

信托(trust),是源于英国法(即英格兰与威尔士法;苏格兰法历史上受法国影响)的概念。简单说来,可看作一种产权分拆运作的制度。财产所有人(信托创立人)将财产所有权转移给受托人,并声明受托人为某人(受益人)的利益或某些特定目的管理、处分该财产。信托财产必须与受托人自己的财产分开;受托人对受益人负严格的法律责任,包括"善管"(care and prudence)和"信义"(fiduciary)责任。这在英国法而言,就是承认一项财产可以有双重的所有权:受托人获得普通法或名义上的所有权(由此生出受托人的管理权);受益人则享有衡平法或实质上的所有权(由此生出受益人的收益权),并可据此主张法律保护,包括向受托人及(非善意)第三者追索物权上的救济(何锦璇:《信托立法不宜操之过急》,第618页以下)。法律术语不好懂,我举个身边的例子说明:有一对好朋友立了遗嘱(美国人很年轻就有立遗嘱的),指定我和内子当他们未成年子女的遗产执行人及监护人。这当然是预防万一的安排:万一父母(委托人)遇上不测,而子女(受益人)尚未成年,根据遗嘱,我们就成为父母遗产的受托人,应当以其子女的利益为唯一利益,忠诚职守,妥善谨慎地管理、处分遗产。美国的信托制度和英国有所不同,但基本概念是相通的。都承认在一定条件下,信托成立不必以书面合同为要件;即根据衡平(equity)的责任原则,为不使财产管理人(名义权利人)钻法律空子霸占财产或造成其他不公,法律可以拟制信托(constructive trust),保护受益人(实质权利人)的利益。

显然,本案引入"事实上的信托关系",借用的是拟制信托的概念。可是,中国民法受欧洲大陆法系的影响,一项财产只承认单一所有权,并无名义、实质之分。所以,《信托法》才把信托设立限于书面合同、遗嘱等形式,并规定了登记产权,以免初生的产权制度(如房产登记)因设立信托而陷入混乱。终审法官虽然无须揣测起草中的《信托法》的要求,但可以预见一旦引入拟制信托,对包括商标权在内的现行产权制度和当事人权益有何影响。判决书应当给出"事实上的信托关系"的准确定义,充分阐明它的法理原则和范畴条件,包括受托人的信义责任、受益人的救济手段等等。只有这样,本案作为《最高人民法院公报》发布的"典型案例",才能起到"指导"作用,供全国各级法院"参照"学习;新概念、新规则才能真正填补立法的"空白"。

说到这里,读者或许要问:这不成了"法官立法"了?中国不是这个制度吧?的确,仅就制度的设计而论,中国的法官是不该做"填漏洞的立法者"的(美国联邦最高法院大法官霍姆斯语)。本本上说,全国只有一间法院,即最高人民法院有解释"法院审判工作中具体应用法律、法令的问题"的授权(见《它没宪法》)。倘若严格贯彻,即使法条不明或有漏洞,法官也不得以立法者自居,为个案的审理创制或引进新概念、新规则。他应当逐级呈报,问题上交或请求有关部门指示解释。但问题就出在这儿:本本上的规定,包括这项授权,经常被绕开了,以致法官(尤其基层法官,一如苏力在书中多处提到的)实际上享有极宽泛的酌情裁量权。

法官判案,脱离法条酌情裁量,甚至否定法律本本(包括有约束力的前例)的情况,西方法治发达的国家也屡见不鲜。学者有种种解释,但最根本的原因,还是伴随后工业化社会多元文化而来的政治立场和道德价值的共识之消解。法官的司法推理和生活中的是非善恶之辨一样,归根结蒂,是基于政治立场和道德价值的(见《案子为什么难办》)。在司法独立的条件下,法官(或法律家共同体)只有在政治和道德上保持基本的共识,司法推理才可能较为一致,法官对规则的解释和运用才会趋向统一。反之,脱离法条酌情裁量的案件就会日益增多。因此也就需要越来越繁琐的职业纪律来规范法官的行为和操守,以维护社会对司法公正的信心(波斯纳:《法理学问题》,第127页)。

中国的国情不同。一方面,社会正处于改革转型时期,多元价值刚刚呈现;包括法官在内的法律界,就司法推理而言,仍保有高度的政治和道德共识。另一方面,司法独立仍在建设之中,要赶上人们逐渐成熟的期待,扭转"打官司无非打关系"的风气,尚有大段距离。除开这些制约因素不论,我以为从根本上说,还有一个新法治

鱼生来就会游泳,但教过的鱼和未教过的,我们感觉不同。
〔荷〕小布吕格尔(1564—1638):《乡村律师》。

自身的矛盾。这矛盾虽然贯穿整个体制,但在基层还不太引人瞩目。因为基层的司法在很大程度上,在领了法治话语培训文凭的传媒报道和学理注释中,是作为法治理想的"绊脚石"或类似的意象出现的。法律下乡,秋菊们一片"困惑",正好说明法治的"进步"与"文明"。可是,面对诸如 TMT 商标案那样的"大案要案",困惑的、批评的和追究"错案"的,就不仅是芸芸"法盲"了。我们发现,即使在正规实施的场合,法律也远非一个逻辑统一而自足自洽的体系;司法推理不可能单靠分析法条的教科书定义,套用"有法律意义"的事实,达到"科学的结论"(判决)。这矛盾,实质是新法治与其存在的前提,即私有产权的成长之间的冲突。其具体表现,在 TMT 商标案,便是"商标权的性质"(从行政管理项目转变为私有产权)和《商标法》的错位,或现行产权制度与"事实上的信托关系"(产权为扩张领域而要求灵活操作)之间的脱轨。

  冲突既然不可避免,法律的日常要务便是掩饰。因此在现阶段,法律作为社会控制现代化(科层化、职业化、本本化)的工具,必然是双重性格的:它既是改革旧体制、批判旧观念的武器和口号,又是那武器和口号的批判内容。正是在此意义上,苏力的分析道出了送法下乡的关键:"下乡是建立局部支配性权力关系的一种可行方式,甚至可能是在既定制约下唯一可行的方式"(《送法下乡》,第41页)。推而论之,法律下乡走样,其实是预料中事。唯有走样,才能批判;才能变批判为支配,让被批判者和批判者一样视法律为权威,使法律成为那些支配并充斥着生活现实的各种权力关系的象征。

  作为权力的象征符号,法律在大多数人的日常生活中主要不是用暴力手段,而是借助宣传教育、大众传媒和影视节目塑造的故事形象,来掩盖自身的矛盾、驱散疑虑而树立权威的。这是一种法国社会学家布迪厄阐述过的仪式化的权威,它特别善于利用人们对其性质、效能和疆域的习惯性"误认"(meconnaissance)而赢得"承认"(reconnaissance)和自愿的服从(《语言与象征性权力》,第118页)。这话可能有点抽象,不妨打个比方,借用一句法国谚语,叫作"教鱼游泳":鱼生来就会游泳。但教过的鱼和未教过的,我们感觉不同。不是因为它们在水里摆动尾巴的姿态看似有别,那不重要;重要的是我们可以感觉到的两点进步:一、有些鱼接受过科学的教导;二、更令人宽慰的是,还有一些鱼即将学习如何游泳。

二零零一年十一月

所多玛的末日

暑假得闲,重温旧业,译注《圣经》。希伯来语《圣经》(即基督教《旧约》)的开头五篇,犹太教称作"法"(torah),又名"摩西五经":古人以为这五篇是先知摩西传世的。诵习之余,反观民主法制等滔滔俗务,未免生出些零星想法。掸之不去,觉得何妨归入"政法笔记"略作辨析。让我从《创世记》第十九章记载的"所多玛(sedom)的末日"说起(人名地名暂从旧译)。

所多玛城(及姊妹城俄摩拉)是上帝耶和华毁灭的。若以公历计算,神迹当发生于公元前十九世纪下半叶。那天黄昏(古代以色列人以黄昏为一日之始),有个寄居本城的希伯来人,名叫罗得,在城门口遇见两个投宿的旅客,便邀请他们到家里洗脚歇息。吃罢晚饭,上床时分,突然屋外人声嘈杂。一看,黑压压的,全城的男人都来了。罗得大惊,只听有人嚷嚷:罗得开门!今天晚上来你家的那两个人呢?交出来,让我们认识认识!

罗得出来,为客人百般求情,甚至说到这个地步:我有两个女儿,还没有同男人认识,我把她们领来,你们拿去,随便怎样处置!

求求你们了,就饶了那两个在我屋顶下借宿的客人吧。

可是所多玛人不听,骂骂咧咧一拥而上,推开罗得,就要砸门。门却开了,伸出四只手来将罗得一把拉了进去,砰地又关上了。门外的人们只见一片极亮的白光,眼前便一团漆黑,再也摸不着门了。

原来,这两个客人是上帝差遣的天使所化,特来调查人们对所多玛、俄摩拉的控诉。闩了门,天使便嘱咐罗得:带上家人,赶快离开所多玛,绝对不可往身后看!太阳升上地平线时,罗得夫妇和两个女儿逃到蕞尔(今死海南岸)。突然,漫天落下燃烧着的硫磺,顿时,所多玛同俄摩拉一片火海。罗得的妻子忍不住回头张望,立刻变成了一根盐柱。

所多玛人究竟犯了什么大罪?上帝又为什么要地陷天塌、生灵涂炭,将两座兴旺发达的城市焚了又沉入死海——至今,岸边光秃秃的山坡上还立着盐柱?

希伯来语《圣经》所谓"罪"($hatta'th$, $'awon$, $pesha'$),意指一种人对神不敬不忠而人神关系破裂的状况,包括一切违背上帝教导(torah)的意念和言行。罪,因此是人类('adam)生活难以避免的普遍倾向——人祖亚当('adam)犯下原罪(peccatum originale),子孙世代继承,则是后起的基督教学说——"罪就蜷伏在你的门口,垂涎窥伺:就看你能不能将它制服"(《创世记》4:7)。犯罪必然招致神的惩罚,或者说有罪的意念言行本身就包含了灾祸,除非罪人及时向耶和华献祭祈祷,求得他的宽恕。

于是所多玛同俄摩拉代表的,便是恶人对上帝的公然挑战。按传统解释,耶和华之所以毁灭那两座城,是因为所多玛人企图强奸天使:他们在罗得家门外叫喊的"认识认识"(yada'),在希伯来语里有"肉体知识"或性交的含义。罗得为客人求情时说,两个女儿尚未"同男人认识",意即她们是处女。男人与男人性交,依摩西颁布的律法得处死刑(《利未记》20:13)。十三世纪起,西方各国逐渐严厉的反鸡奸(后来解作反同性恋)法律的宗教与道德依据,概出于此。不过,现代学者多主张保留"认识"一词的歧义,而把所多玛人的灾难,归咎于他们践踏主人(罗得)保护客人(天使)的神圣义务(博思维:《基督教、社会容忍与同性恋》,第93页)。耶稣似乎也是这么理解的,他在指派十二门徒外出给人治病驱邪时说(《马太福音》10:11以下):若有人拒绝接待客人,不理睬你们,你们就收回祝福,离开他家,跺落脚上的尘土。实话告诉你们,待到末日审判那天,那人家乡遭受的灾祸,要比所多玛和俄摩拉还惨!

可是无论那帮恶人犯了什么不赦的大罪,上帝严惩他们就是了,为何迁怒于无辜的妇孺和动物,将他们一同毁灭?这个疑问,看似指上帝不公,答案其实在古人的罪责观念。氏族社会盛行血亲复仇,家族和部落是人们日常生活、生命与荣誉的基本保障。除了被族人放逐(故而不受保护)的流浪者,人人都是溶于部族的一滴血;凡部族成员造成的伤害、引起的报复,后果均由全体承担。根据这一"团体责任"原则,所多玛的妇孺和动物,对于受了所多玛人伤害的部族而言,便没有独立的"无辜"资格:后者的控诉、诅咒、向神祈求的正义的复仇,就不会以肇事者为限。现代刑法遵行的基于个体责任的罪罚原则,要等到出现严格的对等报复律(lex talionis),"以眼还眼、以牙还牙"(《出埃及记》21:24)之后,才慢慢得到人们认可,形成律例。

罪罚依血缘、人身依附关系、宗派团体等转承分担,当然不是古代近东文明的独创。中国的连坐、夷三族(九族)之法,也同样源远

官员有时也会昧了良心,但他的道德责任另有其不应忽略的政治意义。
〔德〕丢勒(1471—1528):《罗得携二女逃出所多玛》。

流长(参见张建国:《夷三族解析》,第 145 页以下)。不久前还实行过阶级成分制度,"红五类""黑五类",影响到一大批人的命运。所以我译注"所多玛的末日",马上想起了法制改革前后罪罚模式的变迁。接着,又读到几篇关于领导干部"引咎辞职"的新闻报道跟评论文章,才晓得老问题有了新说法。

目前各地试点推行的引咎辞职制度,大致有两个目的。一是改革基层干部体制,即扭转"能上不能下"、"占着茅坑不拉屎"的冗员和低效率行政。辞职与否,主要取决于上级和同事眼中本人的工作表现。规定了的应当"引咎"的情况,例如年度考评"末位淘汰"、财政税收"任务不达标"、"盲目决策给国家和集体造成较大损失"或者"在领导班子中闹无原则纠纷",都属于本人的不称职,咎由自取。实际是在建立基层干部的"下岗"机制。二是为防止恶性事故,给主管干部加压,要他为下级(部门或个人)的疏忽、腐败和官僚主义负责。这才涉及引咎,即本人自愿或被迫提出,为他人之过("咎")受罚,转承分担责任。两者统称"引咎",大概是策略性的模糊。论者不可不察。

然而,干部下岗和引咎辞职的归责原理截然不同,放在一起制定规章条例,就容易混淆概念。比如,据《中国青年报》报道,某副市长下乡检查工作,车队过桥时与一骑车女孩相遇。女孩为避让车队(中土常规:人让车而非车让人),不慎掉进桥下水沟,"几番挣扎终于失踪"。副市长一行"三十余人在岸上观望,无一人下水救援"(内中有人掏出五百元钞票喊群众救人,未获响应)。事后辩解:不会游泳,但打电话报了警。不日,焦点时事"沙龙"清谈,有"在座嘉宾"指出,副市长的责任不好追究:法律对此没有规定。"他不会水,如果真的跳下水,有谁能说小孩的生命价值高于官员的生命价值?"还说:"官员也只是个普通人,不能强求过多"(新浪网 2001.

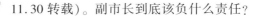

11.30转载)。副市长到底该负什么责任?

其实,领导干部在此类"激起公愤"的事故中是否触犯党纪国法,并非问题的关键。官员的确跟常人一样,有时也会昧了良心,但他的道德责任另有其不应忽略的政治意义(详见下文)。撤职查办也好,引咎辞职也罢,压力首先来自他肩上的政治责任。这责任因他的政治地位和权力而起,具体表现为他对上级的各项承诺,因为他的职位得自上级的任命,并受其信赖、支持、监督。间接地,作为"人民公仆"的一员,他还要向老百姓负责。责任囿于上下级关系,处分官员就是内部决定,不公布也行;但如果有必要向人民负责,责任归属和处理结果就最好透明、公开。这是因为老百姓评价官府政绩,习惯上脱不掉传统的团体责任观念,动辄把官员个人的过失归于整个官府。何况民心似水,如上帝之手,既可载舟又可覆舟。故引咎辞职之"咎",不是能够严格定义的法律概念,而是"具体情况具体分析"的政治责任:为控制事态发展,避免"株连"、伤及全体,必须由一个或数个主管官员出面转承责任,"背骂名"下台。

作为政治责任,引咎辞职在法治国家一般都不靠法律规定,而是做成政治惯例。为的是不让官员拿法律做挡箭牌推卸或淡化政治责任。"九一一"惨剧,有两架遭劫持的客机是从波士顿机场起飞的。机场的安检措施因此倍受批评。机场隶属麻省港务局,但女局长一开始拒绝引咎辞职,认为自己没什么错。这样一来,州长(碰巧也是女士)和其他政府官员都感到了政治压力。女局长无奈,讨价还价,要了九个月工资十一万美元外加两年六万"咨询费",递了辞呈。相反,克林顿总统身陷"莫尼卡门"那一次,共和党把他送上了法庭。结果"聪明反被聪明误",法律成全了律师出身(且深受律师协会拥戴)的总统;倒是他的政敌一个个辞职落选,为动用法律手段解决政治问题担了"骂名"。

上帝派天使调查所多玛人的罪行之前,曾向罗得的伯父亚伯拉罕显现(《创世记》第十八章)。那天下午,亚伯拉罕正坐在帐篷门口乘凉,抬头忽见橡树底下站着三个周身放光的客人。他急忙上前,按照迎接贵宾的礼节俯伏在地,说:大人('adon)赏光!请允许仆人我招待了再走!一边就喊人打水,给客人洗脚。又命妻子:快拿细面,和了烤饼。说完,赶到牛群里,挑一头肥嫩的牛仔,叫下人宰杀烹饪了,亲自端上,恭恭敬敬摆在客人面前。客人用了餐,重新上路时,亚伯拉罕心里已经明白。他坚持送客人一程,陪他们走到远远望见所多玛的山上。上帝心想:我此行的目的,何必瞒着亚伯拉罕?就对他说:所多玛和俄摩拉,这两座城的名声实在太坏。我得下去看看,是否真像人们控诉的那样,恶贯满盈!

两位天使便转身朝所多玛走去。亚伯拉罕站在天主('adonai)面前,忍不住问道:主啊,你真要把义人和罪人一同消灭吗?假如城里有五十个义人,你还毁灭它吗?为这五十个人,你能不能宽恕全城?你总不能把义人罪人一起杀掉,让他们同样命运吧!难道整个世界的审判者不主持公道了吗?

耶和华回答:如果在所多玛能找到五十个义人,我就为他们饶恕全城。

亚伯拉罕又问:主啊,我虽然身为尘土,却还要斗胆向你祈求。假如只有四十五个义人,你会因为少了五个而毁灭全城吗?

耶和华:如果能找到四十五个,我也不毁灭那城。

亚伯拉罕:假如只找到四十个呢?

耶和华:为这四十个,我也不毁灭。

亚伯拉罕激动起来:主啊,请不要对我生气,假如只有三十个呢?

耶和华:如果能找到三十个,我也不毁灭。

亚伯拉罕:主啊,请宽恕我大胆,假如只有二十个呢?

耶和华:只有二十个,我也不毁灭。

亚伯拉罕颤抖着:主啊,请不要对我发怒,让我最后祈求一次。假如只有十个呢?

耶和华:为这十个,我也不毁灭。

说完,上帝径直去了……次日早晨,亚伯拉罕回到山上,只见所多玛方向浓烟滚滚,仿佛一扇巨大的窑炉。

上帝视亚伯拉罕为自己的忠实仆人('ebed,意为被挑选者),所以才向他透露自己的计划。仆人却提出一个"义人"的问题,仿佛主张罪责个人承担,无辜不该受罚。所以有学者认为,亚伯拉罕与上帝"讨价还价"这一段是后加的,因为包含了个体责任观念。实际上,亚伯拉罕是在诉诸上帝的仁慈。他求问的不是罪责归属,而是需要几个义人才能赢得神的宽宥,抵消恶人给全城带来的灾祸。这依然是团体责任:义人的善举和恶人的邪行一样,也能影响族人的命运。当然,上帝仁慈,全能全知,不会忽略他的"子民"的些微进步。所以在西奈山向先知摩西传授十诫时(公元前十三世纪中叶),专门就禁止造偶像拜异教神宣布:不可供奉偶像。因为我,耶和华你的上帝,是"容不得不忠"(qin'ah)的上帝。凡恨我、被我定罪的,我必降祸于他们子孙,直到第三代、第四代(《出埃及记》20:5)。

耶和华压下怒火,推迟降罪,让子孙代替罪人受罚,多少有"冷处理"或遏止部族间频繁的血亲复仇的作用。另一方面,古人认为人生在世,幸福莫大于亲眼见到第四代孙儿来世(例如上帝给义人约伯的回报,《约伯记》42:16)。故白发人之苦,无过于膝下孙儿受诛。这个矛盾,或神的"仁慈与正义间的张力",自中世纪以来,不知难为过多少皓首穷经的神学家。但是,从摩西领导的以色列会众的角度看,罪责虽然照旧转承,追及子孙,罪人却获得一个特许的悔过自新的机会,因为上帝慈爱信实,"种种恶行,皆可饶恕,但该惩罚的,决不勾销:父亲的罪过,他要向子孙追讨"(《出埃及记》34:7)。就是说,悔过与否,成了罪人主观意识上的"自由",或因犯罪而产生的归责于个体的后果。这是一个全新的罪罚原则。因为接下来就得规定,以色列会众(全体及个人)如何在主观上知罪认罪,并(通过先知和祭司)向上帝悔罪,又需要怎样的典仪来求得赦免,等等。律法和祭司集团(利未人)的权力由此得到长足的发展。

上帝最终取消了子孙替罪的决定,由先知(兼祭司)以西结(yehezq'el)向以色列人宣布。先知预言了上帝对其子民膜拜偶像的惩罚(放逐巴比伦)和耶路撒冷的灭亡(公元前587或586年夏被巴比伦王尼布甲尼撒攻陷)。当时以色列有句成语:父吃葡萄酸,酸坏儿的牙。但先知得到神谕:耶和华"指自己的生命起誓",不许人们再用那句成语。因为"一切生命归我;无论父亲儿子,生命都属于我。谁犯罪就该谁死"(《以西结书》18:1以下)。

罪罚一旦寓于个体责任,忏悔、苦行、觉悟、牺牲,就都可以变成培育并体现人的精神境界的"心灵历程"。换言之,罪罚的转承不必是神的直接命令或迫于外界压力。引咎(代他人受过),可以来自我们的内心,可以是每个人自觉(道德)与自愿(意志)的选择。这样的自我奉献与牺牲,在希伯来语《圣经》中的典范,就是《受难仆人之歌》咏赞的那只羔羊(talya'):受尽折磨,一言不发,等着牵去屠宰,"但我们全体的罪过,耶和华都压在了他的身上"(《以赛亚书》53:6)。那"沉默的羔羊/仆人"的象征与教义,在基督教,便是上帝献出自己的儿子——为使人类摆脱罪的诅咒,"人之子"(huios tou anthropou)耶稣挺身而出,跟两个凶犯一起钉上十字架,独自承受了耶路撒冷和罗马双重的法律的诅咒。

现在我们回头再看领导干部引咎辞职的规章条例,问题的核心所在就清楚了。如上文所说,新举措把官员引咎(为维护总体利益而承担政治责任)的具体条件公之于众,确实跨出了基层干部体制透明化乃至法治化的一步。可是,规章条例越是"细化",就越离不开评议考核手段,干部(当事人)跟有利害关系的各方就越容易钻空子搞交易拉山头,诱发冲突,徒增"内耗"。程序上难以操作不算,更要紧的,是排斥、贬低了"人民公仆"的道德责任。这当然是不得已的做法。本来,干部"先锋队"最主要的感召力,就在于能够把自己的政治要求转化上升为大众的道德理想。但在以身作则已经不可奢望的情况下,只能放弃道德责任的要求,公布一些事故伤亡的硬指标,"一刀切"了。

这样的官员,真的是"不能强求过多"的"普通人"。若以上帝之法观之,该当作等待拯救的"普通罪人"看待。说到罪人,读者有心,或许会问:既然上帝无咎,掌握一切,世上为什么还有罪人?罪人不也是他造的吗?这个问题,大概是自从亚当、夏娃摘吃了智慧之树的果子,眼睛一亮,就开始存疑讨论的。前些年,美利坚犹太神学院的莫弗斯博士著书讨论"上帝之爱",曾引用两则古代犹太博士的经文串解例证(midrashim)。我觉得可以借来作一说明(《爱与喜》,第44页):

例证一:上帝准备造亚当之初,已经看见亚当的后代当中既有圣人,又有恶人。上帝自忖:如果我造他,恶人就会跟着出现;但如果不造他,世上便不会有圣人。

问:上帝怎么办? 答:上帝决定,心里不去想那些恶人,暂且不管他们;先把亚当造了,给人类一个机会。

例证二:上帝准备造亚当之初,先造了一批天使。问他们:你们如何看法?要不要依照我的形象造人(《创世记》1:26)?天使道:宇宙的主宰啊,人会像个什么?上帝告诉了他们。他们仍然表示怀疑:宇宙的主宰啊,人算什么,你竟然关心他! 区区人子,你竟然眷顾他(《诗篇》8:4)!上帝大怒,伸出小指,将那批天使烧成一堆脆炭。他再造一批天使,又是同样结局。第三批天使比较聪明些,向上帝说:那前两批天使,他们说"不"又有何用?这整个世界都是你的,你愿造什么就造什么吧!

他们唯唯诺诺,一直等到上帝发洪水淹了人类的恶行,巴别塔下乱了人类的语言,才窃窃私语,一个问一个:先前那两批天使,他们说错了什么?上帝喝住他们,道:人啊,即使头发花白,我仍会拯救;即使永远如此,我都要忍着(即赦免)他的罪过(《以赛亚书》46:4)!

可见上帝容忍罪人,克制怒火,完全出于慈爱,出于他在造亚当之初就已决定担当的拯救人类的职责。神的惩罚来自神的愤怒,因为神富于爱憎的感情。感情是性格(神格)的组成部分。强烈的感情不仅影响认知和判断,也是认知、判断的一种方式和经常的前提(参见努丝包姆:《诗的正义》,第63页)。耶和华关于罪罚的归属转承的一系列决定便是这样作出的。上帝之法,因此首先是他的爱憎等感情的外化。在此意义上,法也是上帝决意创造的那个"道德宇宙"的蓝图,是选召子民,与其立约,为其应许理想家园并耐心指引、反复惩戒的基础。法先于人;人是实现上帝之法,亦即那永恒的正义的工具。

俗世的法律,在实践中恰好是上帝之法的镜像:人先于法;法做了人的工具。所以引咎辞职订作规例,排斥道德责任是不奇怪的。传道者保罗说过:死守律法者必受诅咒,因为义人是坚守了信仰才获得真生命的(《加拉太书》3:10)。法律如果只是一套套规例指标,只管"一刀切"便是死物。同理,引咎而不体现道德选择,不要求奉献牺牲,干部还是不是实现正义的工具、人民的公仆?

二零零一年十二月

正义的蒙眼布

  正义(Giustizia)。其形象为一蒙眼女性,白袍,金冠。左手提一秤,置膝上,右手举一剑,倚束棒(fasci)。束棒缠一条蛇,脚下坐一只狗,案头放权杖一支、书籍若干及骷髅一个。白袍,象征道德无瑕,刚直不阿;蒙眼,因为司法纯靠理智,不靠误人的感官印象;王冠,因为正义尊贵无比,荣耀第一;秤……比喻裁量公平,在正义面前人人皆得所值,不多不少;剑,表示制裁严厉,决不姑息,一如插着斧子的束棒,那古罗马一切刑罚的化身。蛇与狗,分别代表仇恨与友情,两者都不许影响裁判。权杖申威,书籍载法,骷髅指人的生命脆弱,跟正义恰好相反:正义属于永恒……

利帕(Cesare Ripa)《像章学》卷三(1593)

  欧洲的肖像纹章之学(iconologia),过去念中世纪文学时钻研过一阵子。最近重新查阅一次,却是因为耶鲁法学院校友会波士顿分会的一封通知,征文纪念柯维尔(Robert Cover)教授。这分会规模不大,但活动勤,几乎每月一次:或同希拉莉参议员(克林顿夫人)

座谈"九一一"反恐怖,或与麻省首席大法官(也是女校友)周末聚餐——国情不同,律师以校友会名义邀法院领导吃饭,不违反职业纪律。每次通知,从来不忘附一只捐款信封、一张"鸣谢"榜。榜上最末也是名单最长的一栏叫作"柯维尔之友",是上一年给母校捐了五百至九百九十九美元者的荣誉。柯先生生前以博学及献身公益事业著称。他的课我没赶上听,但为应付"联邦诉讼程序"考试,读过他的名著《程序》。读到第五章,有这么一个故事,印象颇深:

天庭上的众神失和了,世界处于灾难的边缘。谁来调解仲裁?血气方刚的容易受水仙女的勾引,老于世故的却不敢对权势直言。天上地下找遍了,也没有合适的人选。最后,天帝身旁站起一位白袍金冠的女神,拿出一条手巾,绑在自己眼睛上,说:我来!众神一看,不得不点头同意:她既然蒙了眼睛,看不见争纷者的面貌身份,也就不会受他的利诱,不必怕他的权势。"蒙眼不是失明,是自我约束",柯先生写道,"是刻意选择的一种姿态……真的,看的诱惑,君子最难抗拒;尤其是克服屏障而直视对象,最诱惑人。"接着另起一行:

"程序是正义的蒙眼布"(第1232页)。

这句话现在已经当作格言收入法学词典,每每被人引证。所以我想,为纪念柯先生,表彰他的成就与理想,不妨从这句格言出发,考查一下正义女神的像章谱系,谈谈程序在改革中的中国的政法地位、功用与价值。

先说程序。所谓程序,就司法而言,即专为实现法律规定或"赋予"的各项权利而制定的一套套规则、方法和步骤。所以,程序法也称"辅助"(adjective)法;与之相对,那些通过程序主张并获得保护的权利所依据的条文规范,便叫作"实体"(substantive)法。法律是政治的晚礼服。实体法本本答应的权利,总是比程序法所能辅助实现的要多一些也漂亮一些。这意味着,某些老百姓期待享有的权利,虽然在现阶段不受司法保护,却是有法理依据的。例如,《宪法》规定公民享有言论、出版等自由(第三十五条),亦即说话写作发表传播,不受别人非法干涉、无理制裁的"基本权利"。但按照现时的政法实践,在一般情况下,此项权利还不能通过司法获得保护。主要原因,便是缺乏一套直接引用《宪法》条款而启动的诉讼程序。同理,如果小说涉及真人真事或新闻报道批评失实,引起名誉权官司,作者或报社也不能以言论自由抗辩,而只能就事实真相、主观过错、名誉损害以及言论与损害间有无直接因果关系等民法上侵权之诉的要件,提出答辩(见《案子为什么难办》)。不过去年六月,最高人民法院就"齐玉苓诉陈晓琪等姓名权纠纷案"批复山东省高级人民法院(法释[2001]25号),认为:被告冒用原告姓名、顶替原告升学,看似侵犯了姓名权,实质是剥夺原告"依据《宪法》[第四十六条]规定所享有的受教育的基本权利,并造成了具体的损害后果,应承担相应的民事责任"。这就为公民通过民事诉讼程序主张宪法权利,开了一个小小的口子;公民的"一部分宪法权利",终于开始摆脱"睡眠或半睡眠状态"(见《中国青年报》2001.8.15采访报道)。批复因此受到社会舆论的一致好评。

近年来,随着立法渐具规模,本本上同"国际"接轨(例如世贸谈判)日臻熟练,司法程序的改革遂成为国内外传媒关注、观察家跟踪的一个热点。但改革涉及法院系统人事组织、行政管理、审判方式等各方面的调整,牵扯到许多跨部门深层次的政府架构问题,不可能一蹴而就。比如民事审判方式的改革,以"强调当事人举证责任"为指导思想,大约始于八十年代末。"主要动因,是法院案件多人员少,力量与任务的矛盾日益突出,想借此减轻法官和法院调查取证的负担"(景汉朝、卢子娟:《经济审判方式》,第 3 页)。改革的对象,则是人民法院传统上走群众路线办案形成的"先定后审"、"纠问式"庭审和庭审走过场等,跟法治时代不般配的做法。通过"完善"程序,还希望提高法官业务素质,反腐倡廉,改善法院的公关形象。十多年下来,虽然成绩尚未受到老百姓普遍认可(每年召开各级人大,法院院长作工作报告压力最大),但经济负担肯定减轻了;各地新盖的法院大楼如雨后春笋,有的更比北京的最高法院还雄伟气派。

当然,改革审判方式,离不开审判者自身的改造。这也有程序的一面,就是在开展学历资格培训的同时,革新中国法官的形象举止:卸下肩章大檐帽,换上西装黑法袍。自今年六一儿童节开始,法官们登堂折狱更要多一样表达权威与秩序的道具:法槌。根据最高人民法院新近颁布的《试行规定》,操作程序为:开庭或继续开庭,先敲槌后宣布;休庭或闭庭,先宣布后敲槌;判决或裁定,也是先宣布后敲槌。法槌的设计,却是极传统的:选材要花梨木,请"民间雕刻家手工精雕而成":槌体上端刻一个独角兽头,乃是古代皋陶治狱所用"性知人有罪,助狱为验"的神羊獬豸;"底部的圆型与方型的底座"(原文如此),则暗喻"方圆结合、法律的原则性与灵活性的结合"。手柄刻有麦穗齿轮,"说明我国是工人阶级领导的,以工农联盟为基础的人民民主专政的社会主义国家"。法槌由主审法官使用,通常只敲一下。指望的是,法庭上"旁听人员随意走动、喧哗、交头接耳,传呼机、手机此起彼伏,当事人未经法庭许可随意发言"的现象,能够从此消失(《人民法院报》网络版2001.12.7)。

尽管如此,观察家论及当前中国的法制,依旧是那句老话:重实体,轻程序。意为执法司法,时有不尊重当事人程序权利的情况发生;处理纠纷、扫黄严打,只消最后结果群众满意,大快人心就成。仔细想来,这里面有两个相关的问题。一是政府做事(无论人治法治),须满足老百姓对正义的企盼。老百姓心目中的除恶扬善报仇伸冤,说的都是实质正义。在这一点上,"包青天"式不受程序约束的侦查办案,以道德理想取代法律原则的公案故事,其实并无太多中国特色。换一个社会,比如法治早已建成的美国,好男女如果不藐视法律,像黑旋风李逵那样"出他一口鸟气",在好莱坞大片里也是做不成英雄的。所以自古以来,文艺作品中鲜有代表大众正义的律师(波斯纳:《法律与文学》,第40页)。这是根深蒂固四海皆准的成见;不是一两次审判方式的改革,甚至大胆引入英美法系"对抗制"诉讼,所能解决的技术问题。事实上,随着法律技术日趋复杂,优质的市场化的律师服务便很可能成为只有少数富人要人才消费得起的奢侈品,老百姓对利用程序手段阻挠实质正义、消灭实体权利的憎恶,恐怕只会愈加强烈。

值得我们研究的是第二个,亦即柯先生指出的问题:程序是司法的正义给自己绑上的蒙眼布,是"刻意选择"的与当事人及外界权势保持距离的一种政治与伦理"姿态"。这姿态,套用我们熟悉的宪法术语,就是"法律面前人人平等"。于是程序对于建设中的法治,便有双重的含义:一方面,假定蒙眼的正义不会偏袒,这是现代法治的"形式平等"原则。形式平等是对阶级特权的反动。不看阶级成分的程序,可以在形式上抽象地拉平当事人的身份与地位差异,让打工妹和工头、老板一样,依法(在本本上)成为平等的权利主体。另一方面,因为正义不再"直视对象",无须关照个案的特殊性,程序上的公正或"正当程序"(due process)就可以脱离实体权利而表现独立的价值。由此生出司法技术化、专业化乃至标榜"非道德化"的可能。这是因为注重程序,诉讼必然要放缓节奏,将争议导向技术细节,从而发挥律师的作用。做成案例,注解评析,使法律思维倾向于技术化。按照英国法律史家梅特兰(1850—1906)的说法,现代对抗制诉讼的基本性格,可以追溯到十三世纪的"特殊抗辩"(special plea)制度。特殊抗辩,即不管实体权利或事实真相,仅以技术上的理由排斥对方的实体主张。我们讨论过的"鲁迅肖像权"案中,被告方提出诉权、时效、管辖等抗辩事由,便是一例(见《鲁迅肖像权问题》)。或许因为英国普通法与司法独立及法治的特殊历史纽带,体现了所谓"普通法精神"的形式平等而讲求技术的诉讼程序,一向被视为司法者避免外界干预的一道屏障,也是律师行会向政府争取行业自治和业务垄断的一大理由。

然而,程序一复杂就容易累讼,变成当事人的沉重负担,引发诸多社会问题。这也是法治社会的通病:大多数人,包括中产阶级,实际是排除在大部分程序之外的。例如在美国,刑事被告人定罪,百分之九十五未经庭审。道理很简单,被告人穷人居多,请不起昂贵的擅长刑事诉讼的律师。法院指定的公益辩护律师人少案多,不堪重负,就同公诉人(检察官)搞"诉辩交易"(plea bargain),拣一两项较轻的指控认罪,结案了事。只有辛普森那样的明星款爷,才有条件雇一个"梦之队"律师和专家证人班子,将诉讼抗辩七十二变的招数使一个遍。该案因此被称为美国式法治在真实生活中罕见的完美表演,"哈佛[法学院传授的]法律规则"铁树开花的现场示范(阚泊斯:《法疯》,第22页)。按理说,法治沦为少数人的福利,社

妈祖头上插一根羽毛,用来在她的天平上称量死者的心灵。
妈祖(左)与以西丝女神。

会上该有大声的抗议;而抗议声中的法治为取信于民、恢复尊严,只好拉下正义的蒙眼布,让她直视法治之下普遍的恃强凌弱贫富悬殊:法律面前,从来没有人人平等。幸亏,抗议并不经常发生,除了几处贫民区的骚乱。安分守己的中产阶级已经习惯了崇拜那块蒙眼布,不敢不信"一部美国人的自由史,在很大程度上,就是程序的保障史"(联邦最高法院大法官弗兰克富特语,*Malinski v. New York*, 324 U. S. 401, 414 [1945])。

所以说,法治的根基在信仰与习惯。我以为,用正义的蒙眼布比喻程序的政法功能,妙是妙,但还有一个前提需要澄清:蒙眼如何成为信仰,法治怎样获得对象,或者说程序与正义究竟什么关系?这是柯先生的寓言故事暗示了却没有讨论的。让我绕个弯,从正义女神的像章史说来。

正义裁断生死,本是主女神或月神的一个殊相,属猪。这属相大约源于先民的生殖崇拜和丰收/还阳神话(详见拙著:《玻璃岛》,第 123 页以下)。她在地中海文明圈诸民族中有不同的名号。在希腊神话,即执掌德尔斐神庙的女巨神正义(Themis)——日神阿波罗(属鸦)杀白蟒(月神之子或情人)夺神庙,是后来的事。女巨神是众神之母大地(Gaia)与天空(Ouranos)结合所生的女儿,天帝宙斯的第二任妻子。她的埃及前身,则是享受法老供奉,为天地维持秩序的妈祖(Ma'at)。妈祖头上插一根羽毛,用来在她的天平上称量死者的心灵。妈祖和正义,都是目光犀利的女神。因为祭坛前举行的司法仪式(神判)体现神意,源于神谕,那颁布神谕裁断生死的女神必定无所不察。但是,服侍女神的祭司却常常是瞽者:视力对于专职求问神谕的人是多余的东西;睁开他的眼睛,反而容易分心误会神意。德尔斐神庙的祭司、希腊传记家普鲁塔克(50—125)说,埃及王城底比斯的司法最为公道,因为那里宣示神谕的祭司必须断手闭目。他不能伸手收取贿赂,眼中不见权势,便不会司法不公,令神明不悦,降灾于苍生(《道德论》卷五)。罗马人管正义女神叫 Iustitia。由此派生出英法德意等现代西方语言的"正义"(justice, etc)一词。

学者考证,蒙眼正义的肖像最早出现在文艺复兴时期(即当作拟人化的抽象概念,阴性名词;奉为女神则与基督教教义不符)。当时,一些商业城市的司法权

然后命西桑尼的儿子继承父位,坐在那张人皮椅子上审理案件。
〔佛兰芒〕戴维(1523 卒):双联画《康帝行刑图/罢官》。

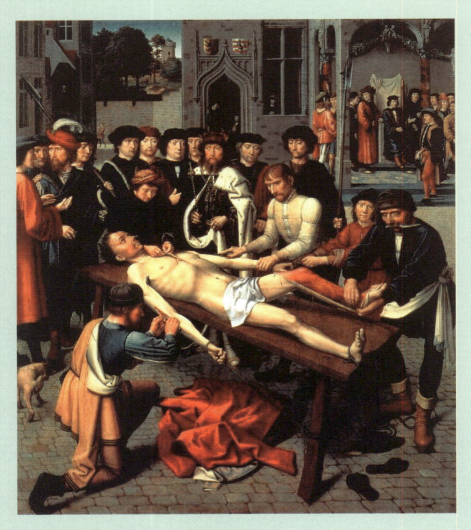

那血淋淋的场面,叫市政厅里的长官不小心瞥见了,绝对毛骨悚然。
〔佛兰芒〕戴维(1523 卒):双联画《康帝行刑图/剥皮》。

已经跟国王和教廷的管辖分离,有了相对独立的地位。司法往往由本地贵族垄断了,令市民们十分反感。所以蒙眼正义的早期的像章诠释,跟后世刚好相反。比如,丢勒(1471—1528)笔下那任人摆布的无知的"正义姑娘",眼睛上的布条是一位浪荡公子给系上的,他的外号就叫"愚弄"。为了提醒司法者不忘上帝的教导,不可受贿而玩弄法律程序,人们想起了古代底比斯城断手闭目的祭司。一时间,所谓"断手法官像"(les juges aux mains coupees)流行起来,专门绘制(或雕刻)了放置在法院和市政厅里。此类"儆戒画"中有一幅极出名的《康帝行刑图》,是佛兰芒画家戴维(Gerard David,1460—1523)为布吕日(今比利时西北)市政厅创作的。画的是古希腊"历史之父"希罗多德《九卷史》(卷五)记载的一个故事:康帝(Cambyses)是波斯大帝居鲁士之子,性格凶残多变,曾攻入埃及肆虐而终于发疯。大法官(兼祭司)西桑尼(Sisamnes)受贿,康帝大怒,下令剥皮处死。并将剥下的皮裁剪了,一片片蒙在大法官的座椅上。然后命西桑尼的儿子继承父位,坐在那张人皮椅子上审理案件。《康帝行刑图》为双联画,一边画康帝捉拿西桑尼,另一边画剥皮行刑(见插图)。画面上的西桑尼如真人一般大小,绑在木板上受刑;那血淋淋的场面,无声的呼号和疯狂的眼神,叫市政厅里的长官不小心瞥见了,绝对毛骨悚然。

到了十六世纪下半叶,市民阶级渐渐壮大,蒙眼布的含义才慢慢变了。人们开始作正面的解释,把它视为公平司法的象征。意大利像章学家利帕总结道:正义蒙眼,象征"司法纯靠理智"(见题记),更显出人文主义者对人的理性的推崇。这大写的理性,自然是不受王权、教廷辖制的。因此主张理性指导司法,既是关于正义的一种新的信念或理想,也是冷静的政治策略和行业伦理。法官有了崇高的理性作他的是非善恶之秤,便能名正言顺地反对外界干涉,要求独立司法。换言之,蒙眼不仅仅是司法技术的更新换代;程序之所以能够促进司法独立,帮助律师争取行业自治与业务垄断,成为正义的蒙眼布,是因为我们先已信了"司法纯靠理智",希望法治的正义来自"理性之光"。而程序标志着的,正是那理性之光的疆界。疆界之外,一切归上帝或国王;疆界之内,司法只服从理性。从此,蒙眼的正义不必事事求问神谕,也不必天天向国王鞠躬。一如犹太法典所言:我们不审判国王,但国王也不事审判(Mishnah sanhedrin 2:3)。这,才是现代法治意识形态的起点,形式平等海市蜃楼的成因所在。也只有这样"理性地"划定职权,信守"中立",法治才能打消冲突着的各社会阶级的疑虑,赢得他们的信任与合作,并最终把他们"一视同仁"收编为法治的对象。

这个道理,拿来衡量中国的司法改革,则可知道扭转"重实体,轻程序"的局面,还有一段长路要走。而且问题的根本,不在审判方式、法官学历等技术培训和资格证书的不足,甚至也不在一些部门的腐败风气;因为程序越是精巧繁复,贪官污吏越有可乘之机。事实上,从法院系统发布和大众传媒报道的案例来看,法官脱离程序调解判案,跟法律技术的难易似乎并无因果关系。诸如送法下乡、上门办案、"情理法并重""背对背"做当事人思想工作之类的传统做法,固然"轻"了程序,可也是"为民解难、为民办实事"(《法律适用》2/1998,第21页)。解难、办实事,亦即主持正义、实现人们普遍认可的正当权益。只不过那正义另有法律之外的渊源,例如国家的大政方针和民间惯例,故而司法不必受程序约束。这意味着什么呢?恐怕不单程序,连整个司法制度都用作蒙眼布了。因为,就制度的设计而论,诉诸法律只是满足政治的程序要求,体现政策才是司法的程序目的。法律,让我再说一遍,是政治的晚礼服。

法治的一般要求,法官应学会克制,谨慎甄别,奉行所谓"俭省司法"的原则,坚持"能不做就不做"的惯例(艾伯拉罕:《司法程序》,第364页)。所以有"政治问题法律不管不判"的学说,以便坚守司法的疆界,将法律与其他政治程序隔离开来。但是在中国,由于司法的正义的渊源在法律之外,法官必须采取相反的策略,模糊程序的界限,才可保证司法的效能。故"重实体、轻程序"不但是政治文化和心理传统,也是法律得以顺利运作,分配正义,法院法官得以维持民众信心,争取最低限度的独立的现实手段。法治的当务之急,便是把那些不可能在司法制度内提出或解决的纠纷,以法律的语言特别是程序的比喻重构复述了,使之大体符合本本上的规定、分类与想象,包括填补立法的"漏洞"。惟有这样,才能维护整个体制的尊严,不致造成太大的震荡,使法律在生活中常例的失败,变成一个个孤立的"例外"而不及其余,杜绝联想。在此意义上,宣传正当程序,以程序技术充当正义,在现阶段,乃是控制冲突,使社会矛盾"法治化"的不二法门。

这是一种灵巧的工具主义法治。它的前提却是认定现行法律充满缺陷,有待完善;必须"情理法并重"或如那柄新雕的羊头法槌暗示的,"原则性与灵活性"结合,才能避免失误。这也是一种信念,其司法原理则是寻求人情常理的衡平。亚里士多德说过(《修辞学》卷一章十三),衡平(epieikes)是超越制定法的正义,所以不能按照法条的字面意思理解,而必须考虑立法意图(dianoia tou nomothetou);不能拘泥于行为本身,而应当强调道德目的(proairesis)。工具主义的法治,比起形式平等的法治来,更需要人情常理的衡平而坚持超越法律的实质正义。否则法律原则的妥协、程序规定的克服就无章可循。制定法需要不时修订补充,人情常理却是(至少在理论上)经久不变的,犹如自然之法或神的正义:"不是今天也不是昨天的律令,而是活着的永恒之法,谁也不知道来自何方"(索福克勒斯《安提戈涅》456行)。所以,这"情理法并重"的正义,和古代的女神一样,是不戴蒙眼布的:没有任何程序可以挡住她的视线。而"原则性与灵活性"结合的司法方针,也如同诉诸神意、求问神谕的祭祀仪式,要求的是司法者的忠诚与正直,而非技术知识。但问题是:在程序技术俨然已如法治化身之际,到哪里去找"断手闭目"的法官。

二零零二年四月

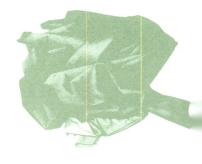

好律师能不能也是好人

我报考法学院的时候,王浩先生曾赐信劝阻,坦言他不喜欢律师这个行业,认为于人生无大意义,赚钱而已。王先生与先父抗战期间在昆明有同学之谊(王先生一九三九年入西南联大,同年先父自延安抵昆明),视我如子侄,所以才这么教诲。

其实在美国做律师未必赚钱。多数赚钱的律师都很辛苦,一周上班六十小时还自称偷懒,加上出差办案赶期限的不安定和心理压力,赚来的那点钱,比起许多行业例如拔牙的医生和安达信的会计,根本只是小钱。但王先生的意思是,不仅赚钱不应是人生的目标,律师工作本身也"无大意义"。自古以来,圣贤哲睿贬抑律师者居多。我便没有去细想。入学后,合同法第一堂课,克朗曼先生(现在已是院长)布置我们讨论一道刺配沧州吃"杀威棍"似的题目:律师为什么不幸福?说是许多功成名就的律师回首学生时代,都会感到失落和遗憾。原来他正在写一本书《失律师》,后来在哈佛出版(1993),研究"律师政治家"(lawyer-statesman)的理想在当代美国衰落的原因。克先生的兴趣在政治哲学。华尔街律师行流传一个笑话,耶鲁的合同法,亚里士多德当案例读,说的就是他。他拿"政治家"作理想,并非鼓励学生将来做官——虽然毕业生约有一半进了政府、法院、国会和各色政治团体,故有论者批评,克先生那本书不过是宣扬耶鲁的"地方文化"(西蒙:《正义的实践》,第 24 页)——他的"政治家",是人作为"政治动物"的理想展现,具有一种普通法传统培育的注重历史和生活经验的"实践理性",亦即亚里士多德赞赏的"智慧之节制"(sophrosyne)。所谓"幸福"(eudaimonia),也不是物质欲望的满足(亚氏斥为"野兽般生活"),而是一种富于善德的行动的生活(euzoia)。克先生认为,律师的本色是自由职业,独立代理公民、法人或政府机构的法律业务。因此对客户/被告人,须保持一种"既同情又超脱"的立场。可是这讲究节制的政治与伦理态度,到了后工业时代,却腹背受敌而瓦解了:一边是巨无霸律师行彻底公司化而利润驱动的运作方式;另一边则是学院派主流理论,例如法律经济学作为科学主义话语的宠儿,对法律业务的经验性智慧不断贬低。受其影响,律师便难以继续独立执业,变成受雇于金钱与权势的枪手或"法律技工"了。

我想起王先生的教诲,突然觉悟,律师幸福不幸福云云,问的实际是律师的职业理想和伦理立场。说白了(借用老百姓揶揄律师的笑话)便是:好律师能不能也是好人?

好律师,根据全美律师协会定的标准,应当热忱尽职地为客户/被告人服务,只消后者提出的要求合法或看似合法;好人呢,按照常识,行为须符合公众利益和社会道德。可是客户/被告人的要求未必符合公益道德,有时还可能贻害他人,尽管未明显违反法律。律师为他效力,提供咨询或诉讼服务,就面临一个伦理选择的难题:律

公庭惶悚之下，言辞每多失措。
杜米耶(1808—1879):《法庭辩论》。

师的职业义务跟好人的道德准则发生了冲突。怎么办？历史形成的做法，是建立一套专门的行业伦理或职业道德规范，作为执业的指导，表示兼顾各方利益。当然，难免有律师道德滑坡，采取"先富起来"的态度，或者干脆与坏人同流合污。所以律师职业道德规范还有一项重要任务，就是处罚、制止各种违法犯规的执业行为，向政府和公众作出交代，不要一粒耗子屎坏了一锅汤。

虽然如此，不少人尤其哲人依旧怀疑，律师能否自律而成为好人。为什么呢？律师制度是现代法治的一根台柱。如果律师执业不能用公益道德衡量是非善恶，法治又怎样争取公众的信赖与支持？这些问题，不仅在美国，在中国也十分迫切，亟需研究。毕竟，

"依法治国"不能没有律师参与;倘若认真同"国际"接轨,律师还应当脱离司法行政部门的管理,实现行业自治。自治的前提是自律。所以律师伦理的建构解说,对于律师争取在"有中国特色"的法治事业中扩大特权提高待遇,也是至关重要的。头绪多端,让我先回顾律师在中国的伦理地位,再讨论律师职业道德规范与法治的策略关系。

中国古代没有官府认可的辩护人或律师制度。帮人写状子通关节的,叫讼师或讼棍。讼师"操两可之说,设无穷之词",一向被视为国家司法秩序和乡土社会礼治的对立面,自然不算好人。直到清末,受了列强"治外法权"的欺负,不得已,才由沈家本、伍廷芳主持拟定《刑事民事诉讼法》,专列"律师"一节,从外国抄来律师资格、注册、职责、处分等九条规定。设立律师制度的表面理由,则是当事人"公庭惶悚之下,言辞每多失措",故需要律师代理。再者,"国家多一公正之律师,即异日多一习练之承审官"(引自茅彭年、李必达编:《中国律师制度研究》,第35页)。这是大胆套用英美的模式,设想法官可从律师中间选拔。

于是,历史地看,律师制度来到中国,跟民间的法律服务或"维权意识"并无直接关系。律师首先是宪政改良,或现代法治意识形态的产物。这情形文革结束又重复一次。自审判"四人帮"开始,律师脱胎换骨,不再是"丧失阶级立场"的右派等改造对象了。他"戴着王冠而来",手握"正义的宝剑"(胡乔木语)。这新时代"国家的法律工作者"(《律师暂行条例》[1980]第一条),同公检法一样,也是为人民伸张正义,维护国家利益与公共秩序的革命干部。干部自有干部的纪律,不需要行业伦理;他作为"先锋队"的一员,本该是大众的道德榜样。所以八十年代的中国律师,用不着担心因为业务关系而陷入伦理冲突或效忠疑问。即使刑事辩护,律师与被告人的关系也只是国家刑事制度的一环:律师办案,"以事实为根据,以法律为准绳"(《刑事诉讼法》[1979]第四条)即可。比如,"对事实清楚、定性准确,又无从轻情节的罪犯,就表明对起诉没有异议,也算履行了辩护律师的职责,群众也无可非议"。同时,还要积极向旁听群众和罪犯家属宣传法制,"依照惩办与宽大相结合的政策"(《刑法》[1979]第一条),"教育罪犯认罪服法。但分析犯罪起因时,应注意不宜过分地把罪责推到客观的因数上去,违背实事求是的原则"(林元:《我十六年的律师生涯》,第174页)。按规定,辩护律师有责任维护被告人的合法权益。但如果碰上的是一个"货真价实"还"顽固坚持反动立场的派遣特务",又"怎样开展工作呢"?成功的经验是,抓住"主要矛盾",耐心细致地教育被告人,晓以大义,敦促其转变立场,认罪坦白从宽。如此,律师便能够"起到公检法人员所起不到的作用"(李国机编:《李国机律师案例选》,第17页以下)。

然而,律师工作机构的一系列改革,渐渐淡化了律师的干部身份。他的伦理地位也跟着模糊了。起初,律师工作机构(称为法律顾问处)属于国家事业单位。一九八五年七月,司法部党组向中央书记处、国务院汇报整党时提出改革设想,按照"单独核算、自负盈亏、自收自支、节余留用"十六字方针,把法律顾问处分批改制,变成集体、个体或合伙开业的律师事务所。之后,逐步开展了律师事务所经费、编制、律师资格考试等方面的改革。一九九三年十二月,国务院"原则同意"司法部《关于深化律师工作改革的方案(送审稿)》,不再以生产资料所有制或行政管理模式界定律师工作机构的性质,要求律师"自愿组合、自收自支、自我发展、自我约束"。法学界随即开始讨论律师的"社会服务"或自由职业性质(参见张志铭:《当代中国的律师业》,第162页以下)。最后,一九九六年五月,八届全国人大常委会十九次会议通过《律师法》,将律师重新定义为"依法取得律师执业证书,为社会提供法律服务的执业人员"(第二条)。同年十月,中华全国律师协会为配合《律师法》实施,制定颁发了一份简短的《律师职业道德和执业纪律规范》,规定律师在"坚持以事实为根据,以法律为准绳","维护国家法律与社会正义"的同时,应当"尽职尽责地为当事人提供法律帮助",且有义务保守在执业活动中知悉的"当事人的商业秘密和当事人的隐私"(第五、六、八、九条)。这两件事情,"维护国家法律与社会正义"跟"尽职尽责"为客户/被告人服务,包括替他保密,如上文所说,实际上往往是矛盾的。鱼与熊掌不可兼得,中国律师这才与"国际标准"正式并轨,在伦理上。

顾名思义,伦理即人与人之间的道德关系与行为准则之理。亚里士多德站在品格(ethos)的培养与实践的角度认为,伦理并非关于何谓善德(arete)或谁是好人的知识,而是如何行动而成为好人或坚持善德而获取幸福的指导(《伦理学》卷二)。伦理问题,便是一对对相互冲突着的善或道德义务的选择决定。如果当事人卷入伦理冲突身不由己,非出于他的自由意志,他面临棘手的选择和牺牲作出的决定,就容易赢得人们的谅解或同情(例如一女孩为避让副市长车队不慎落桥,副市长不会游泳,该不该下河援救?见《所多玛的末日》)。但是,律师的伦理处境跟常人的生活经验不同。律师业务在多数情况下是以金钱交易为前提的:法律服务是他向客户销售的商品,他与客户之间是契约关系。由此发生的利益冲突,引起的伦理问题,都是他自愿卷入的。换言之,律师职业道德规范处理的,是一件件自愿缔结的交易引发的可预见的伦理问题,故名行业伦理;正如医生、会计等行业,各有一套专门的道德行为准则。不过比起其他行业,律师另有一点关键的区别:他不仅要对客户/被告人负责,承担伦理义务,而且还服务于"国家法律与社会正义",亦即他享有执业许可而运作其中的法律制度,以及支撑那制度的政治理想与道德价值——所以在美国,律师在体制上的大名叫作"庭吏"(officer of the court)——他除了像医生、会计那样依法开业,还要运用法律做事赚钱。法律既是约束他言行的规范,又是他兜售的技术知识。律师仿佛扮演了"双重间谍"的角色:一边向现行法律负责,一边又效忠于某些个人和机构(客户)的利益。结果造成这样一种信义上的困境:假如律师有义务忠于客户的立场,真心相信自己为客户主张的一切,那么他对任何妨碍客户利益的道德原则,就不可能同时负责维护。反之,如果律师实际上不用相信自己为客户主张的权利和事实,只管履行"法律技工"的职责,那么在常人看来,他的职业言行就纯属虚伪、误导或扮装"庭吏"。他口口声声捍卫这个那个权利,不过是客户花钱订购的服务、表演。或者说,律师的日常业务,便是出售一种名为"合法"的商品:让客户及其投资者、合伙人、政府主管部门等等放心,交易合法、买卖安全。

但是,律师不"幸福"的原因还不止于此。

我们知道,法治的根基在信念与习惯。法治之法,号称政治/伦理"中立"而超越个人与阶级利益;为维持其尊严与效能,它必须以普世正义的面目出现并高扬"形式平等"的大旗(见《正义的蒙眼布》)。可是律师解释、运用法律,却不可能坚守"中立"而不顾客户的意愿。律师在具体案件中承担的,首先是由契约产生的指向特定对象(客户)的伦理义务,然后才是可能限制此义务的泛指的法律责任。前者语义清晰,为律师的个人利益所系;后者范畴抽象,常有弹性解释的余地,故容易规避。其先后次序,犹如全美律师协会《职业行为模范准则》所言:"律师须热忱为客户代理,在合法范围之内";而非"为国家法律热忱服务,就客户提出的要求"。客户优先,律师便免不了钻法律的漏洞,找"不健全"的条款经营,以尽量满足客户的要求,帮他摆脱或减轻法律责任。因此法律本本的规定,对于市场化运作的律师来说,未免是形式主义的。他常常缺乏维护社会正义的动力,除非客户的全部要求刚巧都符合公益道德。为了寻求对客户最有利的法律解释或审判结果,他必然要利用法条的歧义,片面理解甚至强词夺理。律师的执业活动,便是由一连串的利益冲突和"擦边球"决定组成的。这意味着,法治本身,作为一个个"法律技工""用足政策"的实践的总结,也不可避免地充满了伦理疑问。

现代法治在本质上是一种用权利话语重写历史、以程序技术掩饰实质矛盾的社会控制策略(见《送法下乡与教鱼游泳》)。律师职业道德规范作为法治总策略的一环,也承担着掩饰的任务。它要人们忘却的,便是普世主义法治与律师的伦理地位、行业利益之间不可调和的矛盾。所以内容上,它必然繁琐芜杂。不仅规定律师能力、业务范围、保密责任、利益冲突等方方面面,还要把同业竞争也掺和其中,当作职业标准而非市场垄断问题重新分类解说。方式上,则不厌其烦堆砌技术细节,培育一种法律形式主义的态度,以便与大众的生活世界和道德准则拉开距离,把律师暧昧的政治/伦理立场或对政治/伦理问题的回避,淹没在技术细节底下。只有这样不断地将契约义务和客户要求转化为职业道德规范,代替律师个人的伦理决定,才能建立起看似自律的行业伦理解说机制,使人们对律师执业的伦理处境和利益冲突视而不见。否则,整个法律制度就随时有丧失信用而瘫痪的危险。

注意,我们讲律师的立场暧昧,并非指近年来传媒揭露批评的律师业"逼良为娼","黑律师""三陪律师"泛滥的现象(《律师文摘》1/2002,第183页)。我们讨论的是合格合法的律师,作为政府特许"为社会提供法律服务"的法治从业者,能否为自己的工作,为本行业的功用价值作法律形式主义的辩解。法律形式主义是一切法治精英的看家本领,其要点为一自编自演的故事:法律本本文字艰涩,案例学说每每自相矛盾,常人未受专业训练,不可能正确理解、有效操作,何况"公庭惶悚之下,言辞每多失措",没有律师代理不行。又因为一切法律问题的最终解决,理论上都应通过当事人(包括政府和公民)之间"平等对抗"的司法程序,所以律师的作用,归根结蒂是程序性的,亦即非道德的。他出力为包括坏人在内的被告人辩护,罔顾受害人和公众的利益,乃是法治为顺利运作而必须负担的成本。假如律师不这样热忱为客户服务,任凭政府操纵司法,到头来我们所有人的权利都会受到损害。"没有律师代理,[刑事]被告人就算完全无辜,也有定罪之险,因为他不了解证据规则,无法判断指控成立与否,也不懂得如何作无罪辩护"(美国联邦最高法院大法官萨瑟兰语,*Powell v. Alabama*, 287 U.S. 45 [1932])。根据这一原理,律师为坏人效劳,实际是履行他的体制角色。他辩护越是成功,那体制就越发健全,越让人放心。

例如,球星辛普森被控谋杀前妻及其男友一案,辩护律师团打种族牌挑选陪审员,采用种种技术手段不惜一切代价排除警方收集的定罪证据。结果辛普森无罪释放,留下重重疑团(受害人家属对

没有律师代理,被告人就算完全无辜,也有定罪之险。
〔法〕杜米耶(1808—1879):《律师与客户》。

辛普森提起的民事赔偿诉讼,却成功了)。此案标准的律师伦理解说,便是形式主义的:虽然律师团的辩护很可能开脱了凶手,有损公益道德,但他们"完美"的法律服务没错。因为法治之法中性,超越道德;而"平等对抗"的诉讼程序,须保证被告人享有他所能购买、调动的一切法律服务,以便同公诉人(检察官)代表的政府抗衡。即使被告人真是凶手,律师团帮他胜诉获释,挫败正义,从法治或"程序之治"的长远利益来看,也还是值得:失败了的正义可以在本案之外,在体制的层面抽象地促进法治。所以律师为坏人辩护脱罪,虽然为常人所不齿,仍有一种期待中的伦理回报或幸福感。在此意义上,现代法治也可以看作是一门基于"道德禁欲主义"的宗教,虽然传教护教的律师不必是虔诚的信徒。因为这形式主义伦理解说的逻辑,同末日救赎、来世回报之类的信仰异曲同工:正义在一个个具体案件中遭受的挫折,本是她修成正果之前先要经历的那九九八十一难。劫难尽头,法治在手,我们还得谢谢律师。

好律师能否也是好人的答案大致如此。读者或许会问,既然律师是自由职业,干吗他不能放弃"法律技工"或"双重间谍"的立场,走出伦理困境?这正是克先生着力探究的问题。克先生指出,律师的知识训练、思维方式和业务能力,自有其培育"实践理性"的善德,是人的政治本质理想发展的一项必要条件。所以,即使律师执业跟实现正义没有必然关系,或现有律师制度在维护公民自由和保障公私财产方面的效率不比别种制度优越,律师的职业和工作仍有其特殊价值。律师不仅应当而且可以独立执业,体现自由人格。因为他的"初始"或理应占据的伦理位置,是无须以法治的原则来定义、辩解的。然而,这只是理论分析。在现实世界里,律师制度已经深深镶嵌在法律形式主义和"平等对抗"式的诉讼程序里了。牵一发而动全身,法治条件下的律师制度改革要触动一社会的基本政法策略和信念习惯,成本障碍之高,很可能承担不起(鲁本:《律师与正义》,第92页)。这,也是理论解释不能不考虑的。

至于另起炉灶,就是要律师挣脱体制的羁绊,投身进步事业,在目前还只是少数公益律师的"异端邪说"。这是因为现代法治的基本精神是妥协和掩饰。绝大多数的律师作为"吃法律饭"的从业者,职业言行必然趋于保守;他们的知识技能和业务经验,都是在法律的想象力框架内学习掌握并得到运用的。当然还有律师的切身利益:正如当年俄国农奴主不会主动效法托尔斯泰解放农奴、分配土地,我们也很难指望律师批判自己据以谋生并猎取社会地位、财富和荣誉的法律制度。哈佛法学院的左翼教授肯尼迪先生曾经呼吁学生,唾弃华尔街律师行"魔鬼般反社会"的执业实践。建议充满正义感的学生采取铁扇公主的战术,钻进律师行,悄悄破坏资本主义的堡垒:抵制贪婪的客户,与高级合伙人的寡头政治作战,抗击那些一边欺负秘书一边不停向老板献媚的年轻同僚。"如果你们想好了再干,不露声色……如果你们该顶撞的时候就坚决顶撞,你们就一定能够避免炒鱿鱼,把左翼政治偷运进办公室,直至当上合伙人为止"(《哈佛法学院公报》1981秋季号,第36页)。不难想见,这聪明的计策在那所聪明人云集的法学殿堂里,能引起几多掌声。

二零零二年六月

县委书记的名誉权

据报道,河南省兰考县委书记朱同志升官离任前,以"诽谤罪"为由提起刑事自诉,把一位上访农民告了。诉状称,去年七月十七日,被告人带领村民数十人,在省委门口打出条幅,诬蔑书记(自诉人)"玩忽职守"、"率一百名干警纵凶杀人",要求有关部门惩处。此诽谤行为在省委、郑州、兰考等地"造成极其恶劣的影响","贬低了自诉人形象,污辱了自诉人人格,侵犯了自诉人名誉权"。此事传出,法学界一片哗然。认为书记"公法私用",因为"整个事件的发生完全是由于职务行为引起的,属于公共秩序范畴,与[书记]的个人利益无关"。党政干部不该动用法律手段,尤其刑法对付告状百姓。这样做,有剥夺群众批评控告检举官员的宪法权利之嫌(《南方周末》2002.9.5,第 A3 版)。

可是书记也是一个人。他跟百姓一样,也有人格尊严,依法享有名誉权。碰上农民不理会省里早已做出结论的多次调查,没完没了纠缠上访,他身心受到伤害,"提拔使用也被搁置,党的十六大代表候选人资格也因此被取消"(同上)。怎么能说是与他的切身利益无关？官员为什么不能拿起"法律武器"捍卫自己的权利？法律面前，难道不是人人平等？

这个"官告民"问题，其实已经说了多年了。起头喊冤的是新闻界。八十年代末九十年代初，原先自称"宣传工具"后来改名"传媒"的，吃了不少名誉权官司的苦头，呼吁起草《新闻法》好几次，希望保护"舆论监督"。那时就发现，名誉权纠纷引起的新闻官司，胜诉的原告往往是有权有势有来头的人物。他们抓住批评文章里细节上的出入或不准确的用语，告记者告报社，连转载的也不放过。比如，《北京晚报》记者随市防疫站去饮料厂检查卫生，见苍蝇多，想到广大消费者的权益和新闻工作者的义务，写了一篇《苍蝇聚车间，杂物堆墙角》，就被厂长送上了法庭。难怪新闻界人士抱怨，"保护名誉权都快成为保护腐败的代名词了"（曾晓明：《舆论监督》，第13页）。注意，他说的不是法官受贿、裁判不公，而是法律规范本身的问题。试想，只要"主要内容"说偏一句话，就算报道失实，就可能侵犯官员的名誉权。这样下去，谁还敢批评揭露？报社记者都不敢说话，何况普通百姓。当然，批评揭露可以设法投给"内参"，供有关领导和主管部门阅读批示，不流传到社会上去。没有发生社会影响，受批评的官员就不能告批评者诽谤（最高人民法院《关于审理名誉权案件若干问题的解释》，法释[1998]26号）。不过那么深思熟虑的人，他懂得官官相护的道理，恐怕压根儿就不会冒险提什么批评建议。

解决这个问题，大约有两个办法：一是整顿干部队伍的作风，向"兰考人民的好儿子"焦裕禄同志学习。但那是毛主席时代的做法，现在行不通了。二是调整现行法律规范，在名誉权诉讼中将官员、明星等另归一类，已有学者提出来，叫作"公众人物"。就是为保护某种公共利益(例如舆论监督),基于某种价值理念(例如为人民服务),要求"公众人物"容忍部分批评言论,放弃一些个人隐私,作为名誉权官司的原告(被批评揭露者)承担较为不利的举证责任。据说,正在起草的《民法》有意规定"公众人物"的原则(见上引《南方周末》报道)。然而,不久前全国人大常委会法工委公布《民法》草案"人格权篇",其中并无这方面的规定,也没有依据这一原则对"官告民"类型的名誉权诉讼做任何限制。可见起草工作不太顺利。困难何在呢?

"公众人物"是从美国传入的学说。论者常引用美国一件有名的新闻官司"萨利文诉纽约时报公司案"(*New York Times Co. v. Sullivan*, 376 U.S. 254 [1964]),说它确立了"公众人物"原则。这个说法不够准确,容易让人误解,以为从前在美国跟当今中国一样,缺乏约束"公众人物"的制度。不是的。美国人民的"公仆"受了批评揭露,历来就不敢随便状告提意见的群众和刊登意见的传媒诽谤。"时报案"不是普通的民事诽谤案。它的导火线,接着二十世纪美国最大一次社会"动乱"和民权革命;官司历时四年,贯串着政治角力。联邦最高法院的判决的里程碑意义,就"官告民"而言,乃是将"公众人物"请求侵权赔偿的举证责任"宪法化",大幅度提高举证标准。并借此机会,阐明了宪法原则即言论自由背后的价值理念。这后一点,我以为对于中国的法治建设,包括起草《民法》,或以民事权利制度推动宪政改良,是至关重要的。

为方便讨论,我先把案情撮要介绍如下:

本案原告萨利文先生,是阿拉巴马州的首府蒙哥马利市主管警察、消防等部门的总监。一九六零年三月,《纽约时报》登出一幅整版广告,附有六十四位知名人士的签名,声援马丁·路德·金博士及其领导的美国南方黑人的民权运动。广告列举了地方当局和种族隔离分子的种种"违法行为",包括蒙哥马利市警察粗暴镇压在州议会门口示威的黑人学生、包围校园、关闭学生食堂,以及"南方违法者"袭击、逮捕金博士,并对他家扔炸弹等。虽然广告没有点名,萨利文认为"警察"和"南方违法者"这两处文字指的是他,因为他是州府的警察总监。广告读者会误认为是他下令或授意镇压学生、逮捕金博士的,与事实严重不符。阿拉巴马州法律规定,官员就指摘其职务行为的言论告人诽谤,不得请求赔偿,除非事先书面要求对方收回言论并遭到拒绝。萨利文写信给《纽约时报》和部分签名人士,要求撤回广告;还通过州长向报社施压。《纽约时报》策略性地向州长道歉,但坚决否认诽谤了警察总监。萨利文遂提起民事侵权之诉,列纽约时报公司及四位签名的本州黑人牧师为被告,请求赔偿五十万美元。一审陪审团支持原告,如数判决。被告上诉,州最高法院维持原判。于是,被告向联邦最高法院申请复审(certiorari)。

美国的司法制度和中国不同,联邦最高法院受理复审案件,并不以纠正下级法院的错案为己任。相反,对于下级法院的判决和主审法官的智慧(更不必说廉洁了),联邦最高法院的大法官们应尽量给予"警觉的尊重"(alert deference)。只有当申请复审的案件提出了尚未处理过的"实质性联邦问题",才会签发"复审令",通知受理(艾伯拉罕:《司法程序》,第176页)。所以每年申请复审案子的律师数以千计,绝大多数拿到的是一纸"不受理"批复。"时报案"之所以获得受理,如上文所说,是因为事关重大的宪政事件,涉及言论自由的宪法原则在新形势下的重新解释。

联邦最高法院经审理决定,推翻州最高法院的判决。布列南大法官指出,联邦《宪法》第一修正案的言论自由原则是建立在"国父们"的宪政理念上的,即公共事务的辩论是民主政治的基石,参与辩论是公民的政治义务。因为正确的决定只能出自坦诚而理智的辩论,而非少数官员的高明见解或大众舆论的一时喜恶。为落实这一"深刻的举国承担的义务",公共辩论就必须"不受拘束、生机勃勃而畅所欲言,就免不了针对政府和官员的激烈、刻薄、时而尖锐得令人讨厌的攻击"。故以言论自由原则来衡量,官员作为"公众人物"提起诽谤诉讼,便不能适用传统的以"事实真相"抗辩的普通法侵权标准和举证责任;否则,极易打击公民参与公共辩论的热情,压抑言论自由。联邦最高法院确立的新标准是:官员(原告)不得因被告就其职务行为散布的与事实真相不符的言论(诽谤)获得赔偿,除非原告能够向陪审团证明,该言论出于"确实的恶意"(actual malice),即明知错误仍坚持发表,或者出于对事实真相"贸然不顾"(reckless disregard)。

"贸然不顾"一语,后来争论颇多,因为若是指被告的主观意识,原告很难证明。联邦最高法院也承认,"贸然不顾"没有客观标准,亦无法如一般侵权诉讼那样,采用虚拟的"合理谨慎人士"的行为参照判断。原告必须拿出充分证据,证明被告事实上曾经怀疑,注意到了问题,而未经核实即散布诽谤言论;这才算"贸然不顾"(*St. Amant v. Thompson*, 390 U.S. 727 [1968])。换言之,除非被告公然捏造事实、无中生有或消息来源名声恶劣,原告确实难以克服举证责任,打赢官司。

"时报案"将官员举证责任"宪法化",站在被告(批评者)的角度,便等于引入一种强有力的基于公共利益的言论自由抗辩。其意识形态上的起点,如果追根溯源,无非两项价值选择:一是相信真理越辩越明,所以不能压制公共辩论;二是推定"政府乃自由之天敌",必须警惕官员干涉、操纵舆论(费思:《言论自由的讽刺》,第51页)。由此出发,界定司法标准和举证责任("确实恶意"、"贸然不顾"等),使掌握公共权力的"公众人物"不便诉讼,故而对批评言论不得不采取相对宽容的态度和"百家争鸣"的方针。在此意义上,也可以说,"时报案"重新定义了美国的"官告民"和"公众人物"的名誉权。

反观中国,"官告民"的潮流正方兴未艾。根据现行民法和司法解释,官员兴讼,跟农民或记者打名誉权官司,他的举证标准和常人是一模一样的。因此被告抗辩,只能以批评言论"内容属实"为由,或者主张虽有不实之处,但未公开传播损及原告的名誉。不难想象,这个看似平等的举证和抗辩要求,加上官员的权势和关系网,对被告会是多大的压力;而批评者败诉,"杀一儆百",或激化矛盾或堵塞言路,于安定团结和发展经济都无好处。

既然如此,法院处理"官告民"案件,能不能借鉴"公众人物"的原则,也来一个"宪法化"呢?《宪法》规定,公民言论自由,享有批评建议、申诉控告等基本权利,任何人不得压制和打击报复(第三十五、四十一条)。可惜《宪法》的效力和"官告民"一样,也是经常开会讨论写文章呼吁的老大难问题。不过,《宪法》条款虽然不能做法官判案的直接(即写在判决书里的)依据,但在审理过程中,在部门法(即依据宪法制定、规范具体部门领域的法规)没有规定或出现漏洞时,有限度有选择地"适用"宪法,按照《宪法》条款分析事理定性问题,已有一些报道。例如四川省新津县某村转让土地,村规民约将出嫁妇女排除在外,不分转让费,引起纠纷。审理此案的县法院合议庭认为,村规民约这一歧视性规定违反了男女平等的宪法原则,应认定无效(喻敏《论男女平等》)。不久前,最高人民法院曾就一姓名权纠纷案涉及的公民受教育的宪法权利作出批复,也是很好的一例(见《正义的蒙眼布》)。

但是,"官告民"与上述案例不同,无法照搬《宪法》条款。因为诽谤侵权的举证、抗辩及认定,并不一般地排斥言论自由原则。另一方面,公民的人格尊严不受侵犯,禁止侮辱、诽谤、诬告公民,同样是《宪法》规定的基本权利(第三十八条)。而我们不能否认,官员也是公民。实际上,这里有一个权利配置、力量对比和价值选择的问题。《宪法》条款本身,那几句"赋予"公民权利的话,并不能指导或帮助我们做出这样的选择(见《案子为什么难办》)。美国亦然。联邦《宪法》第一修正案规定:"国会不得制定法律……剥夺言论自由"。仅从这一诫命式短句的字面意思出发,是无论如何推导不出"公众人物"在诽谤诉讼中所应承担的举证责任的。这说明什么呢?如"时报案"所示,浇灌宪法原则之花的源头活水不在《宪法》条款的文字(立法),而在司法解释、宪政实践以及整个宪政传统植根其中的价值理念。这条原理,可以推及法律的一切领域。霍姆斯大法官的名言,"法律的生命不在逻辑,而在经验",就是这个意思。

公民言论自由的原则,世界各国均以宪法宣示。但具体的政法环境和措施千差万别,公民参与宪政实践的能力范围也就大不相似。中国改革前的做法,是以阶级成分、政治立场审查言论,分配待遇;立足于人的思想改造,尤其是干部和知识分子的清理和甄别使用。因言论而起的"人民内部矛盾",一般由单位、组织解决。在非"敌我矛盾"的情况下,以"有则改之,无则加勉"要求干部;不得以批评意见不实为由,打击提意见的群众。由此形成老百姓的上访"告状"制度和政府部门的信访接待工作。《宪法》虽有一部,但完全背离实际;因为根本就没有一种叫作"公民"的人存在,做宪法意义上的权利的主体。"什么藤儿结什么瓜,什么阶级说什么话":任何言论,不管发表与否,都是言论者思想意识和阶级立场的流露或表现。因此,批评者和受批评者双方对批评言论所承担的政治责任,无论干部群众,都是一目了然,不可用"个人权利"代替或掩饰的。

改革开放以来,言论的政治地位和待遇变了。自八十年代中起,随着民法制度的建立,言论渐渐进入了由产权、契约和抽象人格("公民")织就的权利话语。一些言论的表达(如小说、电影)可以当作私有产权对待,即著作权;一些言论的内容则受到人格权益的限制,须尊重他人的名誉、肖像、隐私等等。言论引发的利益和立场冲突,便有了"民事化"的可能,作为侵权纠纷处理。法律面前,当事人"平等"地成了无阶级色彩的公民。甚至公家手中的宣传工具,例如报社,也因为投身市场追逐利润而主动淡化了官方"喉舌"的地位,接受公民权利包括著作权与人格权的约束(另文讨论)。这是政法体制的大转向,一种以"个人权利"掩饰言论的政治意义的法治策略。然而,作为"回报",党政干部在需要的时候,便有了否认批评言论的政治内容,进而否认自己所享有的政治特权的借口——公民。都是公民,官员百姓一视同仁,政府不得干涉生活隐私,所以国家工作人员接受性服务属于生活作风问题,不算受贿;所以腐败的逻辑才能充当法治意识,成功地抵制修订《刑法》(见《性贿赂为什么不算贿赂》)。同理,官员兴讼告民,也不应有任何限制。因为案件当事人之间的言论纠纷,纯粹是民事关系,公民的名誉权而已。侵权标准和举证责任,当然也就无关公共福祉,与官员的权势地位、政治责任和职务行为的伦理意义风马牛不相及了(见《所多玛的末日》)。

明白了这一点,中国民法引进"公众人物"学说的困难所在就清楚了。不论立法司法,障碍都不在法律知识的匮乏或权利意识之不足。其直接原因,起于官员因特权身份和职务行为而承担的政治责任的淡化。但归根结蒂,却系于宪政理念的改造。要扭转这一局面,"官告民"的"宪法化"或是一途,虽然不可避免,那将是一场艰巨的社会政治生态的重建。这不是学者争论不休的《民法》起草问题,甚至也不是常在呼吁中的修宪问题;而是对公民参与公共辩论的政治和伦理意义的重新审视。其核心,则是言论,尤其批评言论的政治地位和宪法待遇、批评者及批评对象双方的政治责任的重建。一言以蔽之:宪政重建。

二零零三年一月

孔夫子享有名誉权否

孔夫子享有名誉权否？去年《K》案（陈小滢诉虹影等侵害先人名誉案）频频见报的时候，纽约《诗人与作家》（*Poets & Writers*）杂志一位编辑打电话来问我。她的逻辑是，在美国，诽谤死人可以不受法律追究，因为言论自由。中国奇怪，居然保护死人的名誉，一定十分压抑了。

中国有多压抑呢？我替她查了一下华盛顿大学的英文"中国法律网"。有一张帖子署名麻省中学历史教员，说曾在哈佛的校友通讯上读到台湾一件诽谤韩愈的案子，请求查证。这件案子不假，我以前见过台湾学者的报道，好像是七十年代的事：有人写文章考证，说韩昌黎之死与花柳病有关，因为他炼服的丹砂，唐人相信能够治疗性病，等等。昌黎先生的若干代传人告到法院，胜诉了。还有一张帖子说，孔夫子的哲裔在宝岛捍卫万世师表，也使用过"法律武器"。不知现在法律变了没有。在大陆，对死者名誉的司法保护似乎只及三代。最高人民法院发布的司法解释将此类案件的原告范围限定在死者的"近亲属"，包括配偶、父母、子女、兄弟姐妹、祖父母、外祖父母、孙子女、外孙子女(《关于审理名誉权案件若干问题的解答》,法发[1993]15号)。不久前发布的《关于确定民事侵权精神损害赔偿责任若干问题的解释》(法释[2001]7号),又重申了这一点。几件有名的案子,我在别处谈过,这里不赘(见《鲁迅肖像权问题》)。所以诽谤古人,包括大成至圣的孔子,秦皇那样的"英雄",康熙那样的"大帝",在大陆应该不至于吃名誉权官司。

接着查,就发现中国并不奇怪特殊。因为,印度也不许诽谤先人。《印度刑法典》第四百九十九条诠释之二:诋毁死者得以诽谤论罪,如果诋毁损及死者的名誉(假设死者仍旧在世),并且意图伤害死者家人或近亲属的感情。论者指出,此规定双重目的,既尊重死者的名誉(善良风俗),又维护死者家人与近亲属的感情(特定利益);但立脚点在后者。印度是兄弟邻邦,国情相似处多,有许多做法可供中国的立法和司法部门参考。其实,西洋古代也是不允许妄论先人的(de mortuis nil nisi bonum)。先人受辱,拔剑决斗,将自己和诋毁者的性命一块儿交给不收贿赂、绝对公正的上帝裁决,叫作神判(judicium Dei,参见拙著:《玻璃岛》,第187页以下)。美国过去"言论自由"还没有滥用,还不给八卦新闻、色情产业和焚烧国旗的示威者做挡箭牌时,法律对"抹黑死者"也要制裁。好些州的刑法将诽谤先人定为一项轻罪(misdemeanor,相对处刑监禁一年以上的重罪而言)。这些规定至今还在本本上,并未废除,只是碍于联邦最高法院扩大言论自由的判例,无法定罪了。

也是去年,有个美国女作家出书,声称侦破一桩"苏格兰场"(伦敦警察厅)百年疑案。洋洋洒洒,一口咬定,案中谋杀肢解多名妓女的连环杀手"撕人狂杰克"(Jack the Ripper),就是英国印象派画家西科特(Walter Sickert, 1860—1942)。理由是画家曾以妓女和

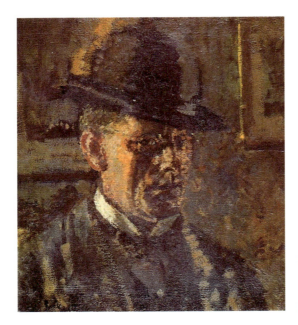

一口咬定,案中谋杀肢解多名妓女的连环杀手"撕人狂杰克"就是他。〔英〕西科特(1860—1942).《自画像》。

犯罪题材作画,据说小时候生殖器还做过瘘管手术,推定阳痿而产生变态心理(孔薇耳《凶手肖像》)。不料杀出一个"程咬金"打抱不平,乃是当年尼克松总统的法律顾问。顾问先生查阅了画家的传记资料,发现"撕人狂杰克"作案期间,即一八八八年秋,画家人在法国,有他的画作和亲友的信为证。遂认定女作家纯是臆测,血口喷人,不啻"谋杀肢解了画家的名誉"。但是美利坚法制不健全,被人钻空子诽谤死人赚钱,怎么办?顾问先生说,死者家属有两个办法。一是借助州法上的诽谤先人罪,打一种"隐含民事赔偿"的官司。就是请求法官在刑法受阻,受害人得不到救济时,追究加害人的民事赔偿责任;犹如某些证券欺诈案的做法,从刑事诉讼入手转求民

理由是画家曾以妓女和犯罪题材作画,据说小时候还做过瘘管手术,推定阳痿而产生变态心理。

〔英〕西科特(1860—1942):《荷兰女》。

事赔偿。至于诉讼的前提,即承认死者的名誉利益,法理上应无大问题。联邦最高法院已在一九九八年的"律师保密义务案"中确认(涉及克林顿夫妇的好友、自杀身亡的白宫法律顾问 Vincent Foster),人格利益包括名誉终止于自然人的死亡,为"不合理的假设"(*Swidler & Berlin v. U. S.*, No. 97—1192)。因此,如果律师得力,法官有见识,就完全可能闯出一条新路,补上法律的"漏洞"。二是"以其人之道还治其人之身",这个办法有英国一个先例。英国首相格莱斯顿(William Gladstone, 1809—1898)不仅是维多利亚朝自由党的巨擘,还是荷马史诗专家。去世后,日记陆续出版,内中有他关心救助妓女的记录。有作家撰文指首相看似道貌岸然,心里却充满罪恶,迷恋娼妓。英国和美国一样,法院不受理以诽谤死人为由提起的民事侵权之诉。首相的儿子告不了作家,便四处发信,谴责作家撒谎。作家不堪搅扰,起诉小格莱斯顿诽谤。小格莱斯顿作为被告,终于有机会上法庭证明父亲的清白,陪审团一致同意,判作家赔了堂费(CNN.com/FindLaw,2002.11.25 报道)。

美国在保护死者名誉方面的研究,最富创意的当数纽约 Fordham 大学法学院《知识产权、传媒及娱乐法学刊》卷九(1999)上一篇文章《让法庭还死者清白》。作者伊利亚米(Raymond Iryami)先生是该校毕业生。初入校时,有一本科同学不幸失踪,警察搜寻两个月才找到尸体,传媒群起炒作,不负责任地议论死者。伊利亚米先生发现法律居然不能保护去世同学的名誉,深受刺激,立志探索对策,花两年时间写出这篇文章。上述对付诋毁者的两个办法,便出自他的辛勤研究。

美国和中国,两边的法律在处理死者名誉的问题上,究竟谁更压抑呢?恐怕要看站在谁的利益立场上讲话了。

二零零三年一月

诽谤与创作

《K》案一审判决一出（长民初字第 127 号），传媒争相报道，却犯了两个常识性的错误。一是称被告"侵害先人名誉罪"成立，法院判令赔偿受害人精神抚慰金及经济损失费若干。不对。此案是民事侵权纠纷，不存在宣判被告有罪（或无罪）的问题。中国《刑法》只规定了侮辱罪、诽谤罪，没有"侵害先人名誉"的罪名（第二百四十六条）。二是说"这是国内首次由法院宣判的形式禁止小说出版销售"（《中华读书报》2002.12.11），仿佛长春市中级人民法院开了一个先例。也不对。依照《民法通则》的规定，侵权方（诽谤者）承担民事责任的方式（对受害人而言，则为民事救济的方式）包括停止侵害（第一百三十四条）。停止侵害在名誉权案件，通常便是由法院责令被告收回、销毁侵权作品或禁止继续发行。所以此案虽是轰动的新闻，在法律上并无新意。

不过，倘若诽谤者"手段恶劣，后果严重"，也可能触犯刑律。《刑法》上的诽谤案一般是"告诉的才处理"：被害人必须亲自向法院控告，法院才立案受理，归于刑事自诉案件（前不久《南方周末》

报道,兰考县书记兴讼,告上访农民诽谤,便是一例;见《县委书记的名誉权》)。换言之,法律允许双方私了,赔礼和解;这也是多数国家的政策,跟公诉案件不同。除非被害人受到强制、威吓,无法亲自起诉,做自诉人(《刑法》第九十八条);或者诽谤言论"严重危害社会秩序和国家利益",致使被害人精神失常甚至闹出人命;或者再中国特色一点,诽谤者竟然矛头指向某一级别的领导同志,在群众中间"造成恶劣影响"。一旦发生这样的恶性事件(过去叫"现行反革命"),检察院即可代表人民政府提起公诉(全国人大常委会法制工作委员会刑法室编:《中华人民共和国刑法释义》,第351页)。

作家、记者等因小说、报告文学诽谤他人(包括死者)而入罪,作品遭禁,案例不少。有名的如"唐敏诽谤案",还上了《最高人民法院公报》(2/1990),作为"典型案例"发布:福建女作家(被告人)在南京一文学月刊发表"中篇纪实小说"《太姥山妖氛》,用了自诉人已故丈夫的真名实姓、家庭住址和真实亲属关系称谓。"以社会上的谣传和捏造的事实",描写他生前担任民兵营长时,仗势欺人(妻舅是公社党委副书记),横行乡里,吊打村民,扫荡婚宴。死后变一匹牛犊,自诉人"对牛犊产生'恋情',忘却了人间羞辱"等等。法院试图调解(刑事自诉案件如民事案件,允许调解撤诉结案),但女作家"拒不认罪"。遂判决女作家有期徒刑一年,赔偿死者家属(自诉人)经济损失两千元。

文艺作品的出版审查,传统上属于政府主管部门的职权范围。比如认定淫秽或色情出版物的标准和鉴定权限,便由新闻出版署负责制定和解释。这制度本来是专为指令经济体制设计的;到了买卖书号出版发行二渠道三渠道、盗版充斥市场的今天,就不太灵光。也是法治社会来临的一个症状,越来越多的纠纷包括诽谤言论和作品的审查要交给法院处理。案例做成惯例,着力宣传一下,也就同"国际"亦即几个西方大国的做法接轨了。这一接轨,学者称为政法"范式"的转型,因为司法审查跟政府部门的出版审查相比,有几点关键的不同。比如新闻出版署认定淫秽作品,首先看"作品整体"及其对"普通人"的影响:"淫秽出版物是指在整体上宣扬淫秽行为……挑动人们的性欲,足以导致普通人腐化堕落,而又没有艺术价值或者科学价值的出版物"(《关于认定淫秽及色情出版物的暂行规定》第二条)。它关注的不是特定个人的权益可能受损,而是泛指的不论地点场合"一刀切"的公益道德。所以鉴定由经验丰富的"专家"组成"委员会"来做,它说了算;没听说作者、出版社申诉抗辩或者跟它打官司推翻决定的。司法审查,则取被动的姿态("不告不理"),另有一套判断标准和诉讼程序。一般情况,法院只就涉案作品的具体描写、虚构程度和社会影响等因素,让当事人举证质证,展开辩论,而不必鉴定整部作品是否淫秽,如《K》案所示。名誉权案件中所谓侵权行为、损害后果的认定,都是针对受害人(原告)而言,亦即衡量当事人双方的合法权益和行为责任的结果。判决之后,败诉方不服可以上诉,请求上级法院撤销一审判决。

于是,文艺诽谤案和名誉权诉讼在中国便有一种积极的意义:一种新的以公民权益(名誉、肖像、姓名、隐私、著作权、保密义务与契约责任等)为基础,兼顾公益道德的司法审查制度,逐步取代业已漏洞百出的出版审查。其核心,则是现代社会不可避免的多元化利益立场的冲突及其一时的均衡与消解(见《案子为什么难办》)。以此观之,从"唐敏案"到《K》案,局限就十分明显(所以我说无甚新意),因为诉讼中不允许被告作者和出版社以创作自由、出版自由的宪法权利为依据抗辩。《宪法》缺席,既对被告不利,也是对法院的约束。法院判决须避免引用宪法条款,免得演变成违宪审查,让法院对立法和行政机关说三道四,引起"三权分立"的疑虑。

但是创作自由和出版自由不仅是被告的宪法权利,更是我们每个人享有人格尊严的基本条件之一,故而关乎公众利益,是公共政策的基础。在此基础上,才谈得上"百家争鸣"繁荣文艺。法律问题,归根结蒂是政策问题——所以传统上美国选任法官,包括联邦最高法院的九位大法官,最重视的是政策立场,是否法学院毕业反而不是一项资格条件(艾伯拉罕:《司法程序》,第51页);不像中国的司法改革,老盯着法院干警学历证书的百分比做文章——作为政策,宪法权利应当得到充分尊重,以指导诉讼,不使司法审查偏离了方向。

那么,是不是作者、出版社有了宪法权利的政策保障就不用怕名誉权官司,就有把握胜诉了呢?不一定。道理很简单,别人的人格尊严、名誉隐私,也是宪法保障的权利。况且,回到《K》这一类作品,涉案色情描写是否属于受保护言论,因而可能有条件地豁免部分民事侵权责任,还需要通过诉讼建立认定标准。色情作品的艺术价值和侵权认定是个复杂的大题目,我们下一篇讨论。

二零零三年二月

小头一硬,大头着粪

这句东欧犹太人的依地语老话,我是听麦金农(Katharine MacKinnon)教授说的。她是美国女权主义法学的领军人物。耶鲁法学院校友日请她发言,她便把各路论敌,从"自由派大儒"德沃金到"保守派推事"波斯纳,"一锅煮"了。说在他们的眼里,受压迫女性永远只是一个抽象概念;雏妓卖春等于"表演服务",来自消费者的"内容选择";充斥性暴力的"毛片"是色情业者的"思想和感情表达",所以全都属于宪法保护的"言论",政府不得禁止。Wenn der putz stegt, ligt der seykhel in drerd,小头一硬,大头着粪;他们忘了性冲动怎么回事了。

听众哄堂大笑。笑声中她捋了捋金发,阳光穿透了彩绘玻璃,在哥特式讲堂里不停闪耀。

美国《宪法》第一修正案意义上的"言论"范畴甚宽。从文字图像音乐表演,到某些表达思想意见的行为,例如焚烧星条旗、十字架,都算"言论"。言论自由,便是色情业者诉讼抗辩、挑战禁令的一张王牌。联邦最高法院曾一再表述:"第一修正案之下不存在错误思想。意见无论看似多么可恶,也不能靠法官和陪审团的良心来纠正,要靠不同思想间的竞争"(大法官鲍威尔语,*Gertz v. Robert Welch, Inc.*, 418 U. S. 323 [1974])。但是麦金农不信这个。她说,色情文艺作为色情业的一翼不该受宪法保护,因为它不是"说"(言论),是"做"(行为);是压迫剥削妇女的血腥的暴力,是全球化拐卖经营榨取暴利的产业。如果那也叫"言论",那么种族隔离时代饭店、公厕、游泳池门口的招牌"Whites only"(白人专用),纳粹德国到处张贴的告示"Juden nicht erwuenscht"(犹太人免进),也都是"言论";不是吗,当年这些思想、意见和感情,通是受法律保护的(《言词而已》,第13页)!

波斯纳《性与理性》序言开宗明义,说有一个"迟来的发现":许多法官同仁对于"性",除了自己"正常"而有限、"恐怕不及[国人]平均水平"的性经验之外,几乎一无所知。于是担心,同仁们审判涉及性问题的案件时,为主流道德或个人偏见所俘。遂决意著书立说,阐明"性的经济学",重新划分包括色情文艺在内的性问题上的收益成本(《性与理性》,第1页)。相比之下,中国的法官(以及有份查处色情文艺的政府官员)的经验见闻,大概要广得多。身处全球数一数二规模的色情业包围之中,风纪惩戒和新闻监督难得一次,他们接触了解乃至亲历"性的百态"的机会,不知比美国的同行多到哪儿去了。

然而我总觉得波斯纳言重了。的确,美国的法官,尤其在联邦法院系统供职者,其任命都要经过严格的甄别审查;"生活作风"有问题的,自然不易"混入"法官队伍。上任之后,须保持廉洁奉公的形象。进酒吧或其他娱乐场所小酌,还得当心,以免被八卦记者偷

他们接触了解乃至亲历"性的百态"的机会,不知比美国的同行多到哪儿去了。

〔德〕柯奴父(1603—1655):《青楼乐》。

拍"爆料",炒作新闻,引起公众不必要的误解。但美国毕竟也是色情大国,从电视大奖"真人秀"到闭月羞花的汽车广告,哪一样不是色情文艺的最新变种?要想不听不看,除非躲到荒岛上去做鲁滨孙,那还真是没辙。所以我想他的本意,不是说同仁们没见识过"性的百态",而是指他们不谙原理,包括他的经济分析的原理。

简单说来,人的色欲(libido)的幻想源于性的禁忌(taboo)。禁忌发达到一定程度,仪式化法典化直至"圣化"了,色情文艺才有了成熟的土壤,色欲才找着"败坏"的对象。禁忌还辐射到"文明社会"的其他层面,例如服饰的潮流。大姑娘上街露肚脐眼,从前看成伤风败俗,红灯区的景象,现在却算作时髦大方;男人家图风凉脱个"膀爷",反而跟随地吐痰一样不文明了,说是奥运在即,有碍观瞻,要教育他晓得害臊,赶快穿上。禁忌也是公共道德和卫生习惯的基础。所以传统上,"文明社会"对犯禁的色情文艺及性行为、性关系的管制,大多是从道德与卫生立场出发的。认为色情书刊、电影、表演等等的功用,只在满足或迎合一部分人(其中男性居多)的生理需要或变态心理,犹如卢梭在《忏悔录》中坦白的那个"欺骗自然之危险补偿"(手淫),或者贾宝玉随同警幻仙子游历的"太虚幻境"。

历史上,色情大观园中各个场景基本上是对准男性的"偷窥"视角展露的;其取悦刺激而宣泄的主要是男性的色欲,包括他对精通"爱艺"(ars erotica)的"危险女性"的幻想。进入现代,尤其我们这个讲究科学追逐利润的时代,色情文艺的繁荣,首先要归功于产业化的操作。那些琳琅满目按季节推出,挑战(毋宁说是挑逗)宗教、道德和卫生禁忌的作品背后,多半连着一只市场策略的手,画的是"钱、权"二字的梦。于是色欲的幻想融入了资本的梦幻,成为支配人们思想意识的生产关系和权力关系的一个环节。因此,裸露在读者/观众/消费者面前的一具具"性感的肉体"(及代用品),就不仅是生理/心理需要的对象、禁忌的载体了;它们还是社会文化的构建,承运着微妙的权力关系。另一方面,受犹太/基督教传统的影响,肉体,特别是女人体,又被视为精神(又名"真理、拯救")的对立面或"他者"(读作"谬误、罪恶"),蕴含了复杂的象征与讽喻。所以,文艺创作若有意对支

人的色欲的幻想源于性的禁忌。
〔德〕巴东格林（1484—1545）:《悍妇驭夫，或菲丽丝与亚里斯多德》。

配我们社会的知识和权力关系作一探究，色情便免不了是一大主题和生动的素材：肉体仿佛又回到了中世纪，做了所谓人之"三欲"（libidines），即爱欲（amandi）、力欲（dominandi）和知欲（capiendi）的宿主，越来越频繁地为现代文艺所"赏识"（布鲁克斯：《身体活儿》，第10页）。正是在此意义上，福柯说，自十八世纪启蒙以降，现代西方的性话语，除了规训感官快乐之外，还是生产真理与谬误的场所，一种制作、掩藏和提取真理的灵巧手段(《性史》,第56页)。于是人本身,也跟着"色情化"了;人们的认知与观念如同情欲,须依存于"性感的肉体"才可以言说。

所以,我们不能把色情描写一概斥之为糟粕。其中也有少数富于思想和挑战主流的杰作;不然,一部《金瓶梅》就不可能吸引那么多学者(包括女性)的眼神和笔墨。色欲既然是人性的一部分,而人性必传之于文艺,色情文艺就很难避免,也消灭不完了。换言之,色情文艺的兴隆,除开商业利益驱动和业者营造的需求环境之外,还有人性本身的条件。也因为这个道理,古今中外成功管制色情文艺和色情业的例子不多;毛主席时代可算一个,但现在肯定做不到了。

我在前一篇"政法笔记"里说,起诉作家、出版社等等打名誉权官司,应允许被告以言论自由抗辩。言论自由是《宪法》对公民的允诺,也是"百家争鸣"的文艺方针的基础(见《诽谤与创作》)。色情文艺和色情业的管制,也有一个色情作家与业者的言论自由(以及相关消费者个人隐私)的标准和范围的界定问题。在诉讼和行政处罚案中引入言论自由、个人隐私这两项权利主张,并不等于色情文艺可以畅行无阻。因为色情文艺可能妨害或影响的个人及公众利益,大半也是受法律保护的。这就需要权衡利弊,辩论价值而作出选择。比如现代(城市工业文明)社会,为了保护未成年人的身心健康,通常都禁止直接向他们展示推销色情产品和服务。但成年人私下观赏交流色情作品,则属于个人隐私,政府不加干预,除非损及他人权益(如名誉权、肖像权)、有伤风化或扰乱社会秩序。虽然隐私权按照现行民法和司法解释,还没有从名誉权独立出来,更谈不上宪法地位,但尊重个人隐私已是公众日益认同的价值。不久前"夫妻看黄碟"被警察"惊扰"的事件,便引起了热烈讨论(《中国青年报》2002.11.6 报道)。同样,现在还不能依据《宪法》主张抗辩的言论自由,作为文艺方针早已深入人心;"浮现"于司法程序,成为"有牙齿"可诉讼的公民权利,应只是早晚的事。除开这一醒目的空缺,就人民法院编辑发布的案例来看,目前色情文艺管制在实务上的主要难点,是认定标准。

根据政府条例,色情作品的认定,首先以"淫秽"与否划界。出版审查部门对"淫秽"的定义是:"[作品]整体上宣扬淫秽行为……挑动人们的性欲,足以导致普通人腐化堕落,而又没有艺术价值或者科学价值"(新闻出版署《关于认定淫秽及色情出版物的暂行规定》第二条)。"足以导致"一语,表明立法者相信,阅读色情作品跟"腐化堕落"的生活方式包括性犯罪之间,是有因果关系的。这就顾及、回应了老百姓的看法:色情文艺腐蚀青少年,渲染性虐待和性犯罪。如今纲常倾圮,道德沦丧,社会上性暴力性犯罪成倍增长,政府必须狠狠打击。可是,"普通人"的色欲幻想常常是非逻辑、无意识的。"小头一硬大头入粪",不要说《花花公子》一类成人刊物,就是《圣经》故事,据说也不乏激发了性虐待"灵感"的例子(柔德:《说性》,第134页)。因此"足以导致"云云,宣示的是价值理念;就淫秽作品的构成要件而言,却是画蛇添足,给执法、司法工作徒增混乱(参较下文美国的司法审查标准)。标准不清,常人(包括作家、出版社)难以把握,近年来传媒报道和学者讨论色情文艺案件,便提出了专家鉴定的办法。

现代社会分工细密,是专业人士踊跃进言的时代。从推民房盖大楼到裁员工,都有专家论证。有时还通过大众传媒"作秀",热闹得好似娱乐节目。文艺作品如小说电影戏剧的评介,当然亦不例外。风气所及,以为法院审查色情作品也应该向专家求助,就再自然不过。可惜这是误解:法律上认定一作品淫秽或侵权与否,跟专家评论该作品的思想艺术是两码事。前者要回答的,如上文所说,是利益冲突和价值观的问题,故一般取决于普通人的常识判断;在美国,便是由本地居民组成的陪审团决定。后者即文艺批评,可以非常专业化,做成象牙塔里的学问、理论家之间的对话,老百姓听不懂,法官也无从采纳。法院不审理作家、作品的艺术成败。因为文学艺术包括色情作品的生命力或历史地位,归根结蒂,如英国十八世纪文豪约翰生博士所言,乃是时间即世世代代读者选择的结果(详见拙著:《木腿正义》,第18页)。这一结果,没有哪个专家可以打包票预测。事实上,越是专家,往往意见越是偏颇,标新立异,脱离大众趣味(否则他的专业知识就有与人雷同而平庸之嫌);同一部作品,专家之间的分歧要比常人大得多。

 这一点,对于色情作品或色情描写引发的名誉权纠纷也是适用的。根据最高人民法院审判委员会批准发布的典型案例,"所谓名誉,就公民来说,是指人们根据该公民的工作、生活、言论以及其他表现所形成的有关该公民品德、才干、声望、信用等方面的一定社会评价。所谓人格尊严,是指公民个人对于自己的社会地位和社会价值的自我认识和自我评价"("倪培璐、王颖诉中国国际贸易中心侵害名誉权纠纷案",《最高人民法院公报》1/1993;详见《腐败会不会成为权利》)。按照这个定义,色情描写是否淫秽而侵犯名誉、诽谤人格,就不能由专家鉴定,而要看当事人周围普通百姓的"社会评价"。至于区分作品中的事实与虚构,如被告的"事实真相"抗辩(描写符合真相,无恶意,不属诽谤),则需要调查证实;不是文艺理论、创作经验能够解答的问题。换言之,如果需要专家出庭作证,无论当事人邀请还是法院指定,目的也只是帮助说明普通人对色情描写的感受和对原告声誉的评价,而非征求专家自己的感受和评价。

不用专家鉴定而侧重"社会评价",还意味着,法院审理色情文艺案件,应基于本地的民情,不必设想一套全国统一的道德标准和风俗习惯。这正是美国联邦最高法院通过判例确认的所谓"当前社区标准"学说。该学说认为,政府部门能否认定一作品或表演"淫秽"(obscene),禁止传播,须以该作品/表演所影响的具体社区的道德标准、风俗习惯等来衡量。具体要件是:涉案作品/表演就其总体而言,(一)是否专门诉诸或引起"淫欲"(prurient interest),(二)是否以"显然令人厌恶"(patently offensive)的方式描写性行为,并且(三)"缺乏严肃的文艺、政治或科学价值,即不具社会价值"(*Miller v. California*, 413 U.S. 15 [1973])。上文引述的中国出版审查部门颁布的"淫秽"定义,基本照抄了这个标准,只是略去了"当前社区"的前提。这是因为政府部门的出版审查,关注的是作品对于不确定人群可能产生的不良影响;而法院处理的纠纷,总是因特定个人或团体的诉求而起的。

但是美国法院在实践中发现,"当前社区标准"也有漏洞。比如,引起"淫欲"和"显然令人厌恶"这两种感受,在一些陪审员的心里可能互相排斥(即刺激色欲的描写未必恼人),而他们没有意识到或不愿公开承认。况且涉案作品即使满足了这两项要件,第三项"不具社会价值"也难有统一严格的客观标准:究竟什么样的色情描写,才算"缺乏文艺、政治或科学价值"呢?更为严重的,还有学者指出的一个悖论,就是一社区内色情文艺越是泛滥,司空见惯,似乎该社区的"当前"标准就应当越加宽松:毕竟,当地居民对色情业的容忍和麻木的程度也是民情风貌(柔德:《说性》,第131页)。于是对色情业者来说,这个由联邦最高法院大法官们精心论证的司法审查标准,反而成了业者进军市场的激励机制:宣传、渗透、占领,让色情产品与服务充斥社区生活,使人们对之习以为常;这样,既营造了市场需求,又赢得了合法地位。

占领即是合法。色情文艺加盟现代色情业所得的奖赏之一,即享有明文规定的国家保护。

麦金农挑战色情文艺的"言论"资格,便是要打破色情业的国家保护状态。她取的学说,可叫作"平等保护优先",即要求法律改变立场,摆脱资本的控制,优先保护受害妇女和弱势群体的权益。在美国,"平等保护"是基于联邦《宪法》第十四修正案的原则,广泛用于反种族歧视的立法和诉讼,包括对煽动种族歧视和种族仇恨的言论的管制。该原则在法理上有实质和程序之分。程序上的平等保护,即我们讨论过的"法律面前人人平等"的程序正义的概念(见《正义的蒙眼布》)。实质上的平等保护,才是女权主义法学的理想目标。

实质平等无疑是挑战主流的价值选择;是站在受害妇女和弱势群体的立场上,揭示色情业及其同盟军色情文艺的社会、伦理和政治意义。今天的色情业,在资本全球市场准入(又名WTO)的法律框架下,早已不是传统社会那种边缘化或地下经营的小生产模式。借助高科技、互联网、国际拐卖走私洗钱集团和一切附庸利益的庞大的经济与政治资源,色情业每到一处,必占领市场,使之饱和;再收买权势,控制传媒,修订法例,取得合法地位。因此,容忍色情业泛滥,麻痹民众的道德和反抗意识,就不仅是对某些个人(被拐卖、诱骗、残害或诽谤者)的伤害,还是对全体妇女的歧视与压迫。而色情文艺既然每日每时在促进色情业的泛滥和"消费者社会"对泛滥的认可,色情书刊、影视和表演,就不可能是没有行为后果或后果不明的抽象的"言论"了。这些作品和表演不止诉诸"淫欲",通常还影响到思想性格和行为方式,包括暴力犯罪;其力量不在说理,而在刺激、暗示、潜移默化,培育一种贬低、敌视女性,对性暴力和性犯罪习以为常的态度。暴力是习得的行为方式。这一观察有社会学、心理学实验研究的支持,也符合人们的常识。所以在理论上,女权主义法学认为"当前社区标准"是头痛医头、脚痛医脚的无奈,或掩饰偏见与剥削的设计。真正可行的标准必须超出社区道德("淫欲"、"显然令人厌恶"),达到实质上的平等保护,即压抑资本和妇女解放。

这就要求法律区分"言论"的不同种类和宪法待遇。理论上这不难解释:大凡言论,必产生影响;不同种类的言论,受其影响、与之冲突的个人、团体及公众利益,所谓"反价值"(countervalues),也各不相似,不能一样对待(费思:《言论自由的讽刺》,第5页)。传统上,西方宪法理论和宪政设计(例如美国),是把政府官员推定为言论自由的大敌的,因为他们手中握有人民赋予的权力,是舆论监督的主要对象;并且假设,正确的思想能够在自由的意见表达和竞争中胜出,故政府不得钳制言论,如上引鲍威尔大法官的判词。但是,在"后现代"消费者社会,有能力影响、干预、主导言论市场的强者,除了政府,还有无孔不入的传媒、出版、娱乐、色情等强势产业集团。这些商界巨子利用言论自由拓展市场牟取利润,在威胁、伤害、剥夺公民权益的同时,还经常压制后者抗议的声音。有鉴于此,司法保护就应该适当地向弱势群体,尤其下层妇女和儿童倾斜。具体做法,可以参照为反对种族歧视而在若干领域(如升学、参军、就业)贯彻的"积极倾斜"的保护政策,在对色情业和色情文艺的斗争中,实行类似的倾斜法律保护:视具体个案的侵害情节,在权益平衡上,让积极的实质平等(压抑资本)原则优于消极的形式平等(言论自由)原则。

美国女权主义法学对言论自由和平等保护原则的批判重构,大致如此。反观中国与色情业、色情文艺的抗争,前路漫漫,不容乐观。但我想基本的矛盾和法律问题,已经在上述批判重构中了。

那个阳光璀璨的下午,一晃已有十一年之隔。演讲者朴素的言词,却是我三年法学院训练留存心中最鲜明的记忆:

"方向何在?"她捋一捋金发,"我们努力的方向,是要建立一个崭新的言论自由的模式,使言论自由的主张不再支持社会压迫,不再为保护纳粹、三K党和色情业者效力,不再代表金钱寡头说话……在这新模式里,[法律]原则将依据每个个体活生生的经验和历史,实质地而非抽象地界定自己。它不再视而不见,谁受到损害;它永远不会忘记,她们是谁"(《言词而已》,第109页)。

二零零三年七月

取名用生僻字该不该管

有条消息请大家注意：教育部国家语言文字工作委员会（简称"国家语委"）不久前启动一个"汉语人名规范系列项目"，其中主要一项"工程"叫作《人名规范用字表》。这份字表，国家语委已组织语言文字和公安户籍部门的专家研制，还准备"广泛征求社会各界的意见，然后按照法定程序，予以公布"（新浪网2003.6.3转载中国新闻网）。

老百姓给孩子取名，自古皇帝不管。怎么现在突然出了乱子，要"专家研制"了"纳入法制轨道"管起来呢？

原来是"有关专家"和"有识之士"的意见："长期以来，由于无法可依，人名用字毫无节制，字量无限扩大"——说的是起名改名用了几个电脑字库漏收的生僻字、异体字的现象——"愈演愈烈，给户籍管理、人事、银行、保险、交通等计算机终端处理带来很多不必要的麻烦"。因此呼吁，赶快立法，编一份法定字表，"实现人名用字定形、定音、定量、定序"。还有冠冕堂皇一条理由，说是《汉语大字典》收单字五万六千，但专家发现，三千五百个常用字就足以覆盖

99.48%的现代出版物用字。例如《毛选》雄文四卷,单字不过二千九百八十一个。一九八八年,国家语委与二炮二所合作,曾就十四省市人口普查资料抽样选取五十七万条姓名,共录得四千一百四十一个人名用字,其中一千五百零五字覆盖了99%的姓名,余下二千六百三十六字,仅为抽样人口的1%所使用。而这一批"生僻"人名用字当中,超出《信息交换用汉字编码字符集/基本集》国家普通级字库标准(六千七百六十三单字)的,有五百多字,使用者不足抽样人口的0.1%。结论:"为极少数人使用生僻字的需要去无限增大字库,是一种资源浪费"(同上)。眼光远大一点的,更进一步指出,用生僻字、异体字起名"违反了信息社会简捷、便利的特征,已经成为城市信息化进程中的瓶颈"(新浪网2003.5.29转载新华网)。

我差点儿笑出声来。

明明是电脑字库太小,不好使,劳累了我们的公务员,是软件设计或采购失误的问题;却说是老百姓取错了名,浪费资源,要立法"调整",不许从《康熙字典》里挑字。倘若是禁止生造汉字,还有些道理(但也要允许例外,如先锋味儿的书法艺术,否则那帮在女模特身上挥毫作画的艺术家都一窝蜂造字犯禁去了)。可是官方或学术字典收录的字也不让用,就有一个干涉公民起名自由的法律问题。不是说人名用字绝对不可受限制,而是要看为什么目的,保护谁的利益。字库小了,想办法改进造字功能或扩充字库就是,顶多不过《康熙字典》、《汉语大字典》的规模,不是什么难事。"常用字"云云,指的是老百姓日常读书看报开会学习的标准,跟专门登记公民姓名、办理身份证件的政府机关的字库标准不可同日而语,怎么能混为一谈?用了电脑,反而不会办公了。正好应了一句美国笑话:发明电脑的目的,就是要解决电脑带来的麻烦。作为民主宪政的一项原则,政府部门不能以设备不良、办公不便为由,要求老百姓(无论人数多寡)放弃历来享有的权利。再说少数生僻字、异体字也可能变得常用。例如朱总理的名字,双名第一字,很多中文软件字库里都没有,所以网上常用括号[金容]表示。此字一般字典列为"熔"的异体字,本义"铸器之模范"或"钱模";王力先生归于"融"的同源字,依先秦古韵,侵东通转(《同源字典》,第613页)。普通级字库固然不收,近年来却是使用频率极高的字。要是有人用它取了名字到户籍部门登记,即使电脑无法输入,也不能说是生僻字,怪罪申请人是什么"瓶颈"。

世界上立法规范人名用字的国家不多,北欧(瑞典、丹麦、挪威、冰岛、芬兰)为一例外。不过他们的立法目的,不是为了将就电脑、方便管理或节省资源。我以前学习古冰岛语(即记录古代北欧传奇的文字)的班上,有个瑞典同学跟我讨论过这个问题。拼音文字有个特点,容易吸收外来语。北欧诸国非常看重本民族的姓名传统,有意抵制新潮或强势的洋名"入侵",政府便制订了人名词表。可是传统名字数目有限,选择范围小,容易同名同姓。所以事实上,瑞典等国对于不在词表上的德国(日耳曼族)名字,是网开一面的。除了抵制洋名,政府部门还可出于维护孩子切身利益的考虑,例如名字古怪、容易引起争议而导致本人生活不便,拒绝登记,要求改名。这一以民为本、珍视传统的立法和行政方针,国家语委的官员和专家们或可参考、深思。

国家的语言文字政策,包括语文的规范标准,最好以倡导为主。语言文字的使用有点像穿着打扮,跟人们的习惯、个性和风气有关。随便上哪家BBS访问一下,就晓得新生"网虫"一代亦即人类的语言活力,从来是不懂"法制轨道"的。例如推广普通话,确是造福人民生活和便利族群交往的好事;语言不通,可谓中国建设"信息社会"的第一大"瓶颈"。但是,《国家通用语言文字法》(二零零一年元旦实施)仅规定普通话为机关公务和学校教育用语(第九、十条);服务行业说普通话,就只是"提倡"而已(第十三条)。为什么呢?因为不会说的人实在太多,法不责众。实际在不少地方,官员办公、老师上课,也往往一口方言,置国法于不顾。该法还规定,公民遇上违法说方言的情况,可以提出批评和建议。"有关单位应当对直接责任人员进行批评教育;拒不改正的,由有关单位作出处理"(第二十六条)。好像真的会分清责任批评教育似的。再比如领导人题词写繁体字、异体字的问题。这些题词大多称不上书法作品(豁免规范),却是要悬挂在公共场所,展现在大众传媒的。为什么不写简体字?因为是个人书写习惯,难改。共产党的传统从毛主席开始,领导人题词不许秘书或外人代笔,亦不钤私人印章,以杜绝旧社会官场附庸风雅的陋习。故各级领导无论书法修养高低,皆亲自提笔。如此,求字的单位和个人一多,就不能勉为其难,要求领导同志写简体字了。所以法律适可而止,规定"题词和招牌"可以使用繁体字和异体字(第十七条),即领导同志不必以身作则,写简体字。

取名不用生僻字和异体字的问题,也是倡导为主、不立法管制的好,即便爱起怪名字的只占人口的0.1%。读者或许会问,反正只是极少数人的愿望或癖好,管一管有什么关系?立法对于政府,毕竟是成本最低的选择。而且已有论者指出,法律本本上并无规定公民享有自由起名的权利。政府为何不能规范或取消人名用字的自由?

这个说法不妥。为了某些基本宪政原则、重大紧急的公众利益,政府当然可以限制公民依惯例、习俗而享有的自由或权利。事实上也向来如此,"非典"期间,疫区的隔离措施即一例。但是,政府之能够规范或取消公民的一些自由,并非因为那些自由未列入《宪法》或法典条例;而是因为面对重大紧急的危害,利益平衡之下,不得不牺牲一些个人自由。须知我们日常生活中行使的大多数自由,都不是《宪法》或法典条例的恩赐。早在宪法和西方式法治舶来中国之前,这些自由就"天经地义"是中国人生活方式和理想价值的一部分了,例如取名择字的自由。一个民族的生活惯例和习俗,可以说是一种跟成文法"赋予"的权利相对的衡平法上的权利。亚里士多德说过,衡平的正义(epieikes)来自惯例,是高于成文法的正义。因为惯例"源于自然"(kata physin),是自然的正义,故而作为行动指南,比起那些不时修订废止的法条来,更为经久可靠(《修辞学》1:13)。立法干涉破坏这样的生活惯例,结果很可能是恶法。"恶法非法"(lex injusta non est lex),公民无信守之义务,诚如圣奥古斯丁(354—430)所言。由此演变出后世天赋人权、理性至上的信条(芬尼斯:《自然法与自然权利》,第363页以下)。所以,我们在理论和实践上,都不能把公民权利狭隘地理解成法律本本包括《宪法》的规定。

所以上文才说,政府立法移风易俗,必须基于民主宪政的原则,维护重大紧急的公众利益。例如解放后废除纳妾和多妻制婚姻,就是为了实现解放妇女、男女平等的理想目标,而非某种经济效益核算的结论。再如男风和同性恋,中国古代如同多数传统社会,是不禁的,因为跟多妻制的道德观和财产制度并无冲突(参见霭理士:《性心理学》,第357页以下及潘光旦注)。近世西俗东渐,"馀桃断袖"之癖才在知识精英的眼里显得病态邪恶而少有公开活动了。但民众的态度仍比西方的犹太/基督教传统要宽容得多;没有来自民间的压力,加之奉为楷模的西方传统道德也衰落了,所以现行法律并不干预。

现代法治一个起码的要求,即政府尽量少干涉公民私生活的自由,包括以多数人的名义限制少数人的自由。少干涉,便意味着多尊重民间惯例和民族传统。汉族取名既然历来自由,允许用冷僻字、异体字,如果未妨害重大紧急的公众利益,就没有必要管它。那么,要不要规范汉语姓名的其他方面呢?比如能不能取洋名?我看也应该慎重。香港、台湾等地,有些妇女婚后在自己的姓前面冠以丈夫的姓,仿佛双姓。这是西俗;中国人的传统是女婚不易姓。汉末蔡文姬(琰)初嫁卫仲道,后归匈奴左贤王,曹操以金璧赎归,再嫁董祀,都不改姓。宋朝李清照(易安居士)嫁赵明诚,亦不添姓。《红楼梦》里,凤姐嫁到贾家,也不称贾王熙凤。但是,现在既然已有部分妇女从了西俗,婚后冠以夫姓,政府也应当尊重,不能以管理不便或浪费资源为由禁止。因为这是已成民间惯例的个人自由,丝毫不影响妇女权利、婚姻自由或任何公众利益。

总之,人民政府的宗旨是为人民服务,随时随地把群众的利益放在首位,包括老百姓取名择字的自由和各种"怪想头",如希望名字与众不同、显露个性、讨个好口彩之类。这些正当利益即使只涉及极少数人,政府也必须维护。投资更新设备、提高工作效率、不随便立法扰民,本是各级机关的责任。不能借口信息化法制化,动辄限制人民的权利。在怀孕生育业已不得不落入公家事务的时代,孩子起名再要立法规范,尤其应当慎重。

其实,不规范人名用字,老百姓也不会"毫无节制",怪名字越取越多。道理很简单,也是"有识之士"说的:孩子起了怪名字,除了登记姓名时会给政府部门添麻烦,更经常的,还是难为了孩子自己。我就教过几个名字略为生僻的学生，老是被人叫错，久而久之，他们只好将错就错答应了，当作绰号。有一个后来还把名字改了。这也就是为什么，根据前述抽样统计，只有不足0.1%的人名用字超出了普通级字库的范围。人数那么有限，可见并未给有关部门增加多少工作量。据报道，"专家研制"中的《人名规范用字表》"包括三级文字"，单字总数将近一万二千，"大大超过"普通级字库的标准，"足以满足人名用字的需要"（《成都商报》2003.5.28）。既然已经"大大超过"而且力求"满足需要"，何妨再完善一步，把《康熙字典》、《汉语大字典》一网打尽，一劳永逸解决问题？

二零零三年六月

葛流帕福音

——电邮五通

(九三年十一月)

仁卿如晤：

　　今日感恩节，到港大已逾三月。昨晚备下学期课，读一案例，事涉圣杯传说，颇有趣。躺下忽然想到，拿它作小说如何，竟兴奋得睡不着了。起床草就两段，抄给你看，一笑。

　　话说英格兰南部格拉斯顿伯利(Glastonbury)地方，有一片古寺废墟。古寺的历史可上溯到罗马时代，创始人相传即那位收殓耶稣遗体的善人约瑟。约瑟从耶路撒冷来的时候，随身带了救世主用过的一只酒杯，就是他被捕前与十二门徒共进逾越节晚餐，举在手里说"这是我的血"，印证上帝与人立新约的圣杯。约瑟死后，圣杯就匿了踪影。据说，只有心中从未生过一丝淫念的处子，方能看见："见杯者得与主同在，享永恒的福。"

一九二五年,当地一女子自称善与神灵沟通。她得知废墟的这段因缘,有心要揭开圣杯的奥秘,约了两个朋友一同做降神会。不料善人没有请来,女巫的灵魂却脱了躯壳,径直飞到耶稣一个弟子葛流帕的脚下。正待解释,圣人道:你不认识我,我却知道你。来得正是时候,你替我接着传道吧!女巫慌忙提笔记录。友人在旁,只见她双目紧闭,飞也似的写去,末了大叫一声,扔了笔倒在地下。把纸捡拢来看,一张张写的全是古体英文,题作《葛流帕福音》。三人惊诧不已。一友人征得女巫同意,把《福音》带回家去研读。心想:这是天上圣人传世的文字,我好好整理了加上注释出版,岂不功德无量?于是便动手干起来。没想到女巫不愿出版,两人因此争执不休。后来,女巫干脆一纸诉状递进法院,要求宣告自己为《福音》的唯一作者及版权所有人。案件呈交伦敦(高等法院)大法官法庭伊夫大人主审。大人听罢两造诉辩和证人证言,心里暗暗称奇。几番斟酌,挥笔写下一篇现在成了知识产权法经典的判决书,大意如下(*Cummins v. Bond*,[1927] 1 Ch 167;讨论合约的部分从略):

> 本案两造争执的焦点,是《福音》的版权归属。依照版权法原则,若无相反规定或证据,作者即自己作品的版权所有人。故单就现世而言,作者可推定为原告(女巫),因为系争作品原稿所载,无一字不是她的手笔。但两造及证人均确信,此卷《福音》实出自去了另一世界的某圣人之口。本官当然不可质疑这一信念之真诚。问题是圣人向后世传言,须通过中介或代理人,方可将他的教导翻译成今人能懂的文字并及时录下。而原告主张,被告亦承认,女巫便是此合格代理人,尽管她清醒时对圣人的古语

当地一女子自称善与神灵沟通,约了两个朋友一同做降神会。
〔德〕巴东格林(1484—1545):《女巫节》。

一窍不通。如此,原告与那一千九百年前辞世者,似乎该是合著者了。但本官自觉无能力作此宣告。圣人所在的天域不属本院管辖。本官调查作者身份,只限于《福音》降世之时已在现世居住的人士,并且其身份资格能够合理设定,符合现行英国《版权法》之立法意图。被告辩称:即便如此,原告充其量只可算《福音》创作中一必要因素。若作者限于现世居民,则被告(整理者)与原告(记录者)应同为合著者,共享版权。否则,《福音》就不该受版权保护,因为作品既然源自另一世界,原告便只是接通两个世界的管道,而非原创作者。本官认为,被告此说不当。原告所为,非止转抄听写一技。何况被告促请本官支持的结论,实际是把作者身份及版权一并归了早已定居彼岸的某人。那人的存在与身份,自有方家定夺。本官只管现世之人、尘寰之事。据此判决:

原告之诉成立,版权及作品原稿均属原告。诉讼费被告承担。

等等等等。你觉得怎样?

此案另有一处巧合。大人名伊夫(Eve),即英文之夏娃,第一个食禁果知羞耻辨是非,被耶和华诅咒的人。基督教教义称之为原罪。今"夏娃"戴假发执法槌,法律必定已是不信原罪的了。原罪若不能成立,人的犯罪须另寻根源,重新解释,则福音书的历史和伦理地位包括传道者的身份意图也可以质疑了。[下略]

(九四年一月)

仁卿如见:

电邮两封收悉。今早"上堂"讲《葛流帕福音》案。学生发言不如预期的踊跃。午饭与几位洋人同事共进,说起此事,都归咎于填鸭式教育和英语水平下降:"九七"逼近,心态大变。传言将来商业文书、法庭辩论都用中文,所以学生不肯在英语上用功了。还说,现在连公司文秘、豪宅门房都在学习普通话。有北京移民来的钢琴名师,放弃家教,干脆来港大贴条子收学生教普通话发财了。

(同日)

还有一个笑话,说给你听。学期才开始,教务处已经在催我们出考题了。原来这里每门课皆聘一"校外考官"(external examiner),多是英国的教授。考题拟定了,先寄去他那里审阅,批准了才可呈交大学统一打印。考卷评分,首先同事间互相"校对",再寄外国审核,最后全体教员开会,一门门讨论通过,才算正式登记。去年刚开始玩这空手道的时候,颇为港大鸣不平。到中文大学云君那里参观,他们听了也很吃惊。后来玩过一道才晓得奥妙:校外考官都是些老交情,除了酬金,其中一位"主考"还可以公家花钱请来香港参加我们的评分会和俱乐部饭局,他哪里会为难我们!不过最大的好处还是,学生如果对考试成绩有意见:对不起,你找谁?本系成绩一律经过校外考官匿名审核,不会错也不能改,哈哈!所以这事虽然荒谬,还不能公开批评。待"九七"以后,我提议从北大聘一个教授当校外主考,替公家省钱,看他们如何反应。说不定一听"北京表叔"要来,吓得把这空手道给废了!

(续前)

你问为什么学生发言少?我想,教材案例来自英国,跟他们日常生活经验距离太远,应是主要的原因。不能全怪教学法和英语水平。实际上,港大法律系招生英语分全港第一,部分学生还是从温哥华、三藩市等地回流的。也可能,我的要求偏高了。比如我问:本案两造均同意,法官亦不质疑,《福音》是那"与主同在,享永恒的福"的葛流帕传世的。这跟过了版权保护期（作者生命加五十年）的著作如《红楼梦》的情况不同。如此，《福音》版权不属圣人而归女巫的判决,需要什么学说支持？体现了什么政策？即要求讨论法律的程序正义与宗教信仰的渊源与冲突关系。这超出了他们平时的训练和期待,点名回答,就呆住了。而且我没想到,很多学生没听说过《红楼梦》。

此案若拿到国内讲,可能反而简单。因为在无神论立场看来,降神会无疑是"封建迷信"、骗人把戏。试想人民法院如果碰上这种案子,该怎样教育当事人和受蒙蔽群众。稍加对比,便可看出伊夫奉行的自我约束司法权力的"俭省司法"原则。他巧妙回避的,正是人民法院积极处理的"迷信"思想。因为在宗教自由的宪法原则之下,如康德所言,法律只可规范作为公共机构的教会的活动,而不得干涉公民的宗教信仰。因为后者是内心的感情与信念,在政府权力的管辖范围之外。而且,国家对教会的规范在康德看来应该是消极的,即教会活动只要不影响公民生活安宁、社会秩序等公私权益即受保护（见莫理斯编:《法哲学选读》,第257页）。那么,法院能否实质性地尊重当事人的信仰,应其请求,按照法律程序调查取证,例如作品如何来世,谁的中介,有无授权;待水落石出,然后裁断版权的归属呢？也不行。因为宗教经验,包括巫术异端,不是通过司法程序和逻辑推理可以验证的客观事实。一个人经历而确信的神的启示,对于另一个人很可能是无法理喻的荒诞。虽然理性不难证伪一个个具体的神迹和预言,信仰却不需要理性的支持和证明,因它是"惟其不可能,所以我信"（credo quia impossibile）那样一种内心的确认。所以,法律不直接审判信仰,不仅是公民社会的政治基础（宪政原则）;在程序上,法律作为大写的理性之正义（或蒙眼的正义），也应尽量避免卷入宗教争纷。"俭省司法"非但是消极的程序技术，还具有积极维护公民信仰自由的实质正义的功能。

(九七年九月)

仁卿如面：

暑假归来，换了国旗，其他无甚变化。上次"打的"去机场，司机问，回归以后该不会改成车辆右行吧？我说不会。他十分当真地点了点头。

昨天意外，发现一个人才。第一课照例讲《葛流帕福音》，那几个拿A的女生轮流提问发言。临下课，却有一男生举手，说"俭省司法"其实也是伸张一种信仰，只不过跟宗教精神是相悖的。有人忽然笑出声来，他就发窘住了口。课后请他到办公室谈，问他们笑什么。他说，笑他的英文绰号："圣人"。我看他瘦脸一张，手指细长，眼镜片没擦干净，眼球微突，说话慢条斯理，心里也笑了。问了他的大名和班级才想起来，放假前有位英国同事找我"求救"：她招了一个研究生十分古怪，论文执意要写轮回报应和犯罪成因。实在没法沟通，请我做思想工作，劝他改题——原来是这个"圣人"。便问他论文作什么题目。

他说论文题目和灵魂不死，轮回转世，修行成佛的学说有关，所以刚才课上想到了法律跟宗教的矛盾。

我说我不信佛。但"诸性无常，诸法无我，涅槃寂静，一切皆苦"，所谓佛家"四法印"和"诸法皆由因缘而起"，我的理解，跟社会学意义上的犯罪成因，不是一种可通约、兼容、互明的关系。接受"十二因缘"和"过去现在未来三世二重因果轮回"的学说，必然排斥犯罪学研究的方法。你准备怎么做？

"可是老师说过,现代法治不可能脱离宣传教化而有效实施呀,"他激动起来。从双肩书包里拿出一个本子翻给我看,是些劳改理论的笔记:"区别对待、给出路,惩罚管制与思想改造相结合,劳动生产与政治教育相结合,[刑满释放人员]安置与帮教相结合"(《劳动改造条例》第四条),这个政策本身没错。但光靠政策,法治还不能实现,因为法治不是中国本土的传统,不能直接用来教化人民;佛教的轮回报应学说才是真正能够深入人心、普施教化的信仰!

这话有一定的道理。惩、教原是法治的二柄,中西略同。例如柏拉图所谓法(nomos),是支配万物的神格化或"大写"的理(nous)或"理之布施"(nou dianome)。为培育城邦(理想国)公民遵从法律的习惯,司法与施教是不分界限的。柏拉图还在《法律篇》中借"雅典客人"之口说,人是可以驯良、高贵近乎神的物种;但如果缺乏教化,不加节制,他会变得比野兽还要疯狂卑贱(卷六)。因此法律不能只是些条款的堆砌,赤裸裸的禁令;每件法令都应当冠一长序,对民众说理。只有理、威并重,教化当先,无文化教养的"愚民"才会变得温顺听话(eumenos),自愿服从法律(卷四)。

因此我向"圣人"建议,若将轮回报应放在法治二柄的历史框架中,或可一试。并要他读一读张中晓《无梦楼随笔》。张氏落难之后,对人兽之别和教化之威深有感触。去世前所作"检查"中有一段尤其感人:"上海公安局人员……看了我的检查说:'在这段长时期内,由于你生活遭到困难,对政府仇恨也是自然的,你自己说出来,政府也不会加你的罪。'当时我听了,心里极大震动"——因为他意识到"组织上始终保存我的肉体"的目的,不仅是"给出路";更重要的,是改造思想(第152页)。张贤亮《我的菩提树》注释劳改日记亦有类似描

写,都是教化对象的自白。[下略]

(九九年二月)

仁卿如晤:

今天春节,楼里只见两三个洋人同事,互道了"恭喜发财"。昨晚电话中只顾谈某君论文了,忘记告诉你:"圣人"的论文不幸被法学院学位委员会否了,限期重新提交。理由是论题及方法不合国际学术规范。据说他想不通,到处申诉告状,语无伦次如同疯了一般。但我没有见到。学位委员会认为,我们不是神学院;轮回报应超出了法学的分野,让他重新提交,已经非常照顾了。

此事殊觉惋惜。我是委员会中唯一了解他的想法的,却无力支持。现在经济不好,财政赤字,教育首当其冲。年年砍经费,搞什么"竞争性拨款",逼迫各大学各系科狗咬狗、窝里斗。所以我们只可搞"短平快、假大空"的项目,比如花大钱请洋教授装门面(校长有言,最好是诺贝尔奖得主)、举办国际会议、编造统计数字,跟五八年大炼钢铁差不多。研究生奖学金从经费中出,故论文绝对不能出格创新,免得授人把柄,影响我们上报的数字。他这篇论文要不是太出格,恐怕就一致通过了。

但是刨根问底,应该还有法治本身的限制与要求。或可这么理解:

法治不仅是规范社会关系、掩饰社会矛盾的权利话语,还是一"理性王国"的意识形态。其信念及习惯上的基础和功用,是以法盲和异端的划分为界的。故在法治面前,宗教经验跟疯狂一样,属于非理性、反理智的领域,司法的正义不必考虑。这跟古代社会刚好相反。苏格拉底说,理智是人的品性;疯狂(mania)却是神对灵魂

理智是人的品性；疯狂却是神对灵魂的恩赐。〔西〕戈雅（1746—1828）：《理智睡着魔鬼出》。

的恩赐，使之充满爱情、诗歌或预卜未来的灵感（柏拉图《费德罗篇》244）。古人质朴，可以求法于天籁，例如在宙斯的神庙（Dodona）里，聆听橡树和石头说话（同上，275）。现代社会则颠倒过来，橡树、石头不再说话。宗教经验被贬为神话/童话或心理疾病的类别，排斥在立法和司法程序之外。法律与宗教之间非但没有了共同语言，法律干脆压制了宗教的语言。一开始，这压制采取直接剥夺说话权利的方式,即暴力的强制的教化或劳改。但现在,暴力在一般情况下已非必要;从前算作非法的宗教经验和巫术异端,如今在法律看来,只是观察、诊断、禁闭、治疗的对象了(福柯:《疯史》,第252页)。于是法律取代了神的权威,上升为信仰,变成一切经验包括非理性经验的是非的唯一裁判,即所有接受裁判(宣布合法)的宗教赖以存在而不受干扰的前提条件(又名宗教自由)。故现代法治本质上是无神论的,而法学院是法治大厦的一块台阶。培根谓,无神论使人注重理智的经验并依赖法律(《论迷信》)。所以,法学院的训练和法学研究的方法贬低、拒斥宗教信仰,包括佛教的轮回转世说,是必然的。

(九九年六月)

仁卿如握:

考卷全部改完。机票已确认。昨天下午,法学院同事在教员酒吧为我开了欢送会。回到办公室,你猜谁守在门口?"圣人"!似乎更瘦了,但说话并无条理混乱的迹象。以为他要谈论文,让他坐了,他竟一句未提(大约知道我已辞职,帮不了他)。拉开书包取出一部相册,请我浏览。原来是他在内地旅行拍的照片,从海南岛的旭日渔舟到云冈石窟的大佛、天山脚下的牧场。也有些人物肖像,有一个他说是已经分手的女友,色彩布局颇有艺术趣味。我说:这些地方我年轻时去过,今天看你的照片,好比故地重游,太谢谢了!他一一解说,细节之丰富准确,令人惊讶。临走,突然问道:那一卷《葛流帕福音》,后来出版了没有?我说,让法律归法律,信仰归信仰吧(da fidei quae fidei sunt)!他说:这个我懂。便不再说话了。

港大六年,我教过的学生当中,还少有比他聪颖而持独立见解

吃晚饭的时候,他拿起一块饼,掰开分给他们。
〔意〕卡拉瓦乔(1571—1610):《艾马坞晚餐》。

的。也许他应该换个专业。但是我还有一大堆事情等着要办,不能细谈。便合上相册,把葛流帕的出处和两三种参考文献写给他了。他起身道:一定好好学习。握手时,他的手凉凉的——想再安慰他一句,没能说出口来。[下略]

注:葛流帕(Cleopas,旧译革流巴),一说即《约翰福音》所载(19:25),耶稣受难之日,十字架下圣母身旁,第二位玛丽的丈夫(Maria he tou Clopa)。教会认其为殉道圣徒(九月廿五日纪念),所本不详。事迹仅见于《路加福音》(24:13以下):

> 耶稣受难后第三天,有两个弟子走去耶路撒冷西边二十来里路外一个村子艾马坞(Emmaus,旧译以马忤斯)。走到半路,有人赶来与他们同行,问他们在谈论什么。他们便站下了,垂头哀伤不已。其中一个名叫葛流帕的抬起头来,道:那么你肯定是耶路撒冷最闭塞的客人了,连耶稣的事情都不知道。我们认他作先知,盼他拯救以色列,可祭司和长老们竟把他害了!不过今天早晨天使显灵,告诉我们的女人,耶稣复活了。有人去墓穴看,却连遗体也没有见着!
>
> 那人听了,叹道:真蠢哪!先知们说过的话,为什么迟迟不肯相信?难道基督不是要先经历这一切,才进入荣耀的?接着,他把经书里关于救世主的记载,从摩西和众先知开始,给葛流帕他们一一解释。走到艾马坞,天色已晦,那人还要继续赶路。葛流帕恳请留宿,他便同意了。吃晚饭的时候,他拿起一块饼,掰开分给他们。弟子的眼睛忽

然开了:耶稣!可是耶稣已经不见了。

  葛流帕激动万分:方才他同我们说话,给我们解释经书的时候,我们的心不是如火一样在燃烧吗?他们不敢睡觉了。立即动身,连夜赶回耶路撒冷,宣告救世主复活的福音。

二零零三年七月

法学院往何处去

自从文革结束,重建法学,转眼四分之一个世纪过去了。成就不可谓不大。不必一一列举,诸位今天坐在明理楼(清华法学院)这间教室里听课,学杂费是四分之一世纪前我进大学时无法想象的"天价",即是证明。但是,法律教育在高速增长、成功竞争资源(生源师源、优惠政策、国家与社会资金等等)之时,也产生不少问题。比如学术腐败,网上经常揭露,教授学生都有份,形象受了影响。从前我给中国学生写推荐信,说他的学习能力、性格特长之类就行了。现在首先强调一条,该生道德操守如何。为什么?因为美国大学的招生办都知道,中国学生寄来的材料,推荐信有时候是自撰的,成绩单和学位证书也有假的。他们怕了。所以推荐人必须声明自己与申请人的关系,了解的程度,最好还举出实例,说明德智体的"德"怎么样,让人家放心,然后才评价其他方面。教育是一门基于信誉的产业,信誉受损,成本就涨,而且摊在每个受教育者的头上。

病根在哪儿呢?当然不怪学生,也不全怪法学院;是大学本身出了乱子。

关于大学改革,这两年讨论很多也很热闹,各种各样的方案,还请了专家论证。但我看根子就一条:大学无自治。大学自治即教授自治,主理大学事务,不做主管部门的小媳妇,直接对纳税人及其民意代表负责(就公立大学而言)。改革开放迄今,大学是一只死角。缺乏自治,学术独立便难有制度上的保障,大学极易沦为主管部门、校内外权势和钻营者各种名目下的牺牲,例如滥发文凭、盲目合并、挂靠公司、招引洋野鸡大学合作办班之类。这局面一天不变,中国的大学就没有重上正轨的希望。但是现实地看,这一条一时还实现不了:牵扯的既得利益太大。所以一切改革(不算那些借改革之名牟利分赃的腐败),无非两条出路:一是从外围入手,从容易做能够做的地方做起,切实维护全体师生的利益,逐步推动自治;二是继续"世界一流大学"的黄粱梦,邯郸学步照搬一些洋指标,聘请几个洋"大师",直至无钱可烧,闹剧结束。实际上,中国人办大学是很有经验的。上世纪三十年代,先贤们就已经办成功了一批名副其实的一流大学,老清华即其中之一;抗战中北大清华南开三校南迁昆明组建西南联大,是另一例。两代人之隔,现在同那时相比,差距多大?恰逢跑博士点的季节,你们到附近的宾馆饭店去转转,数一数就知道了。有多少支外地院校专程来北京"跑点"的队伍?他们准备"搞掂"多少关系、撒多少钱?所以我说,百年大学百年学术,今日最愧对先贤。

以上是我们这一节课的背景。下面我讲三个问题:法学院的定位、法学本科要不要办、写论文如何提问。

一、法学院的定位

历史地看,法学院的功用大抵有三:首先是培育法律人才。现代(城市工业文明)社会是"法治化"管理的,政府机构、公司社团和私人业务,为日常运作或处理纠纷,需要聘用大量通晓法律的专业人士。这些人才的培育,在多数国家,便由法律系或法学院承担。其次,是供养/雇佣一批学者,让他们通过课堂教学和著书立说,阐明法律的原理。现代国家的立法多半是政治妥协的产物,要专家学者分析注释了,原本矛盾百出的法条语言才可以做成一个看似完整的规则体系,号称"法律科学",争取为官方意识形态所认可。最后,这样一套掩盖现实矛盾、脱离生活经验而只能循环论证的"学理"和思维方式,被法律专业人士,即律师、法官、检察官等法律家组成的行会或利益集团全盘采纳,宣传运用,法律就开始区别于其他社会现象与制度,跟政治、宗教、道德、习俗等分道扬镳了。所以,法学院不仅是法治意识形态的一个生产基地,也是法律的职业化或业务垄断的门槛,是美国法学家伯尔曼描述过的西方式法律的历史自主性的一项必要条件(《法律与革命》,第8页)。

然而,这只是从法治操作者及其雇主(或总服务对象)的立场出发考察,并且假定,他们的愿望和要求代表了社会各阶层的利益。事实并非如此。所以现代法学院作为大学的一部分,另有一个立场,即基于大学理想、淡化职业主义的立场。什么是大学的理想呢?大学的理想在教育自治、学术独立。倘若奉行这一理想,法律教育就不应附丽于法治的需求,囿于培训实用人才或"法律技工",虽然这是雇主们的愿望和资本的利益所在。于是法学院设在大学,而非由例如律师协会来操办,便体现了一项重要的公共政策的选择:惟有将法律教育与法治的日常生产流程脱钩,法学才能够冲破法条"学理"和资本的语言的束缚,关心、探讨现实世界的社会关系和压迫反抗;法学家的解惑授业与传道,才可以超越法治意识形态而保持清醒的批判意识;莘莘学子才不至于少年老成,早早磨灭了理想和勇气。

这一点非常关键,因为关系到法律教育的方向和伦理底线;据此,我们也可以看清楚通行的教学法和教材的弊端。例如,目前许多课程的讲授,都是以全国性立法为主导、条款的"学理"解释为内容的。但在实际生活中起作用的,还有大量渊源效力和适用范围各不相同、往往还互相矛盾的正式和非正式的规范文件和惯例。法律教育如果局限于讲授纲要性、高阶位的立法,结果是"向学生掩盖了实际发挥效用的具体法律规范和法律冲突"(方流芳:《中国法律教育观察》,第43页),亦即隐瞒了法治的真相。而这些隐瞒或回避真相的课本知识,诸位心中有数,便是你们将来一毕业即还给老师的"那点儿东西"(苏力:《送法下乡》,第369页)。反过来,法律教育一旦开始朝独立自主的方向努力,法学便有可能成为社会批判的中坚。这一批判既是理论的也是实践的,所以才诞生了法律援助运动,要法治容纳不同的声音。今天,当法治时代来临之际,法律教育应当鼓励多元的价值取向,自觉地拒绝职业主义的诱惑与偏见。虽然我知道,诸位学习法律将来的出路(或在职的岗位)多半是法律职业,我仍然要说,法学院即真正一流的法学院的教育,对于你们最大的好处不是职业训练,而是职业批判;通过批判丰富你们的知识,训练独立的思维,树立人生的理想。

如果我们认同独立自主的办学方向,便可以为当前法学院面临的挑战分主次了。挑战主要不在政治层面:什么能说什么不说——出乎一些西方观察家及其忠实读者例如德沃金教授的意料,他要中国人"认真对待"的那番大道理(《在北京认真对待权利》),远不如他头上一圈"大师"光环受人认真对待——转型时期,一般而言,法学问题的"合法性"或"可妥协范围"要比相邻学科(如政治学)的问题宽泛。除开行话包装等技术因素之外,主要归功于法治话语的"政治正确"。故法学之为"显学",容易有读者听众,跟学术贡献是无关的。相反,正因为是显学,文凭证书的市场大、好推销,挑战就集中到了伦理层面。诸位想一想,法学院的诸多"成绩",形形色色的创收项目,吹了多少学术泡沫?就市场价格和规模效益来看,在大学里,除了商学院的MBA(包括EMBA)项目,恐怕无出其右者。

但是,法学院不可以走商学院的道路。企业管理、金融会计之类,是商场上的知识与技能,商人不承担社会批判的任务。经营MBA可以市场导向、金钱挂帅而不负咎,只要合乎商业伦理、不犯法即可。大学只是它的一面招牌,不是它的办学理想。而法学,如上文所说,早已脱离或放弃了行会训练而加入现代大学。法律教育便不能以MBA为榜样,满足于市场/案例分析或分析工具的开发。法学必须关心、提出并试图回答困扰我们社会的一些基本问题;故而必须坚持学术独立,与法治及一切功利目标保持距离,才能建立起学术传统和话语权威。可以说,当前法律教育面临的最大威胁,是MBA化;最受打击的则是本科教育。因为市场导向放任扩张的研究生项目和滥发学位的结果,是本科贬值。

二、法学本科要不要办

本科为大学教育的基础及核心,是各国的通例。本科四年,大约十八至二十二岁,是青春时代心智成熟、求学交友跨入社会的人生转折点。在美国,私立大学的财政在很大程度上仰赖校友捐款,重视本科便还有捐款上的考虑:本科生"家庭出身"最好,最忠于母校,捐款意欲最高,故绝对得罪不起。研究生毕业多数做专业技术工作,当资本家慈善家的少,在大学眼里,地位就比本科生差一些。在中国,私人捐助大学还不普遍,但也应该重视本科。理由有二:一是本科招生国家统一考试,虽然不尽理想,相对而言,仍是最能保证质量而较少舞弊的选拔方式,也是传统上老百姓对教育的信心所在。二是国家不富裕,本科分专业培养,四年毕业参加工作,可以节省教育投资。美国式的通才教育,则要到研究生阶段才进入专业训练。所以中国把法学设在本科,采取英国(三年)和欧陆(四年)的制度,是符合国情的。按照这一设计,本科毕业是律师执业或从事其他法律工作如法官、检察官的基本学历要求。研究生学历对于一般法律工作是多余的,不应鼓励,除非为学术研究(如大学教授)或个别科目的进修(在美国通常是税法,也有知识产权)。

诸位或许会问,法学院,至少顶尖的几所法学院,不是培养"高层次"(读作高学历)专业人才的地方吗?这是误解。法律和文理社科专业不同,全部训练包括法律的基本原理、规则和学说,两至三年即可完成;具体的执业技能则要到实践中去学习掌握。在美国,三年法学院其实也就是头两年实在,第三年学生找工作寄材料、飞来飞去面试,学习就只能灵活安排了。故学界有三年改两年的倡议,以减轻学生的经济负担。近年来中国走了另一条路。诸如"复合型、外向型"人才,"能用一门外语"干这干那的要求层出不穷,越来越多。这在官员,是公家花钱买一张文凭的"专业化"游戏;在百姓,却是被迫赔上宝贵的时间精力、自己掏钱,陪着官员练花拳绣腿。实际一切照旧,从公司老板到政府大员,级别越高,越不需要精深的专业知识。法律工作亦然。上文指出,实际运作中的法律同教科书上的"学理"是两码事。法律不是数理化、医学那样的专业,有科学理论和实验的基础;也不是文史哲传统学科,本科只是入门,需要长期的知识积累。"法律的生命在于经验"(霍姆斯语),而经验多半不是在课堂上可以传授的,模拟法庭也模拟不了(参见《送法下乡》,第371页)。比如,总不能教学生吃请受礼,做"三陪律师"诱供行贿吧,虽然这些都是极有用的技能。所以必须强调,法学跟法治的实践,无论肮脏与否,保持适当距离。这是教育自治、学术独立的前提。

我以为,目前本科法学的必修课程(含政治课)多了一点。可考虑把必修课程压缩到两年,让主修法律的学生有充足的课时再修一门副科,在本科期间有机会学习两门专业,一主(major)一副(minor)。这样,大学本科法学就有一点通才教育的味道,对学生将来的成长有利。进入信息社会,技术发展日新月异,知识更新加快,工作环境对人的综合素质要求越来越高。美国式通才教育的优势就显露出来了。而中国大学的专业定向过早过细,可能会限制一部分学生的潜力和发展机会。这在法学尤其显著,因为法律不是一门可以转换利用的知识。我的观察,本科学法律的进入其他专业,比本科学其他专业的进入法律,要困难得多。

然而,中国的现实是法学本科已经贬值,必须重新设计。能否取消法学本科,干脆改成美国式的三年制研究生法学院,统一学位? 一九九六年推出的"法律专业硕士"学位,似乎就是照猫画虎,移植美国的模式。报考者本科学历即可,不论专业,录取后修满规定学分,作一"两万字左右"的论文,通过答辩,授予硕士学位(王健:《中国的 J. D. ?》,第 85 页以下)。但这新学位很快就市场导向,蜕变为官员和在职人员混文凭的捷径,进而诱发形形色色的研究生课程。这场恶性竞争,几乎毁了中国法律教育的学术信誉。试想,通过激烈竞争考试选拔,经过四年正规训练的学生只有学士学位,而未经选拔的官员和在职人员却轻而易举拿了硕士学位。本科贬值,人才学位倒挂不算,还"劣币驱逐良币",大大加剧了大学和司法、行政部门本来已经猖獗的腐败。

所以停办本科,借鉴美国的制度,或许是一简明的对策。至少有助于抑制腐败,挽回信誉。改美国式,看似成本高,四年大学本科加上三年法学院,学生要接受至少七年高等教育才能进入法律职业(假如相应地调整司法考试的学历要求)。但法律实务和法学研究都依赖社会经验,年纪大一些好(我说过,神童不学法;《木腿正义》,第 7 页)。传统的法律训练,以阅读讨论法规案例和学说为主,锻炼细致的文字和事项分析能力,排斥抽象思辨、道德意识和艺术想象。所以跟通才教育是对立的,放在研究生阶段更为合适。取消本科,还可以促进跨学科研究。这方面美国是个榜样。传统上,美国法学院的教授,学历只要求一个法律学位 J. D.(法律博士)或其前身 LL. B.(法律学士)。但上世纪七十年代开始,法学教授拥有非法律专业硕士或博士学位的越来越多,学术水平大大提高。这是因为,法律不能提供分析自身的学术工具(用从立法归纳或引申出来的原则和学说分析、比较立法,是典型的循环论证),必须借助其他学科(文史哲及经济、政治、社会、语言、心理等等)的理论和研究方法,才能提出有意义的学术问题。而这些相关学科尤其人文学科的基础训练远较法律复杂长久,最好从本科开始。美国法学各个流派向世界其他地区包括中国的强劲"出口",除了国力和市场等外部因素之外,法学家的跨学科知识背景和理论方法是一重要原因,值得我们借鉴学习。

三、写论文如何提问

近年来国内大学的教学硬件改善很快,与发达国家的差距缩小了(但校园环境普遍退步,到处盖些面目雷同的大楼,挤占绿地)。现在差距主要在软件,例如管理。当然,这和缺乏自治有关,今天不谈。学术训练方面最突出的问题,则是论文写作。

法学院的写作训练分两种:一是实用法律文书,如起草合同、撰写诉状,真正熟悉掌握,是毕业以后进入实务的事。二是学术论文,即按照学术规范讨论学术问题。现代法学院强调学术独立,淡薄行业意识。法学院的地位声誉便主要取决于学术成就。中国的法学院如果当真要同"国际"(解作美国)的标准接轨,这个趋势就避免不了。因此,学术论文的写作训练应当成为法律教育的中心环节。

学术论文的形式规范,例如作注和引证,学界早有讨论,诸位一定耳熟能详了。我以前也谈过学术论证的一般要求,如论据与论点的真实相关性,并从论证规范的角度写过几篇评论,收在《木腿正义》里。在法学领域,形式规范大概是八十年代末由《比较法研究》等刊物领头建立的。现在基本形成惯例了。但是,学术论文除了形式"要件",还有实质规范的要求,即文章提出讨论的问题,必须是有学术意义的,而非任何仅在语义上相关的问题。例如过去"争鸣"再三的"法的本质属性",拿几个政治口号或"提法"打来打去(见韩述之编:《社会科学争鸣大系》,第 209 页以下),苏力称之为"微言大义"式的辩论,便是典型的无学术意义(但大有政治意味)的问题。

那么,什么是有学术意义的问题呢?

一九九三年我到香港大学任教之前,从未想到过这需要解释。因为在此之前,我所受的学术训练和参与的学术讨论,完全是西洋传统的。在北大读研究生期间,两位导师李赋宁先生和杨周翰先生非常重视对原始文献和学术传统的辩驳梳理,加之论文一律用英语写,跟后来在哈佛和耶鲁的学习在学术规范上毫无二致(只是英美法学论文的引证简略,没有考订版本源流甚至注明出版社的要求)。直到在港大带研究生指导论文,才发现好些学生,尤其内地来的学生,不懂得如何提问。后来有位同事刘南平博士对此亦深有感触,来清华讲过一次,写成文章,发表在《中外法学》(1/2000),据说曾引起热烈讨论。不过他谈的是论文的命题(thesis),以及原创性学术论文(如博士学位论文)和描述性(descriptive)教程式通论的分野。后者似乎是国内研究生论文的主要形式。我想,在现阶段,老老实实收集资料,准确而详尽地描述(通常是中外比较)某领域的立法和学说,作为硕士论文应该说是完全够格的。中国毕竟是移植西方法律的知识进口国,迫切希望了解外国的制度和理论。但即便是描述性的论文,高标准要求,仍有如何提问的问题。论文缺乏命题,原创思想少的原因之一,很可能是提问不当。

这里,我先澄清几个概念,也是经常提醒研究生注意的。中文"问题"一词有好几个义项,为准确理解,不妨用英语注释。所谓有学术意义的问题(question),不是指论文作者发现、描述或试图解决的那个实际问题(problem),例如我们讨论过的"TMT商标案"中《商标法》"注册保护"和"终局决定"原则的适用条件和司法解释(见《送法下乡与教鱼游泳》)。具体的法律适用或解释只可作学术问题的引子或注脚;学术问题往往是多问几个"为什么"之后,得来的那个抽象的提纲挈领的问题(如"注册保护""终局决定"背后,行政权力运作模式与法治原则的矛盾,如何消解,意味什么等等)。一般而言,学术问题总是指向一个或数个学术传统的,或挑战批判或修正补充;挑战成功,足以颠覆一传统命题,仍然是对该传统的一种回应(并有可能开创一新的传统)。但是,仅仅找到有意义的问题还不够;问题的提出和论证,必须建立在正确的步骤或分解开来逐次讨论的一个个具体问题(issues)之上。故正确的提问(question)首先来自对具体问题(issues)的把握。这就需要透过社会生活和法律业务中纷繁的实际问题(problems)的表象,看到学术传统的脉络、矛盾和突破口。在找到有学术意义的问题之后,仔细分析,斟酌步骤,将问题(question)限定在可以有效论证的范围之内。

这也就是为什么,论文的序言或第一章,通常总是对已有学术成果的回顾或评述。这样做,不仅为表明作者对相关文献的掌握,更重要的,是通过总结学术传统向读者揭示本文讨论的问题,相对该学术传统处于什么位置,即学术意义何在。这后一点,正是我们许多同学的论文所欠缺的。

如此看来,问学的第一步在进入学术传统。

所谓学术传统,简单说来,即关于一学术领域的一些基本问题、概念或"关键词"的理论解说之汇合;这些基本问题等等,是涉及该领域的任何考察所回避不了的;因而任何考察的成立与否,最终均取决于其自觉或不自觉运用的理论解说的效力。同一个问题,可以由不同时代和地域的学者考察,经过一定时间的积累,形成不同的传统。但是有些学科制度是近世从西方传来中国的,例如法学;西方学术传统对这些学科的基本问题的考察,我们作为"后发者"就绕不过去。改革开放至今,几乎所有我们关心、引用、争辩的法学领域的话题,追根溯源,多问几个"为什么",都是现代西方式法治、"普世"人权、资产阶级民主宪政和权利话语等等,在转型中社会的翻版或演变。因此,为了探索这些问题在中国的演变,我们就需要进入西方学术传统,研究西方理论。近年来法学译著之多,也可说明学界和读者的这一认识。学习领会或阐释一两家西方理论并非难事。真正的挑战,是在学习领会了之后。它来自学者(后发者和竞争者)本身的理论位置:我们提问和论述的目的,不是要为西方主流理论提供又一个中国的例证或例外,包括以儒家等传统思想附会或抵制西方理论。那是徒劳。已经支配了人们想象力的主流理论无须多一个例证;而少数例外的发现,并不能削弱主流理论的效力,却只会强化其话语霸权。那些盘踞在资本主义"中心"地带的理论,并不在乎是否"放之四海而皆准"。它们之所以能够包容或孤立第三世界"边缘"国家现代化进程发生的"例外",是因为这些国家不论成败(败者居多),都不过是试图模仿、重复那"中心"叙述的历史:有自发的反叛、顺从的教化,但不可能有不属于资本而归于自己的语言(参见陈维纲《边缘的正义》)。换言之,主流理论真正的威力,在于消灭其他一切理论选择的可能。

这不是法学的困境,也不是中国一隅的困境;这是资本全球化时代,一切在"边缘"地带思考的知识分子,包括西方知识分子,面临的理论挑战。我这么说,并无否认中国本土理论成就的意思,也并非奉劝诸位放弃探讨中国的问题,去钻西方理论的牛角尖。恰恰相反,我的意思是,你们的论文如果致力于提出有学术意义的问题,那么归根结蒂,不管论文探讨解决的是什么样的产生于中国实际的问题,你们的提问必然会是直接或间接对准了西方主流理论的;你们的思考,便有可能挑战现代法治的前提条件和学术传统。而这样的挑战,是要在法学的所有部门展开的。不如此,中国法学就不可能真正独立自主,化作本土的实践;并且用本土的实践,开创一个崭新的中国的传统。

我想,这样一种学术独立、自强不息的精神,应该是今日法学院走出困境的指引。坚持这一精神,则是你们今天学习法律、将来从事法律工作的伦理底线。

谢谢诸位。

二零零三年三月

致《北大法律评论》编辑部

编辑同学:

　　昨天收到寄来的二卷二期作者样书两册,谢谢。《评论》是母校同学创编的刊物,读来倍觉亲切。我在北大读书时也编过文艺刊物,晓得其中的曲折甘苦。同时作为读者,有四条意见供编辑部参考,我以为也是学术刊物建立形象需要注意的一般事项。

　　一、这一期翻译太多,占了大半篇幅。诚然都是围绕本期主题"法律与社会"的有名的文章,中文恐怕也是第一次翻译,但既名《评论》,就应该以当前的问题的揭示阐发批评为主。译文每期有一两篇即可,而且最好配上评论或相关的论文。其实"书评"一栏就是做这个用处的:书(原作或译本)自有别人出版,书评人通过《评论》这个讲坛,介绍、批判或回应书中一些值得提出来让大家讨论的问题、主张、学术思潮等等。专题文章的集中翻译不是不需要,可以另外出特辑或译丛,这样不至于影响《评论》本身的学术/市场形象。

二、说到批评,我也听说有一篇批评某教授的文章发不了,还造成其他的困难。其实这是中国学界的常态,怪不得那位教授;他循规蹈矩,不让学生讲话有什么错?但这里还有一个坚持不坚持传统的问题。北大的传统,赛、德二先生是幌子,开会发言或上街喊喊而已。真正对得起先贤和这座百年"王八庙"的,是批判精神,包括对形形色色的赛某人德某人的辩论、批判。那么具体到《评论》,怎么开展(毋宁说重建)批评呢?我想可以从苏力教授"开刀",首先批他。道理很简单:批判必须从名副其实的权威或真正"危险"的高度开始。况且不批苏力也不行,他是你们的老师。按照北大的光荣传统,他受聘在北大的主要功能之一,就是当各位的批判对象。过去冯友兰先生、朱光潜先生,哪一位大师不是这样成全了的?不跟他较量一下,学生和学术怎么进步?批了苏力,再批其他老师;批完北大的老师,才轮到批兄弟院校的老师和其他社会势力。什么事情都有一个顺序;顺序既是礼节,也是效率。你们如果下过围棋就知道,棋道的第一要领即是顺序。

三、外国的(包括死掉的)权威当然也可以批评。只是讨论外国的理论,先得介绍理论的由来,有时还不得不从 ABC 讲起,因为中国读者的知识背景和需求跟外国读者不同。例如本期邓正来和季卫东的文章就很好,应该排在译文之前。这就让我想到《评论》的英文目录,不好恭维。Foucault 的名是 Michel,不是 Michael;季先生不姓 J,姓 Ji。英文目录是一块对外的门面,是否请人校勘一下。

四、总之,批判研究的对象须有选择和顺序,而作者(稿源)则不拘一格。这后一点相信是已经在尽力做的。不妨多发一些外校外地作者的文章,扩大参与面。这在外国,也是学术刊物体现所谓

"国际"水准的通行的做法。

因为此信提到批苏力,就 cc 他一份。即颂

编祺

冯象

二零零一年三月一日

修宪与戏仿
——答记者问

又到了修宪的季节？你们记者是候鸟，一飞回来，风景跟着就变……

谢谢，过奖了。怎么说呢？我没什么"专家意见"，不够格。不过修订《宪法》这事其实跟法律也没多大关系；修不修，怎么修都行——不如修大坝拆民房后果重大，需要公开的不受拘束的包括尖锐批评的辩论——比方说许多人关心，"私有财产神圣不可侵犯"一句是否入宪。这是老问题了，上一次（一九九九年）修宪就议论过。"私有"了，还要"神圣"，无非是不满意《宪法》只讲"社会主义的公共财产神圣不可侵犯"（第十二条）。这些人认为，现在到了为私有财产争平等待遇的时候了。实际上，入不入宪，对公民合法财产的法律地位和司法保护不会有丝毫影响。为什么？因为《宪法》条款没长"牙齿"：法院不能援引《宪法》对任何政府行为包括立法做违宪审查，当事人也不能依据《宪法》提出诉讼抗辩的主张。《宪法》缺一个进入司法操作的程序安排，跟真实世界的宪政生活是脱节的。所以我说过,《宪法》只有在统编教材里才是法律规章的"母法"(见《它没宪法》)。所以你看,入不入宪,纯粹是一个政治决定。或者说,是私有财产这句口号,这面大纛,这一整套建立在私有产权基础上的社会关系在转型社会中的政治合法性,需要找恰当时机以恰当方式宣示一下。是这么一个问题。所以,有朝一日,这句口号真入宪了,也不要以为你买下的房子、兜里的手机、接发的短信、每个月的奖金、你的饭碗身价之类,会突然"神圣"起来,别人不敢碰了。

修宪与戏仿

对,一切照旧。包括老板的脸色、局长的旨意,一切不用《宪法》规定就已经不可冒犯的东西。

一切虽然《宪法》禁止,却仍然畅行无阻的东西。

但是,入宪没有法律后果,不等于公民权利的界定和保护不产生宪法问题,不需要好好研究、慎重处理。道理很简单:《宪法》缺席,必然有其他纲领性规范文件到场指导。这些年来,农村的各项改革,从家庭承包制到费改税试点,不都是中央出台政策,发红头文件指导的?国有企业破产、工人下岗、城乡土地转让划拨,也从来不用考虑《宪法》。然而这些举措关乎民生大计,包含宪法问题——那些《宪法》没法管的问题:你想,要是当真把第十二条"公共财产神圣"严格执行了,中国社会还不倒退四分之一个世纪!这说明什么呢?说明宪政的实践跟《宪法》的文本不是一回事,反而像"两股道上跑的车",不碰头。《宪法》本本那几页纸,能保护什么禁止什么?哪怕年年修订!宪法原则的实现,归根结蒂,靠的是公民的广泛参与和公正独立的司法。所以没有成文宪法,照样可以有发达的宪政传统和违宪审查制度,例如英国。问题不在一句口号、一种观点是否入宪,做成条款;而在这些响亮的语词背后的价值理念,能否进入社会生活,为执法和司法者所尊重,成为政法实践的惯例,即成为一个个具体的诉求抗辩、法律解释,乃至公共政策与公共辩论的依据。

这方面的案例?有一些。你敲门进来之前,我正在读一个案例,是清华一位教授编的,叫作"青岛三考生诉教育部(高考分数线)违宪案"(王振民编:《中国宪法案例教程》,第45页以下)。你们报道过?那是典型的公民宪政意识的表现,虽然三名考生(原告)向最高人民法院投诉之后,没有按照《行政诉讼法》的规定,上北京市第一中级人民法院(被告教育部所在地法院)正式起诉。

是的,原告认为,山东省高考录取分数线定得高,北京等地定得低,教育部这一规定侵犯了原告(山东考生)受教育的权利(《宪法》第四十六条)。

为什么终止起诉?说是引起各方关注的目的达到了。很现实,对不对?行政诉讼俗称"民告官",撤诉率一向高。很难。有时候,让你赢你也赢不起,赢了反而"困惑",像秋菊那样,后悔莫及。

宪法权利,同毛主席说的"人的正确思想"是一样的,不会从天上掉下来。只能在实践中认识,一点一点争取。然而到了法治时代,天天宣传立法,许多人被它搞糊涂了。以为抄几句话在纸上,开几次会吃几桌酒席,发发言举举手,就大功告成了。

明天下午我有一讲,讲版权和文学创作,题目叫"《围城》与《飘》"。你也听说了?⋯⋯

是很有意思,但我不能把讲座内容事先披露给传媒了,对不对?

没错,向你披露,不违法也不违约。但这样做不好,违背惯例和学生的期待⋯⋯谁说的,只要不违法什么都可以干?随地吐痰违法,性贿赂不违法。伤天害理的事情,百分之九十法律不管。实际生活中,除了办案子的律师,谁说话办事是对照法律本本的?你找不出来。你到楼下看看,熙熙攘攘,遍地法盲。我们每天做出的大大小小的决定,多半是风俗习惯、伦理道德或宗教信仰熏陶约束的结果。不然,陌生人之间就无法信任也不可能合作了(参见艾里克森《秩序不用法律》)。所以国家立法,不能随便破坏民间的传统和惯例。这个题目,我准备有空也写一写(见《取名用生僻字该不该管》)。

传统惯例是重要的公共利益。如何理解?让我想想。有了,杭州《江南》杂志今年第一期那个"风流版"《沙家浜》,你们怎么报道的?

这件案子涉及我刚才讲的宪法的价值理念,可以谈谈。

那个"风流版",用杂志主编的话说,是一部中篇"试验文本",借用革命样板戏的剧名,旨在探索"米兰·昆德拉说的"人性的多种"可能的存在"(东方网2003.3.23转载《新闻晨报》采访记)。结果,闹出一场不大不小的风波。批评者认为,如此"戏说"《沙家浜》太离谱了:居然把机智勇敢的阿庆嫂写成一个"潘金莲";她丈夫"在上海跑单帮"的地下党交通员阿庆,做了"武大郎";新四军指导员,那"泰山顶上一青松"的郭建光,倒在阿庆嫂裙下演"哈巴狗";而反面人物"忠义救国军"胡司令却摇身一变,俨然一名抗日"英雄"兼阿庆嫂的"老相好"。也有网友指出,"风流版"打的主意,是制造争议"拉动杂志的发行量"。二月底,(江苏常熟)沙家浜镇举办一个"小说《沙家浜》评论会"。与会者一致表示,小说不仅"严重侵犯"原作(沪剧《芦荡火种》)的知识产权,伤害了全国人民的感情,"还侵犯了沙家浜全体民众的名誉权"。镇长宣布,要拿起法律武器,状告《江南》杂志及小说作者……

名誉权我等会儿讲。我先问你,你怎么看,《沙家浜》(原名《芦荡火种》)仍在著作权保护期内,能不能"戏说"?要杂志和小说作者认错,错在哪里?

说得好。"戏说"样板戏作为政治问题,可以追究的责任确实有限。即便上纲上线,把小说定性为"歪曲革命历史、亵渎民族精神、丑化党的领导"那么一株"大毒草",小说作者和杂志主编也不用担心,像从前那样,一夜之间变成"专政对象"抓去劳改。那是老昆德拉承受不起的"生命之轻"。时代变了。现在的小昆德拉作完检查,照旧写他的小说、编他的杂志。不是吗,人民网就有不少帖子,反对乱扣帽子和"语言霸权",希望批评者多一点宽容。你看,人们没有忘记过去,政治统帅文艺那个惨痛教训。其实,沙家浜镇长说,考虑采取法律手段,就很说明问题:新时代的正义,是要在法律上找着一个说法,获得一种结果,才让人感到名正言顺、心里舒坦的。

> 注:据报道,四月九日,《江南》杂志社的主管部门浙江省作家协会受"省委宣传部的责成",召开"专门会议",让主编向沙家浜人民和新四军老战士赔礼道歉,并答应在杂志上刊登"认错书",虚心接受读者的"批评与帮助"(新浪网 2003.5.9 转载《羊城晚报》)。但批评者之一浙江省新四军研究会拒绝接受道歉。七月十五日,《江南》刊出给"所有读者、新四军老干部和'沙家浜'的父老乡亲"的道歉信。信中承认:"不应该受西方价值观念的影响,以完全错误的所谓'后现代主义'、所谓'试验文本'来取代严

肃的革命文学……丧失了应有的政治敏感性,导致政治把关不严……小说《沙家浜》的发表,引起了不良的社会影响"。并且表示,杂志主编已向省作协党组递交了辞呈。主编解释,自己"仍然是新四军的儿子",但因为杂志经费短缺,苦于拉赞助,今年不想再干了;再说"我不提出辞职,这个事情就不会有结束的时候"(《南方周末》2003.7.17,第C21页)。

那么从法律的角度,如何看待"戏说"《沙家浜》这类纠纷呢?

首先,作为一项宪政原则,政府部门应当尽量少管(但有义务资助)文艺。这一点我想决策者不难接受:市场经济条件下的法治,文艺的管制与利用,借助商业竞争、利润引诱和民事手段,要比直接干预来得温和也有效得多(见《诽谤与创作》)。其次,按照诉讼程序,请求司法救济的个人或团体,必须是能够行使诉权、跟案件有"直接利害关系"的"合格诉讼主体"(见《鲁迅肖像权问题》)。并非只要遭到经济损失或精神伤害,就可以告状索赔。比如,以"百万沙家浜人民"的名义起诉《江南》杂志侵害名誉权,法院恐怕难以受理。因为"戏说"阿庆嫂、胡司令等虚构历史人物,不论有无原型,跟今天江南某镇全体或部分居民的名誉或人格尊严是否受到贬损,实在隔了几层。说白了,法院不是神仙,它不能伸手太长,什么都管一切都判。否则北京的老舍茶馆为骆驼祥子的名誉尊严也可以跟人打官司了;更不必说,不久前传媒报道,某统编历史教学大纲不称岳武穆为"民族英雄",亿万同胞所感到的震惊、愤怒和精神痛苦,该引发怎样一场史无前例的"美式"集团诉讼,叫那些四处征集"尼古丁受害者"签名,叮着烟草公司吸血的老美"牛虻律师"都自叹弗如!

不好理解？你是觉得不够公平吧；可惜，"民愤"不产生诉权。其实最有资格行使诉权的，反而不在杂志社开会道歉的对象之列，你猜是谁？《沙家浜》著作权人。不管怎么说，"风流版"的标题、故事角色、部分情节和对话，都"借"自《沙家浜》，未经授权，并且有可能损害原作作者（已故）与著作权人的人身和财产利益。所以，如果合格权利人以侵犯著作权及相关权利（如不正当竞争）为由起诉，法院不能不管……

行，就说著作权（版权）。你觉得"戏说"免不了改动原作的人物故事，会影响原作的"形象和销路"，完全正确。销路涉及市场竞争，等一下谈。先说形象。作品形象在商业社会当然有商业价值（销路），但它首先是作者的一种人格或精神利益。法律规定，作者有发表、署名、修改作品和保护作品不受歪曲篡改等四项"精神权利"（《著作权法》第十条）。所以"戏说"对原作的改动，除了可能需要授权，还可能触及原作作者的精神权利。后者是独立的不可转让的权利，跟"戏说"是否获得著作权人的授权无关。例如改编剧本，根据最高人民法院发布的典型案例，原作是否受到歪曲篡改，取决于"主要思想、主要情节和主要人物关系"有无"实质性改变"（"陈立洲、王雁诉珠江电影制片公司……著作权纠纷案"，《最高人民法院公报》1/1990）。该案认为，电影《寡妇村》的导演（被告）为"实现剧本意图、提高影片质量"，改写分镜头剧本，增删原作作者（原告）认为关键的一些故事情节、对白、场景及人物动作，不算歪曲篡改。因为这些改动对剧本的"主要思想、主要情节和主要人物关系"未作"实质性改变"，属于"必要的改动"，在"电影导演艺术再创作的权限许可范围内"（参见《著作权法实施条例》第十条）。同理，如果我们把"戏说"《沙家浜》看作一种改编,则无论授权与否,只要"风流版"不尊重原作的主要思想、主要情节和主要人物关系,另搞一套,即是侵权……

"戏说"古人会不会侵权?你这个问题提得好。古人的作品,如《红楼梦》,当然属于公有领域。但是,作者的精神权利(发表权除外)与一般版权(财产权)不同,是一种享有永久保护的特权(《著作权法》第二十条):作者去世后,由他的继承人或受遗赠人行使;无继承人和无人受遗赠的,由"著作权行政管理部门保护"(《著作权法实施条例》第十五条)。这条规定,使得作者的部分人格利益(署名、修改、作品完整性)的保护力度和期限,大大超过了名誉权、肖像权等民法上的人格权(详见《孔夫子享有名誉权否》)。因此按照著作权的回溯保护原则,至少在理论上,今人是可以替古人主张这些精神权利的。有点不可思议吧?举个例子你就明白。鲁迅先生逝世超过五十年了,作品落入公有领域,复制出版翻译改编,都不用授权许可。但假如有人将《阿Q正传》署上自己的名字发表,或随意"戏说",人物故事完全颠倒,就侵犯了鲁迅的精神权利。他的继承人有权起诉追究侵权责任。那么这一原则能不能上溯到《红楼梦》,到《史记》呢?假如我们改写《红楼梦》,或者拍电影"戏说"《荆轲刺秦王》,会不会侵犯曹雪芹或太史公的精神权利?这两位伟人如果没有继承人在世,版权局能不能干涉我们的改写和"戏说",例如下令禁止呢?

要是古今作者的精神权利真的享有永久保护,让子子孙孙或政府部门替他们维权,我们就干脆别想改编这事了。创作自由即言论自由,是重大的公共利益,不能被精神权利无限期地阻碍。这是一条宪政原则。我换一个角度讲。

不知你注意到没有,"风流版"说是"戏说",其实并非单纯的改编再现,往剧本里添些细节,对话变叙述,写成小说;也不是演绎清宫野史,拖着辫子演肥皂剧。它属于一种传统文艺创作方式,小说绘画音乐舞蹈都有:就是拿原作里最具特色的人物形象情节对白场景等等,加以摹仿、夸张、戏谑、讽刺,新编一个跟它唱对台戏的故事,通称"戏仿"(parody)。戏仿通过刻意安排的对比,让读者一下就看出了原作的影子,从而刺激他的想象,达到取笑、批评、颠覆原作的思想情调和立场的目的。接下来的问题便是:戏仿和改编的这一点不同,能否抗拒著作权,包括原作作者的精神权利,做戏仿作品的作者或出版者(被告)的抗辩事由?

著作权官司有一种常用的抗辩,叫作"合理使用"。"合理",意谓兼顾了各方利益,是著作权(通常解作刺激作者创作的产权收益)和自由使用作品的公共利益之间,多方"谈判"妥协的结果。公共利益可以转化为公民权利,反之亦然;言论自由、创作惯例、公平竞争等都是。《著作权法》允许,"为介绍、评论某一作品或者说明某一问题,在作品中适当引用他人已经发表的作品"(第二十二条)。这一条规定既维护了言论自由,也是对传统的作品使用方式(引文)的尊重。培根有句名言,"知识就是力量"(nam et ipsa scientia potestas est)。力量何在呢?在传播和使用。人类寄予知识的理想,是自由传播自由使用,知识为天下公器。这在现代宪政,便是要知识不受禁锢,成为政治民主和个人选择的基础。还有一个最明显不过的例子,文艺创作:文艺家不可能脱离前人的思想表达而"自由"创作。"诗只能从诗中制造,小说也只能来自小说。这一点在文学同化于私有产业之前,本是无须多说的"(傅莱:《批评之解剖》,第96页)。换言之,著作权制度强调作品原创、作者天才,把作者视为一个个孤立的产权主体,实际是颠倒现实,构筑一种抽象物上的产权神话(意识形态),遮掩了文学艺术的基本性格:摹仿。

有了这样一套意识形态,知识的社会生产、流通和使用,知识的力量的控制与操作,才能采取产权的形态。所以"合理使用"也可以这么理解:为防止抽象物(作品)上设立的产权过度膨胀,压抑或损害公共利益和公民基本自由,任何产权不得未经谈判即划定疆界而拒绝公有。

戏仿算不算"合理使用"呢?戏仿同各种改编或野史式的"戏说"的差异,主要不在形式和技法,而在它对原作的摹仿、戏谑和批评的社会意义,亦即它赖以存在和发展的文艺传统、言论自由等公共利益及宪法价值。尽管戏仿要借用原作的文字和风格,"戏说"其中的人物故事,在司法审查中,就其社会意义而言,它反而比其他种类的改写和"戏说"更值得保护。在美国,版权纠纷中戏仿作品的"合理使用"抗辩,就往往跟联邦《宪法》第一修正案的言论自由相提并论,成为非常有力而灵活的抗辩。而"法院应该避免生硬地适用版权法,以免压抑了那本该由法律扶植的创造力"(联邦最高法院苏特大法官语,*Campbell v. Acuff-Rose Music, Inc.*, 510 U.S. 569 [1994])。这句话说得十分得体,拿来做人民法院的司法原则,我看也错不了。所谓"本该由法律扶植的创造力",指的正是文艺创作中那些与产权神话相冲突的做法,包括戏仿。

真的,研究知识产权的乐趣就在这里:人类那么多创造发明、思想表达和名称标识,进入资本的"新纪元",用资本的语言来解说,就一下都成了"神圣"的私有财产的故事。然而知识产权纠纷有这么一种趋势,它经常迫使学者、法律家和决策者回到法治的前提,重新面对抽象物上产权的性质和矛盾,重新解释诸如产权可以鼓励创造发明、丰富社会思想之类的神话(参见博伊尔:《巫师软件脾脏之属》,第19页)。

在中国,还要加一句:重新关注社会生活中一些宪政原则的缺席。

乍一看,这缺席似乎得归咎于《宪法》,因为它不能进入诉讼。但根本上,恐怕还是把产权看得太"神圣"了,忘记它可能损害公共利益和公民基本自由,没有把与之冲突的文艺传统、言论自由等看作应受法律保护的重要价值。没有意识到,一方面,公民权利的产生、发育和保障并不依赖《宪法》本本;另一方面,这些权利作为宪法价值,是可以积极争取,转化为执法和司法的政策依据的。结果,不仅《宪法》本本在宪政实践中缺席,宪法权利所代表的价值理念,及其向民事权利和诉讼抗辩程序转化的探索,也跟着缺席了。于是,法制改革陷入立法主导的法条主义泥淖,便不奇怪了。

当然,"合理使用"抗辩的"宪法化"(强调宪法价值并以宪法解说),并不等于被告(戏仿者)自动得胜,产权和精神权利不受尊重。这些权利只是受了限制,对言论自由、创作惯例等公共利益适当让步,视纠纷的具体情节划分权界。实际上,原告(原作作者和著作权人)也可以主张公共利益即公平竞争。因为,在资本自由准入的商品市场上,依存产权而"自由"了的言论也是商品,需要公平竞争的市场秩序,反对搭他人作品的便车,剽窃他人文字,"戏说"他人故事。在"合理使用"与公平竞争之间,也有平衡利益而"宪法化"的问题。所以这方面常有"难办"的案子,不但中国,美国也在探索之中(见《案子为什么难办》);例如视原作(戏仿对象)的版权保护年限、版税收入、社会影响等因素,综合衡量戏仿的合理性,是否属于不正当竞争,等等。明天下午要讲的《飘》的戏仿案便是一例……

中国的第一例?"风流版"算不算你理解的那个"第一",我不知道。我关注的是知识产权和其他类型纠纷中,当事人的利益诉求及争议的"宪法化"趋势。近年来为私有财产修宪正名的呼吁,可看作这一趋势的背景。实际上,日常生活中,在我们周围,产权早已是吸纳、部署、分配公民权益的政法策略的中心环节了,例如版权对作者、作品的历史语境和社会意义的排斥。其实现的前提,我在别处讨论过,乃是要我们、要整个社会忘却并重写历史(见《法盲与版权》)。既然如此,为利益平衡计,似乎就应当允许戏仿者以"合理使用"和言论自由抗辩,尽管有人借戏仿赚钱,搭便车牟利。比如"戏说"《沙家浜》,是不是"拉动杂志发行量"的商业伎俩?这大概不难查明,但商业目的不是过错。"风流版"有没有社会意义呢?不能说一点没有;关键是它妨碍了什么人的什么利益。值得注意的是,读者对戏仿作品的理解,跟戏仿对象(原作)在社会生活中扮演的角色和象征意义是分不开的。《沙家浜》演过什么角色?样板戏象征什么?据说,巴金老人曾有这一句回忆:"我一听到样板戏,就感觉自己的脖子被一双手死死卡住。"的确时代变了,如今那令人窒息的"高大全"也归化了产权,要求重新定义、法律保护,以便拒绝戏仿。戏仿又意味着什么?

面对"神圣"如此的产权,我们怎么办?我想,我们第一不能忘记历史,真实的一点不神圣的历史。

第二,我们有责任把以"神圣"为名颠倒了的一切,重新颠倒过来。

二零零三年四月

中国要律师干吗

《律师文摘》自去年创刊以来,摘登了不少好文章。补白也颇具特色,用一些统计数字,发人深省。例如第三辑253页有这样几则:一、北大法学院陈兴良兄发现,目前中国"70%以上""事关被告人生死攸关的刑事案件"无律师介入,即大多数被告人都是自辩或请亲友代理。二、一九九七至二零零二年间,至少有五百名律师被"滥抓、滥拘、滥捕、滥诉、滥判",其中80%由司法机关"送进班房","绝大部分(占80%)又最终宣判无罪"(原文如此)。三、近年来各地法院受理刑事案件数量飙升,北京律师却"不敢办刑事案"(即担任辩护人)。"年人均办理数量"已从十年前的2.64件下降到0.78件(见第五次全国律师代表大会《全国律协维权工作报告》)。

由此忽发奇想:刑事案件是否可取消律师?根据上述数字,取消后总体而言,被告人(尤其那些没钱请律师的被告人)的命运不会比现在不好。同时,律师行贿引诱伪证等等引发"滥抓滥判"的事件,连同该抓不抓该判不判的情况,也一概不会发生。换言之,如果公众对刑辩律师的服务和自律已经失去信心,修订法律取缔或严格限制律师介入,或许是利国利民也对律师本人有利的一项选择。

律师的民商事业务范围如何调整,可以请无利害关系的经济学家和社会学家调查一下,权衡利弊。不管市场经济是不是"法治经济",我怕调查结论很可能是:中国律师太多。首先,没有几个老百姓包括生意人用得着律师。他们解决纠纷,无论夫妻吵架、追讨债务,还是请愿告状、伸冤报仇,都有惯常有效的办法,与律师无关。其次,某些涉外或重大的项目,例如公司上市,为减少虚假信息,可以考虑全部交由香港律师行代理(最近温总理访港签署两地"零关税"协议,开放内地法律服务市场,便是开端)。虽然香港律师收费贵些,但他们信誉好、自律严。投资者重拾信心,金融市场的稳定发展和监管也就容易了。

中国人传统上奉孔子的"无讼"为理想。现在当然不敢奢望了;即便在乡下,时不时也有"凭借一点法律知识的败类"为非作歹,鼠牙雀角,动成讼端(见费孝通:《无讼》,载第一辑第 224 页)。清末修律,拟设立律师制度,张之洞(南皮)反对,担心"讼师奸谋得其尝试"。今天,南皮之忧不幸成真,虽然不能全怪律师:他在竞争那么激烈又腐败丛生的环境里执业,当诉讼变成"贿赂竞赛"之时(方流芳兄语,见《中国书评》卷八,第 36 页),是万不得已才做了"三陪律师"的。

中国要律师干吗?用处不能说没有,比如可以缓解城乡过剩劳力的就业问题。国家规定报考律师资格,同等学历即可,不必法律系毕业,是不是这一政策思路的体现?中国律师人口已达世界第二,仅次于美国,这一事实在某些场合也能炫耀一下。不过这么说,

他在竞争那么激烈又腐败丛生的环境里执业。
〔意〕阿钦波尔多（1527—1593）：《好律师像》。

总有点"捡了芝麻丢了西瓜"的感觉，写成社论或编入教材，也很难上升至"理论高度"。

《律师文摘》孙君国栋约我写一"卷首语"，我就胡言乱语这些。

二零零三年六月

不上书架的书

我向来买书不多,大约是少年远行,长期居无定所的缘故。德国谚语:搬家三趟,如遭火烧。书最重,每次搬家都不得不"处理"一批。与其忍痛割爱,不如不买,我想。于是就越发依赖图书馆了。但是昨天数了数,家里居然摆了七只书架,而且插在那里的书好些还崭新的没画过杠杠,没插字条,没读过!真是惭愧。再检查一遍,书桌上下、沙发周围、茶几、窗台、厨房、厕所……处处是书的领地。这些没能上书架的书,却都是翻阅了的。这样看来,书架反而是为那些不常用或无须读的书设计的了。

有个编辑朋友问,哪些书对我影响最大,希望谈谈,向读者推荐。我想,根据上述观察,一本书对我的影响大小,与我"亲密接触"的程度,不妨以它离开书架的时间长短,跟我书桌上那两盏台灯的距离远近来定。所以我现在坐回书桌前面,就手边堆着的书一一看去,觉得可以举出四本来同读者谈谈体会,即《史记》、《共产党宣言》、《圣经》和《神曲》。

《史记》

中国古人的文章,最令我仰慕的要算太史公的"无韵之离骚"了(鲁迅语)。什么时候开始读,记不得了,大概在初中一年级,文革开始之前。因为文革爆发,先父即被"揪出"游斗隔离审查,上海社科院和华东师大的造反派轮番抄家,信件手稿通通抄走,书柜全部贴上封条,而那本《史记》选读是没有被没收或封存的。我上山下乡去云南的前一日,获准见父亲一面。红卫兵将他押回家来,在主席像下开批判会,要我同他划清界限。我未吭声。临走,父亲说了几句广阔天地好好接受贫下中农再教育的话。但当他听说我行囊里除了红宝书、赤脚医生手册之外,还有鲁迅、《史记》和英语词典,即面露欣慰之色。后来知道,他在"牛棚"里常默诵《报任安书》激励自己:"西伯拘而演《周易》;仲尼厄而作《春秋》;屈原放逐,乃赋《离骚》;左丘失明,厥有《国语》"……我对太史公的偏爱就更深了,尤其钦佩他忍辱负重,发愤"究天人之际,通古今之变,成一家之言",那种"倜傥非常"的人格。但那本选读,却早已不知被谁借走或遗失了。一九九八年返北大讲学,沈昌文先生陪同至国林风书店浏览,见新复刊的《中华活页文选》中有《报任安书》并《太史公自序》一辑,顿时往事一一来到眼前。回到上海,立即系围裙掸灰理书,从书架上取了一套父亲用过的上海文瑞楼版《百五十家评注史记》带来美国。从此又得以随时受教于太史公了。

《共产党宣言》

我在云南乡下自学英语和法语,每月将作业(翻译和作文)寄到杭州,请我的姨夫王承绪先生批改。姨夫曾留学英国八年,精通数门外语。他虽然戴着"反动学术权威"等好几顶"帽子",但抄家批斗之余,尚能"改造使用",做一点翻译工作,故可以当我的启蒙老师。我那时用的英法文词典和读的原著,都是他赠送的。我一头钻进外语里去,中文就受了影响,信也写成"洋腔洋调"的了(母亲语)。父亲在图圄中得知,建议我对照中译本,学习(恩格斯亲自校对)的英文《共产党宣言》。一对照,就意识到了自己的语病,同时也十分佩服马列编译局的专家们。不过《共产党宣言》还给我一个重要启示,就是形象化的理论语言的感染力。或者说,理论作为信仰,其真正的成功和诗歌小说是一样的,也在于打动读者的情感、良知,进而支配他的想象力;理论本身的严谨与否,所谓"科学性",只是少数学者关心而争论的"学问"。信仰不是理论问题。文革后期,父亲的战友、同学和师长陆续"恢复工作",我去各地拜访他们。在他们身上,我常能感受到马克思主义的信仰的力量,从而理解了他们:学生时代为什么奔赴延安、投身革命;为什么屡遭迫害,甚至家破人亡,仍然无悔;仍然愿意如果从头再来,还是走这条荆棘丛生的道路,一定还犯同样的"错误"。

《圣经》

我初学外语时,文学兴趣在十八十九世纪小说、法国象征派及英美现代诗。但稍稍深入,即看到《圣经》对西洋文艺的巨大影响,遂开始研读《圣经》,并对古典语言(拉丁语、希腊语、希伯来语)产生了浓厚的学习兴趣。考进北大西语系读研究生后,专业定在中古文学;中世纪文献多与基督教有关,故《圣经》是必修的科目。从此各种版本的《圣经》高踞案头,几乎天天翻阅。中文《圣经》最早也是在父亲的书架上翻见的,出国后收集了几种,但从未仔细读过。直到入耶鲁法学院,有朋友在神学院学习,拿中文《圣经》来找我讨论,才发现内中舛错不少,包括误译漏译和语言风格上的问题。耶鲁的神学院和哈佛不同,是培养牧师的。中译本的理解使用,对于那位朋友便是很实际的问题。后来在香港工作期间,也有道内友人提出这个问题。《圣经》的原文是非常朴素、圣洁、雄健而热烈的,到了中译本里,却成了半文不白、佶屈聱牙的"洋泾浜中文"。这和《圣经》译本在西方各国的崇高的文学地位恰成对比。因此萌发了重新译注《圣经》的计划。《圣经》是人类有史以来流传最广读者最多的一部书,也是支配我们这个世界的强势文明的源头经典之一。我以为,读者从求知的立场出发,读一读应该大有益处。

《神曲》

有一阵子,我热衷于译诗,各种语言各个时期的诗,只要喜欢的都试一试。先父曾请上海外国语学院方重(芦浪)先生批阅。方先生是翻译大家,功力极深,往往改一两个字,一行诗就生动了。我对他翻译的陶渊明和"英诗之父"乔叟的《坎特伯雷故事集》和《特罗勒斯与克丽西德》尤感兴趣。后来我的北大硕士论文和哈佛博士论文写的都是乔叟。乔叟早年到过意大利,深受但丁、薄迦丘、彼特拉克的影响;所以到哈佛不久,但丁和意大利语便排进了学习日程。过完大考,游历欧洲,特意追寻乔叟的足迹,访问了但丁故乡佛罗伦萨。但丁之吸引我,不仅因为他是"天堂大门为之打开两次"的伟大诗人(《神曲/天堂篇》15:30),还因为他的艺术风格与中国人的情趣气质和文学传统相距甚远,例如个人化的喻指象征、寓崇高于简朴的叙述以及对语词的复义/复调效果的追求。故而百读不厌。

他是"天堂大门为之打开两次"的伟大诗人。
〔英〕雷顿(1830—1896):《但丁在他乡》。

据报道,北大西语系田德望先生译注的《神曲》已由人民文学出版社出版。田先生早年留学佛罗伦萨研习但丁,晚年不顾癌症缠身,倾十七年心血铸成此伟业。功德无量,实在是知识界一大福音。

美国商学宗师奥地利人德鲁克(Peter Drucker)博士今年九十四岁。神态举止看似八十,开会听他作主题报告,敏锐通达恍若盛年,方悟得"人生四十才开始"这句话什么意思。会上有人问他可有长寿秘诀,他顿了顿,道:读书。我每五年把莎士比亚全集从头至尾重读一遍。会场上鸦雀无声,接着就一片赞叹。

我希望每三年,将《神曲》重读一遍。

二零零三年四月

大选 2000

一

美国大选进入白热化阶段,传统上是在劳动节即九月头一个星期一过后。那时距离选举日尚有九个礼拜共计九万零七百二十分钟,两大党(共和党和民主党)不约而同使出"杀手锏",一来一往,狠狠地中伤对方的候选人。丑闻满天飞,老百姓也不得安宁。一家人忙碌一天只有吃晚饭在一起,刚坐定,铺开餐巾,电话铃响,准是民调机构或传媒采访。拿起听筒,果然。赶快说"对不起,这里没有叫布什的","戈尔先生也不认得",或者"投谁的票?找我打听?您拨错号了",说完就挂电话。这样折腾,没几天,就把"美国的脊梁",那些礼拜天不上教堂心里不安、翻开地图首都华盛顿在左边还是右边怕猜错的中产阶级,全得罪光了。其中最爱护"家庭价值"最顾惜自由生命的那部分选民,越想越气愤:怎么,大选一来,我的隐私权宁居权就一钱不值了,让传媒和政客随意践踏!干脆,报名加入取消死刑左翼环保分子的绿党,或者反对打胎右翼全国枪会的基督教联盟。就在这个关键时刻,布什州长举重若轻,从善如流——他不像戈尔副总统那样事事操心,连讲稿也要亲自起草——听从一位助手的建议,决定到美国东北一个小州新罕(布什儿)州召开共和党的造势大会。地点选在 H 镇中学的室内体育馆,因为那助手有位做生意认识的律师朋友在那间中学的董事会上挂职,请缨过好几次了希望主办大会,为振兴家乡的经济出力。而美国大选有一个公开的秘密,就是历史上无论谁入主白宫,没有不先赢下新罕州的。人不能跟历史过不去。于是,那个枫岚初染的周末,H 镇的人口翻了一番,陡然升至一千八百。四下望去,将近一半的人扛着电视摄像机,握着麦克风;剩下的另外一半,好奇的、挥拳头的和躲闪不及的,通通暴露在摄像机和麦克风面前。下午三点光景,州长准时出现在中学体育馆门口,系一条"国旗红"领带,同我们——我和内子及特意邀我们到场(原因见下文)的本镇友人罗宾太太————握手了。

州长道:真高兴见到你们!我们回答:高兴的是我们,州长先生!(这是文雅的说法,直译成中文试试)。记者手里的镁光灯嚓嚓闪个不停,还有人鼓掌、摇旗、吹口哨。这时,发生一桩小事,险些拖累了总统候选人在 H 镇乃至邻近选区的崇高声望。关于此事的详细经过和前因后果,至今尚无定论;就是说,还在正街口镇委会老屋右手,法院对门,两株玉兰树之间那家老字号"颈手枷"酒吧的高脚凳之间醉醺醺地争辩着。

话说州长放下罗宾太太的手,见她身后站着一名小个子男生,举一面"布什/切尼"标语牌,以为是初中生,便伸手过去,拍拍他的面颊,如同大人谢谢小孩支持一般。不料那支持者这学期升了高中,刚戒掉连环漫画,开始以成人自居。现在州长居然在大庭广众之下(附近至少有三名同班女生),拍他的那个地方!顿时小脸涨得绯红,鼻梁上的雀斑也不见了。幸好记者的镜头都跟着州长走,没有照他的窘相。他扔了标语牌,转身走进体育馆,在末排垂头坐了。罗宾太太看在眼里,有心打抱不平,当即唤过邻居们来高声抱怨,"布什家的儿子"怎么硬是改不掉他粗枝大叶的作风?

接下去一个细节,"颈手枷"那边流传着两种说法。一是州长顺风耳,走到主席台底下,居然还能听见门口有人责备"布什家的儿子",回头望去,只觉得说话的绿裙夫人有点面熟(那天罗宾太太穿一袭浅绿绣花领百褶裙,说是挽留一日"印第安夏",即中国人所谓"小阳春"天气)……一是归功于陪同州长的某个助手细心,注意到了小个子男生的尴尬和绿裙夫人的"激烈"反应,及时提醒州长。不管怎样,州长发现自己失误了,立刻转体一百八十度快步返回门口,到那满肚子委屈的支持者跟前,郑重其事,向他道了歉!

您可以想见吧,体育馆内人们一传十、十传百的吃惊、感动、赞不绝口。坦白地讲,我也受了教育。谁说民主选举不害人?堂堂南方牛仔得克萨斯"独星州"州长,为履行承袭父名的长子之责,替爸爸回报克林顿/戈尔当年"一箭之仇",老远千里飞来我们新英格兰,不就是抓个"典型"小镇作背景上电视扮亲民的形象?要受这份鸟气!还要跟群众握好几百趟手,一趟都假冒不得。回到车里,可怜他那副抽筋充血的掌子,不知要消毒按摩几遍,才能拿刀叉吃饭。所以,出于职业道德,我觉得有义务澄清一下事实:那天州长的演说,并不像报纸上形容的那么蹩脚,"英语惨遭屠杀"。至少听着,要比后来戈尔副总统第二次认输求和,向美国人民发表的那份新闻评论员一致赞扬"文雅体面"的告别辞来得顺耳。州长的毛病,顶多是第三人称代词主、宾格 he/him 和 she/her 偶尔不分,属于无可厚非的洋泾浜英语。副总统念讲稿才真正让人绝倒：他是句号一律不停顿，读到逗号才换气，跟从前"农业学大寨"那阵子披星戴月集合在打谷场上开会学习，生产队老队长提着汽灯读社论，一个腔调！

二

您如果以为，我们那天前往小镇参加造势大会，是为了受一回总统候选人亲切接见，就误会了。您不了解美国。在美国，人要是没犯下贩毒逃税坑害国家的滔天罪行，没落到贿赂联邦调查局和检察官不成功需要买一份总统赦免令的地步，急急忙忙找现任或接任的总统握手干什么？您就是办公室四面墙挂满国家领导人的合影、题词、亲笔签名信，也吓唬不了什么人。风气不同。九六年克林顿总统竞选连任那会儿，唐人街有个被他"斩"了一笔（后来国会调查，改称"政治献金"）的生意人，逢人就问：嗨，想不想跟克林顿共进早餐？厚厚一沓，都是他"献金"换来的免费餐券。可也没听说谁百无聊赖，拿了餐券去华盛顿勾搭总统合影留念。造势大会，还不如说是总统候选人推销自己，挖政敌墙角，寻求选民支持、聆听、接见的一次机会。

我们穿戴整齐，来到中学体育馆门口同罗宾太太会合，却不是要接见州长，而是替另外一个真正可爱的人捧场。而且我们不只在主席台下面对她拍手欢呼竖大拇指；大会结束，罗宾太太率领全体捧场朋友回到家里，一块儿在客厅举着香槟又把她赞叹了好一会儿。这第二遍欣赏，大概因为不在公共场所，又刚刚吃完男主人精心烹饪的杏仁柠檬佐大西洋三文鱼配青花椰菜"庆功烧烤"宴，一个个舒舒服服"猫"在沙发上或倚着窗台,所以反而越发催人动容。

"女士们、先生们,美利坚合众国下一任总统,乔治——W——布什!"

再听一遍,好庄严的宣告,发自大会组织者、罗宾太太的好邻居"长脚"律师。这人平时有些骄矜,连星期五晚上伴随太太逛菜场超市都昂首挺胸拿着架子,此刻被自家嗓音抚摸了,忍不住伸开胳膊做一个胜利的手势,差点碰翻壁炉上那只方口红釉日本花瓶。但这险情坐在我身旁的女主人全然没有察觉。她只顾掏纸巾揩眼泪,站起来,捧着女儿的肩:玛莎宝贝,我的上帝,你上了全国电视网!真的,全世界的人现在都看着你呢!

可不是。电视屏幕上,州长边挥手边走上缀了一串串红白蓝三色气球的主席台。身后出现一排站得笔直的孩子,中间那个手里捏着作业簿的,正是玛莎。镜头慢慢推近,推近。终于,画面只剩下州长和玛莎,一大一小两张脸,几乎贴在一起。州长满面堆笑,嘴唇开始蠕动;孩子那一双蓝眼睛圆圆的,放着光,似乎充满惊讶,注视着州长的后脑,仿佛那里还有一张观众看不到的脸,在对她一个人悄悄发表另一篇我们听不见的演说。客厅里的人们欢呼起来,加入体育馆内几个钟头之前的自己。

玛莎却显得满不在乎,耸耸肩,走回餐厅去盛了一碟水果色拉。"长脚"问她,有没有被州长的演说打动;假如岁数够格的话,会不会投他一票?"他?做他的 subliminable 梦去!"她扮个怪相道。大家都笑了。前不久,州长阵营攻击戈尔副总统的电视广告采用了一种近乎邪教的所谓"阈下"战法,就是在广告中插一个只显现零点零几秒、肉眼无法感知的图像,例如"耗子"(rat);据说这"耗子"能偷偷钻进观众的"阈下"潜意识,噬啮印在那里的戈尔形象。形象一破,那自诩"发明了互联网"的吹牛大王信誓旦旦,什么从来没有向中国人敲诈勒索"政治献金"等"此地无银三百两"的把戏,就自动戳穿。岂料副总统年轻时干过拆政客烂污的记者活计,特精通传媒行业损人的道道。把共和党精心炮制的广告录像拿来,调慢速度一放,"耗子"就现了原形。"透露"给各大传媒,反过来将州长一军,考验他出名的语文水平,看他念不念得全"阈下"(subliminal)这个英语词的四个音节。结果州长在为广告辩解时,老把 subliminal 错念成 subliminable,闹了笑话。

罗宾太太朝律师摇摇头,等于说:对不起,布什家儿子的那个粗枝大叶,他哪懂得,我们玛莎自有一套独立的见解呢!

玛莎是罗宾太太和先生的长女,丽贝卡的姐姐,刚上八年级(相当于中国的初二)。丽贝卡是内子的洋教女的要好朋友,从小一块儿扮家家、过生日、上幼儿园、每星期三下午到公共图书馆听阿姨讲小熊文妮的故事。她们两家都住在滨海一号公路附近,中间隔开一片树林,离我们麻省新伯利港十五分钟车程。风和日丽的天气,带她们手挽手登上凸入海里的用巨石垒起的防波堤,走到顶端的航标灯底下喂海鸥玩,可以望见北边缅因州裸露着深黑色礁岩的海岸线。如果仔细看,玛莎十分肯定地告诉我,还可以辨出布什家避暑的别墅,因为他们家和相距不远的外公外婆的奶黄色小屋不同,竖着一根高高的旗杆。我知道玛莎不喜欢布什家的真正原因——她同意我在这里替她说明一下——就是布什家的爸爸做总统的时候,夏天放假,从机场来别墅,不知什么缘故不肯坐空军的直升飞机,偏要开一个浩浩荡荡的车队。警察把公路一封好几个小时。有几回,妈妈带她去看外公外婆,车就堵在半路上了。您能够想象性急的妈妈火冒三丈的模样吗?不过玛莎担心的是比迟到外公外婆家更为严重的问题:老师讲的,汽车排长龙会产生大量尾气,而尾气是美国城市空气的主要污染源。难道总统连这个简单的道理都不懂?

三

然而自从造势大会的消息传来,玛莎说,妈妈就突然改变观点,停止数落布什家的这个那个了。不过,正如天主堂的神甫经常教导的:世上的事看似无奇不有、互不相干,其实都连着,一环扣一环,追问到底,只有一个原因。这原因,照玛莎的理解,没有别的名字,就叫玛莎。

暑假过后,有一天罗宾太太上"颈手枷"隔壁的美发厅做头发,遇见玛莎的老师琼思小姐。琼思小姐照例把玛莎夸奖一番,成绩全优之外,没忘记提一句"这学期上演讲课表现特别积极,有当领袖的才干"。罗宾太太喜滋滋回到家,向丈夫传达了老师的评语,罗宾先生从他的电脑程序中抬起头来,道:我不是早跟你说过,亲爱的,我们大女儿口才好,主意多,将来恐怕要念法学院,出人头地做大法官呢!我们的好邻居,还有冯象,他是教法律的,不也常表扬玛莎?

次日,罗宾太太获得确切信息,那好邻居"长脚"律师正在游说新罕州的共和党领袖,力争把造势大会搬来"布什家历来享有崇高声望"的地方,即H镇举行。她说话就变得小心了,尽量不谈大选,尤其注意回避"布什"、"爸爸"、"夏天"、"堵车"这些个敏感字眼。免得情不自禁说漏了嘴,传播到社会上,被反对小镇主办大会的人抓到把柄,坏了好邻居的功劳,连同玛莎一次观摩实习的机会。后来再一打听,发现会场定在中学新建的室内体育馆,但不对十年级以下的学生开放,就打电话向琼思小姐抱怨:这不对呀,难得一个现场向政治家学演讲的机会,上演讲课的孩子们竟然不许参加!琼思小姐找校长商议,校长想了想,道:让孩子们幼小的心灵接触接触咱们的民主程序也好,总比回家守电视机、泡互联网强。对了,组织大会的律师先生,罗宾太太是不是跟他挺熟?真巧,他也是本校董事会的一员;待到董事会开会,我把孩子们的心愿提出来,看他能不能给予照顾。

琼思小姐把校长的话一五一十回了罗宾太太。罗宾太太心领神会,猜到校长是民主党,对举办共和党的造势大会本无热情。当晚便拉上丈夫一同拜访好邻居夫妇,将"校长的请求"托付了。"长脚"满口答应,第三天便回复校长:通过一位与州长先生"仅一个电话之隔"的好朋友,把演讲课同学们的心愿说了,州长先生当场批准,欢迎孩子们上主席台,近距离观察学习总统候选人的演说。

不久,我们家邮箱里送来一封红白蓝三色请帖:

玛莎·罗宾小姐家长竭诚邀请

先生暨夫人不吝赏光

莅临

新罕州 H 镇中学演讲课"大选2000"现场实习

寒舍聊备烧烤晚宴

(时间地点衣着要求等)

RSVP

RSVP 是法语"恭候回音"的缩写。内子打电话去道谢,罗宾太太叮嘱:这场大会全国几大电视网都要来采访,晚间黄金时段播放,所以才注明衣着要求。还有,请你们暂时替我保密,我那好邻居专门关照他们了,把玛莎安排在主席台上最靠近布什家的儿子的地方,到时候一同上电视!

四

据罗宾太太通报,"长脚"律师本人也在忙选举。不过不是替州长助选,而是为自己拉票,竞选州众议员。这新罕州的民风比我们麻省纯朴,最崇尚自由独立,有他们汽车牌照上那句口号"不自由,毋宁死"为证。所以全州四百多个镇子,无论人口多寡面积大小,也都互不隶属,自主税收,享受同等的行政级别待遇。州众议院便由每镇各选一名议员组成,加上参议院,号称全球第三大议会。第一大,据说是从前的苏联,因为它有好些个加盟共和国,集中到莫斯科开最高苏维埃代表大会,每人凭证供应特殊津贴一口袋番茄黄瓜什么的,规模自然超过别国。第二大不是中国,是蒙古。您想不到吧?蒙古的大呼拉尔国民议会是否真的大,为什么大,我不清楚。可是每当我的新罕州同事以宪法专家的身份向人吹这"第三大议会"的牛,我心里便替他的井蛙之见觉得难为情:每年三月,北京召开"两会",光在全国人大登记开伙拿餐券的代表就有三千;这事实虽然还没有申请吉尼斯(健力士)记录,排名绝对在新罕州的议会之前。

言归正传。如今律师有意问鼎州议会,小镇的舆论(就是从"颈手枷"酒吧及隔壁美发厅流传出来的那些消息)一致看好,还说"长脚"从政的计划是他当初热心教育,花大力气帮中学建体育馆,那会儿就定下的。这话怎么讲?我得追溯到九年前去。

原来,这小镇居民仰慕的人物,除了国父华盛顿、英国黛安娜王妃,就数篮球明星"飞人"乔丹。中学却一直缺一座室内体育馆。新英格兰的冬季漫长,从十二月到四月都是冰天雪地,学生打球,只好跨州来新伯利港租用这里中学的体育馆,十分不便。律师有个儿子,长得人高马大,念中学的时候是篮球队的队长,外号便唤作"飞人"。那年飞人中学毕业,不愿意升大学,一心想当母校球队的教练。校长劝他:你的志向令人钦佩;可我们总得先盖了体育馆,球队有自己的基地,才谈得上聘教练吧?律师懂得校长的意思,找镇长商议,能否给中学拨款建体育馆。镇长指指心口,叹息道:本镇的财政老弟你不是不知,钱钱钱!手里没钱,别指望镇委会瞅你一眼。全镇公决,票数也不可能达到按规定要求的三分之二多数,因为除非大幅增加房产税,去哪里找这么一大笔钱?律师说:如果我拉来足够的票数,又怎么样?镇长道:那我就负责说服镇委会。过了几天,律师拿来一叠《H镇中学发展规划通讯》,是他自己编的,发给支持建体育馆的几户居民阅读,请他们签名表态。条件是每个签名人须动员三个居民支持建体育馆。第二期《通讯》登出签名榜,由签名人分送自己动员的那三个支持者,请他们签名。第二批签名就登在第三期《通讯》上,同时每个新的签名人分别再动员三个居民签名支持。就这样,套用有名的"粉红屋"化妆品公司的传销术,不出半年,律师便汇集到六成居民的签名。镇委会无奈,只得同意投票公决。结果不出所料,通过了盖体育馆的建议。接着,由律师牵头,成立"H镇中学体育馆建设委员会",做一个七年计划,每年提高房产税半个百分点,专款专用,同时发行债券融资。七年过后,果然凑足了建体育馆的款子。校长也不食言,下聘书,飞人当上了中学篮球队的教练。

那时,正逢高科技带动市场,大公司兼并成风,网络股泡沫蔽日。大波士顿地区的房价一个劲地上涨,许多人卖了老房子搬到远郊换新房子住,一部分人索性越界到房价便宜一半的新罕州购屋。小镇因为靠近麻省,交通便利,中学又在兴建体育馆,教育设施日臻完善,便吸引了一些地产商投资。房产税的收入同房价一起节节攀升,不在话下。现在,体育馆落成,"长脚"又替家乡赢来一宗举办共和党造势大会的生意,风头出尽,恰是进军州议会的时机。

所以那天在罗宾太太家,将玛莎与州长的荧屏风采对照欣赏已毕,男人们便不约而同,聊起本州的政治形势。律师乘机宣讲一遍自己"还税于民"的竞选纲领,正待揭露批判民主党的加税提案,有位太太在一旁听见了,抗议道:我不懂,我们州的学校系统赤字累累,教师工会又开始谈判增加工资,不加税,经费从哪里来?女主人忙插话道:各位想喝点什么?咖啡还是茶?问过一圈,回到律师跟前:放心吧,我的议员,这里全是你的铁票。两年任期做满,你从州议会往前再跨一步,就登上了华盛顿国会山!大家又笑,七嘴八舌,围着律师查询:噢,给我们透露透露,你那位凑着布什家儿子的耳朵说悄悄话的搭档,有人说他坐稳了白宫幕僚长那把交椅,是不是当真?律师正色道:完全有可能的,恕我暂时不能奉告。说着看看手表:对不起,我得先走一步。多谢各位今天到会,对州长、对本人的支持!边道谢边同众人握手再见。轮到方才抗议的太太,就特别感谢她提出学校经费的问题,因为公立教育乃是他献身多年且成绩有目共睹的事业。临走还提醒她,倘若还没有办理选民登记,请尽快把它办了。那女选民听了一愣,含糊答应了。后来私下对我抱怨:奇怪,他怎么会知道我没有登记?如今的人,有什么隐私可言!

五

造势大会结束,垃圾公司来中学体育馆车了一车垃圾去。小镇复归宁静,生活重返常规,除了"颈手枷"酒吧里新添一两段关于"绿裙夫人驯牛仔"的笑话,偶尔让一两个人红了脖子。转眼到了十月下旬,周末过去看望洋教女,买一个黑猫女侠的面具送她化装过万圣节。在她家吃罢中饭,出后门,脚下已是一堆堆如火的落叶,写着头上斑斓的秋阳。穿过林子,走上正街,再看两旁住家门前插着的几块"布什/切尼"和"戈尔/利伯曼"牌子,东倒西歪,朝着各个方向,仿佛被人遗忘多时了。迎面走来一个男子,高挑个头,步履匆匆,几乎在小跑。来到跟前才猛然认出,是"长脚"律师,往日沉着干练的神气全不见了,喘着气招呼"哈罗",往我手里塞一叠报纸:给你,看看这些不要脸的,栽赃栽到我头上来了!又说有急事在身,不等我问,"拜拜"去了。

翻开报纸,却是一份当天出版的《新罕州周日快讯》,头版头条一行大字:"弹劾'荣誉'(Honor),谈何容易!"是一篇揭露日前州议会动议弹劾本州最高法院首席大法官内幕的"独家报道"("Honor"是美国人上法庭对法官的尊称)。这"弹劾"二字,在当今美国,叫人听了心里爬出一条名为"恶心"的虫。太长一段时间,大报小报电视台互联网,天天克林顿、莫尼卡、雪茄烟、"豁口"(GAP)裙。其实,白宫主人贪污受贿玩女人由来已久,绝不是什么新闻。但这还不是我反对弹劾的原因;我讨厌的,是不得民心、注定失败的弹劾。好端端一个总统,老百姓因为爱他"性感"、有魅力、能上电视玩萨克斯管,才投票选了他,替换下刚打赢伊拉克在日本吃国宴昏过去的布什家的爸爸。怎么可以等人家当真崭露一回"性感"（根本没耽误办公），就这样公开地调查他、羞辱他？他支支吾吾抵赖、"误导"法庭的所谓"伪证"问题，选民才懒得纠缠！况且他民调支持度比美国人顶佩服的往白宫地道走私梦露的肯尼迪还高，干吗要学当年尼克松的江湖气概，一说弹劾就引咎辞职？更可气的，是那负责调查的独立检察官。您想想，要是您规规矩矩按时给国家纳税，到头来却供养起这么一尊专司挥霍、傲慢无礼、一事无成的检察官，以及不知多少与他勾结共生、互相利用、牟利分成的政客、律师、公关、记者，您如何感想？调查、听证、弹劾，做成电视清谈节目看着好玩，实际是这些人合伙花您纳税人冤大头的钱。

这台节目，拿新罕州的首席大法官作素材来演，就成了无事生非。从前美国的法官审理案件和中国的做法不同，靠的是自觉和荣誉感，不怎么讲究形式上的回避。后来虽然订了回避亲友同事客户之类的职业纪律，在新罕州法院，大家习惯上还是遵照老传统办事。大法官有个同事和太太闹离婚，双方请了能干的律师，官司一路打到州最高法院。一天，大法官在法院走廊里碰见离婚案的主审法官，随便问了一声：进展还顺利吗？正巧那闹离婚的同事（男方当事人）在一旁走过，大法官没有在意，继续交谈。此事不知怎的传到大法官的民主党政敌和州律师协会的耳朵里，闹将起来，指他带头搞司法腐败，折腾来折腾去，终于众议院投票启动弹劾程序，参议院充当裁判。幸好大法官历来为人正派，法院系统上上下下，没有一个作证说他坏话的，包括离婚案的女方当事人。弹劾便虎头蛇尾，不了了之。

那么"长脚"律师为何看到这篇独家报道，气急败坏呢？原来文章讲完弹劾，话锋一转：女方当事人不愿在听证会上指控大法官，揭自己的旧疮疤,情有可原。但有一点人们至今不明白或没考虑的,就是大法官找主审法官讨论案件,何以男方当事人偏偏在场,"碰巧"听见?倘若大法官懵懵懂懂,违反纪律非属故意,那么这"巧合"是谁一手安排的?又是谁将此"内部事件"透露给女方当事人,对她施加压力,逼她息讼、签订离婚协议的?"本报经调查获悉,大法官和离婚案当事人三方有一个共同的朋友。此公H镇人氏,非常熟悉本州法律程序和法院人事。而且无'巧'不成书,他恰好准备就绪,指望明年加入那狠狠弹劾了我们'荣誉'的州众议院呢!"

律师中了影射,不啻胜利在望却中了埋伏,一下乱了方寸。写信传真到报社、电视台抗议,电视台给他两分半钟访谈节目时间澄清事实;他说不周全,反而招致更多的猜测。他的民主党竞选对手乘乱出招,接连公布他与本州法院的业务往来,某年某月某日在某地与某人会面,大概商量什么,可能什么动机,事后发生什么,如此这般,文章做足。同时挨家挨户散发传单,上面只印一句话,摹仿当年克林顿/戈尔打倒布什家的爸爸的句式:"碰巧?傻瓜,碰上他总是碰巧!"开头几天,小镇居民只道是例行的竞选谣言,不去理会;后来流传广了,反复接触,就将信将疑了。等到律师醒悟,发动支持者反攻,已经是万圣节的前夜(十月三十一日"鬼节"),人们的心思不在选举上了。家家户户台阶上摆了镂空的南瓜,雕上鬼怪嘴眼,里面点一支蜡烛,小孩子见了,成群结队戴着面具扮成科幻和妖魔故事中的角色敲门讨糖果点心吃。"鬼节"闹完,律师曾经卷入某种未名丑闻的"既成事实",牢牢印在选民脑子里了。

六

"大选星期二"(十一月七日),票站从清晨开到晚上八点,快关门的时候,还有迟下班的人赶来投票。据票站的志愿工琼思太太(中学老师之母)估计,投票人数超过历年的三成不止。点票机开到中午就坏了,改用手工登记。来自"颈手枷"酒吧的消息称,那三成"超额"的票,多数是民主党在"鬼节"前动员出来的。果然不假,点票结束,律师只比对手多四张票。民主党立刻组织上正街游行,抗议选举结果不公,机器被人做了手脚,错计废票等等,要求全部选票重新手数。镇长出面,请两党召集人到镇委会老屋商谈,未果。第三天,民主党候选人告到法院。法官老先生德高望重,人称"所罗门大人"(比作《圣经》里古代以色列人的智慧王)。那所罗门大人收到诉状,即立案传被告共和党候选人到庭答辩。开庭那天,听众挤满了法院,几乎关不上门。大人听罢两造的诉辩主张,检视了警察封存的点票机和票箱,当庭宣布:本官受命于人民,效力于民主。民主之大旨,无非人人一票,票票算数。怎奈公立教育漏洞百出,国民算数能力每况愈下,机器点票遂蔚然成风。查本镇长期以来,机器未有及时维修,竟然选举日中途辍工(以上事实两造并无争议),致使数票结果受到原告及部分选民合理怀疑。怀疑不去,民主难为。所幸涉案选票不多,现裁定如次:票箱押下,待我吃过中饭亲自开箱监督重数。下午三点继续开庭,听本官宣判。说完,木槌一敲,退堂。

也是凑巧,三点一到,天主堂突然"铛铛铛"敲钟,等在法院门口的人们面面相觑,不知报的是谁家的丧事。警察出来开门,众人排队进去入座了,三声"肃静"(oyez)叫毕,所罗门大人手提票箱升堂,厉声喝道:你们听清楚了!这票我和助理锁在办公室里数了三遍,不多不少,三百三十六张有效,原告和被告两位州众议院候选人各得一百六十八张,打平!

法庭里一阵骚动,两位候选人按捺不住,站起来抢着发言。大人摆摆手道:坐下!本官还没有判决。本州《宪法》及《选举法》并无有效选举之后,选民重新投票之规定。原告、被告请上前来,本官有一个裁判建议与你们说。两人走到案前,大人却不说话,将右手伸到他们面前摊开。他们互相望望,迟疑片刻,都点点头。大人道:记住,你们是宣了誓的。然后起身,再伸平右手。这下子众人看清楚了,手心里是一枚闪闪发亮的二十五美分硬币。片刻,那硬币向上一跃,一串跟斗化作一道银光落下,被大人一把接住,捏在拳头里,手背朝上,伸到律师胸前:你猜!律师从牙缝里挤出一个词:老鹰。大人摊开手掌,摇了摇头。待到众人透过气来,拥上前去看时,硬币仍然躺在手心;人头向上。

七

以上大人断案的细节,我们是事后听罗宾太太形容的。"可怜的好邻居"从法院回到家,锁上门,一个星期没有露面。"我真替他担心!可又有什么办法,成千上万的人读不懂'投票须知',拿着'蝴蝶票'瞎打孔,不也是碰运气?"

她指的是——您在中国大概也躲不了天天传媒报道专家分析的——佛(罗里达)州的"蝴蝶票"风波。那五个礼拜在美国可不好过!不要说法学院的学生,我们教课都心不在焉,恨不得每隔十分钟就上网查一遍佛州的动态。下课去到饭厅,一桌桌的人,辩不完的"孔屑"如何分类、什么性质、怎样数法。"宪法学"干脆停了课,主讲教授自费飞到戈尔副总统身边,报名参加他的律师团。脾气耿直或情绪不稳的几个民主党和共和党同事之间几乎不能说话了,免得吵架伤了和气。背地里,双方都在组织"志愿监票员",包机运去佛州,增援"前线"那四个可能重数"孔屑"的县。不知您听说没有,往年美国大选,出门投票的选民仅及五成;可以说一半的美国人不在乎谁当他的总统。世纪之交,这小小"孔屑"居然激发了席卷全国的宪政热情;从今后,多少研究"政治科学"的专家学者可以靠它混一口饭吃。

太阳依旧升起,一天比一天亮得晚。圣诞节将近,罗宾太太接到中学寄来的喜报,玛莎荣获学生演讲比赛亚军,下学期(和冠军一道)代表本校参加全州的中学生演讲大赛,题目还是"大选2000"。罗宾太太忙去中学见琼思小姐,当面感谢老师的精心培育。琼思小姐将玛莎的表现得失细细说了,还讲了一通孩子进步离不开家长做榜样的道理。罗宾太太听了,连连称是。回家进门,放下手提包,便找电话簿翻黄页。罗宾先生正在厨房里和面做紫浆果奶油松糕,见太太心急火燎的样子,问怎么回事。太太道:我找电视台,订购候任总统在中学体育馆(与玛莎同台)演说实况的影碟!给电视台挂完电话,才对丈夫解释那影碟如何"一石三鸟":一、留作玛莎成长的纪念;二、如果她将来有志从政,可以拿出来让传媒炒(那"贱卖白宫"的克林顿,把他小时候访问白宫受肯尼迪接见发誓长大当总统的神话,唠叨过多少遍?);三、立即派用场,供玛莎研究候任总统的演说,为下学期的大赛做准备。罗宾先生擦干净手,叫大女儿来厨房参加讨论,道:依我看,不如让玛莎先采访几个人,例如我们的好邻居;只有对选举有了深入的了解,才讲得出水平。玛莎高兴得跳起来:采访采访,现在就开始采访!听着,爸爸,我第一个采访你!

圣诞节瑞雪纷纷。次日初霁,洋教女家开一个午餐"派对",邀了常聚的几家朋友共庆佳节。玛莎获准同我约定,饭后录音采访二十分钟,地点选在二楼起居室小书架前。"派对"上才见面,她便从书包里拿出袖珍录音机要求试音:"下午试?不行!下午是正式采访,没有时间试音"。只好同意。午餐她吃得飞快,一会儿就停了刀叉,说饱了,身子却动来动去。好不容易等到大人们用完正餐,甜点还没上,就隔着餐桌用嘴形向我示意,"please,please"到时间啦!女主人见状,笑道:去吧去吧!甜点和茶,待会儿我给你们端上来。

上楼时,我问玛莎:采访过几个人了?

"妈妈还没广播?告诉你吧,四个。爸爸、妈妈、所罗门大人和'长脚'伯伯。"

你向所罗门大人采访什么?变戏法扔硬币?

"你跟他一样,猜不着。我问他,最高法院凭什么不许佛州手工数票。"

问得好。"长脚"伯伯你问他什么问题?竞选失败的感受?

她快乐地往楼下大叫:"妈妈,看你误导了多少人!"来到起居室,边笑边把律师"锁门不露面"的真相说了。原来,别人打官司数"孔屑"的那一月,他也在"数","数"那位托硬币之福,当上新议员的民主党对手的家庭背景、生活言论。最后"数"出一枚重磅炸弹:那新议员新近删除的个人网页上曾载有"侮辱或诽谤"警察的文字!"'长脚'伯伯已经获得州警察工会的支持,一块儿号召选民,打电话发电邮到州议会去抗议。爸爸说,新议员如果变成民主党的包袱,很可能,别人会逼他辞职呢。"

好手段！那么今天你采访我,从哪里开始？

玛莎启动录音机,翻开手里的作业簿,念道：

"我想请教授谈谈这个：我们好多同学都对最高法院的判决失望,觉得不让数'孔屑',哪来公正的选举结果？可是我们这里,'长脚'伯伯因为扔硬币输掉选举,反而没有人批评抗议。为什么？"

为什么。一时不知从何说起。走到窗前,窗下一方菜园,夏天孩子们喜欢进去摘蔬果,现在被厚厚一床白幔般的积雪覆盖了,只露出篱笆桩的尖尖。白幔上两行足迹,一行深些,像是一匹独行的白尾鹿留下的,一直通进树林；另一行如梅花瓣的,大约是一只饥饿的红狐的爪印,绕房子转了一圈才离去,朝着树林相反的方向。我收拾起思绪。同时感到,一双明亮的蓝眼睛正仰视着、读着我的后脑。

二零零一年二月

下 编

利未记

全燔祭

一章

耶和华召唤摩西，由此至 7:38 所述礼仪，实为第二圣殿时期（前 537 年以后）的情况。 摩西时代仅留下逾越节的记载，《出埃及记》12:1 以下。 **会幕中传下谕旨：**²你去对以色列子民宣布：

你们各家向耶和华献祭，祭牲取牛羊皆可。³全燔祭若是献牛，须用无残疾的公牛。 将牛牵到会幕门口请耶和华悦纳：⁴伸手按住那祭牲的脑门，表示祭牲（kipper）是自己的赎金（kopher），《出埃及记》29:10 注。 此为单手按，下同；参较 16:21，双手按替罪羊。 如此一经悦纳，便可赎罪。⁵随即宰牛，在耶和华面前，即祭坛前。 后来明确规定，宰祭牲属祭司之职，《以西结书》44:11。 由祭司（亚伦子裔）行奉献之礼，把血洒在会幕门内的祭坛四周。 古人视血为生命之本，洒血有赎罪之功、见证之力，17:11，《出埃及记》24:8。⁶再将祭牲剥皮，切成碎块。⁷亚伦子裔即祭司在祭坛上铺好木柴，点火，⁸把肉块、牛头及脂肪摆在燃着的木柴上；⁹内脏四肢要用清水洗净，由祭司献上祭坛一起烧化。

此即全燔祭，仪式类似迦南大神巴力的祭礼，或是受其影响，《列王记上》18:20以下。 那馨香的青烟，最受耶和华喜欢。 见《出埃及记》29:18注。

¹⁰若献羊作全燔祭，无论绵羊山羊，须用无残疾的公羊。 ¹¹将羊在耶和华面前、祭坛北边宰了，传统上入侵以色列的敌族或"神的裁判"多来自北方，《耶利米书》4:6。 由亚伦子裔即祭司把血洒在祭坛四周。 ¹²再将祭牲切成碎块，由祭司把肉块、羊头及脂肪献上祭坛，摆在燃着的木柴上；¹³内脏四肢用清水洗净，一起烧化。 此祭缭绕的香烟，最是耶和华的钟爱。

¹⁴若献飞禽作全燔祭供奉耶和华，须用斑鸠或雏鸽。 见5:7注。 ¹⁵祭司应在祭坛前将鸟头拧掉，准备烧献。 鸟血要在祭坛旁挤尽，¹⁶拔去嗉囊羽毛，扔在祭坛东面倒灰的地方。 在营地外边，4:12。 ¹⁷再将牺牲从两翼中间撕开，但不可撕断，参观"肉块之约"，《创世记》15:10。 由祭司摆上祭坛，在燃着的木柴上烧化。 此祭袅袅的香烟，最是耶和华的心爱。

素　祭

二章

若是向耶和华献素祭，minhah，本义礼品。 穷人献不起祭牲，以农产品代替。 此礼应是以色列定居迦南后订制的。 须用精白细面；soleth，洗净小麦，反复筛碾制成。 浇上橄榄油，并乳香一份，²拿来交给亚伦子裔即祭司。 由他抓一把和了油的面粉，连同全部乳香，献上祭坛烧化，象征全燔。 此祭飘香的白烟，也是耶和华的心爱。 ³余下的素祭，归亚伦父子：供祭司（归圣者）食用，视同烧化归圣，《民数记》18:8以下。 此乃烧献耶和华的至圣之物。

⁴若所献素祭是炉子烤的，也用细面，不发酵；或调油揉成油糕，通常为圆形，中央穿一孔。 或擀薄做礼饼，上面涂油。 见《出埃及

记》29:2注。

⁵若所献素祭是铁盘烙的，也用细面，调油，无酵；⁶烙熟后掰开弄碎，浇上油，即成素祭。

⁷若所献素祭是平锅烘的，也用细面，调油。

⁸以上各种素祭拿来供奉耶和华时，应交给祭司，由他献上祭坛：⁹即从祭品中取出一份作象征，旧译纪/记念，误。下同。 在祭坛上烧化：冉冉白烟，是耶和华的珍爱。¹⁰余下的素祭，归亚伦父子：此乃烧献耶和华的至圣之物。

¹¹供奉耶和华的素祭，一律不可含酵；面食发酵，视为祭品变质亵渎神明，《出埃及记》12:15注。 凡含酵或含蜜的食物，都不可烧献耶和华，蜜(debash)，兼指葡萄糖浆，周边异族常用于祭礼。¹²因为在祭坛上烧化，它的气味不对：只可作初熟的果实献给耶和华。 如下文14节。¹³此外，各种素祭都要搁盐，盐可防腐，亚述人用于祭拜、缔约。 故有"盐约"的说法，《民数记》18:19，象征缔约之坚。 决计不能让素祭中少了与上帝立约的盐。 一切祭品，必须加了盐才可奉献。

¹⁴倘若以初熟的果实作素祭供奉耶和华，初熟的果实(bikkurim)，传统上献七样：小麦、大麦、葡萄、无花果、石榴、橄榄油、蜂蜜。 但此处仅指谷物。须用新麦穗，火焙了碾成细面；¹⁵浇上橄榄油，并乳香一份，即成素祭。¹⁶由祭司掬出一份作象征，和了油，连同全部乳香，烧化了献祭耶和华。

平安祭

三章

若是向耶和华献牛作平安祭，shelamim，有共享、团结之意。 见7:29以下。 无论公牛母牛，须用无残疾的。²应伸手按住那牛的脑门，在会幕门口宰杀。 由亚伦子裔即祭司把血洒在祭坛四周。³然后取下牺牲的全部脂肪，为耶和华作平安祭，包括粘在内脏上的脂肪、⁴带脂肪的一对腰子及肝叶最肥的部分。 一并割下，⁵由亚伦子裔献上祭坛，摆在燃着的木柴上，跟全燔祭一同烧化。 此即平安祭，那馨香的青烟，最受耶和华喜欢。

⁶若献羊作平安祭供奉耶和华，无论公羊母羊，也须用无残疾的。

⁷若献的是绵羊，旧译羊羔，误。下同。 应牵到耶和华面前，⁸伸手按住那羊的脑门，在会幕门口宰杀。 由亚伦子裔把血洒在祭坛四周。⁹然后取下牺牲的全部脂肪，为耶和华作平安祭，包括顺尾骨割下的整条肥尾、粘在内脏上的脂肪、¹⁰带脂肪的一对腰子及肝叶最肥的部分。 一并割下，¹¹由祭司献上祭坛，一同烧化：袅袅香烟，最是耶和华的心爱。 此句原文：作烧献耶和华的食物。译文从七十士本。

¹²若献的是山羊，也应牵到耶和华面前，¹³伸手按住那羊的脑门，在会幕门口宰杀。 由亚伦子裔把血洒在祭坛四周。¹⁴然后取下牺牲的全部脂肪献祭耶和华，包括粘在内脏上的脂肪、¹⁵带脂肪的一对腰子及肝叶最肥的部分。 一并割下，¹⁶由祭司摆上祭坛，一同烧化：缭绕香烟，极受钟爱。

一切脂肪归耶和华。 一如鲜血，脂肪也是生命之本(1:5注二)，属于上帝的禁忌。¹⁷你们无论去到什么地方，都不可吃脂肪与血；这是你们世世代代要谨守的法例。

赎罪祭

四章

耶和华训示摩西：²你去向以色列子民宣告，凡不慎违禁，误犯耶和华诫命者，须赎罪如下：

³若是受膏的祭司触罪，连累民众，特指大祭司，下同。他在会众面前代表上帝，在上帝面前则代表子民；所以一旦冒犯上帝，可祸及全体。他须为自己的罪过，向耶和华献一头无残疾的公牛犊作赎罪祭。hatta'th，本义罪过，故名。实为圣所洁净之礼，是古代近东祭祀的常例。⁴他应把牛犊牵到会幕门口，将手按住它的脑门，在耶和华面前宰杀。⁵之后，接一盆血，端进会幕。⁶用手指蘸血，在耶和华面前，向至圣所帐幔弹洒七次。七，古人视为圣数，《创世记》21:30，《出埃及记》2:16 注。⁷再抹一些在会幕内（耶和华面前）香坛的犄角上；剩余的血，倒在会幕门口全燔祭坛的坛脚。⁸接着，取下赎罪祭牺牲的全部脂肪，包括粘在内脏上的脂肪、⁹带脂肪的一对腰子及肝叶最肥的部分。一并割下，¹⁰由祭司献上祭坛烧化，一如平安祭献公牛之礼。见3:1以下。¹¹但是，牛犊的皮、肉、头、四肢、内脏、粪便等，¹²即整具残骸，不可食用，因献祭者冒犯了上帝，正在祈求赦免。应运到营地外专为倾倒坛灰而设的洁净之处，堆一柴堆，点火烧掉。

¹³若是全以色列会众触罪，出于无知而非故意违背耶和华的诫命，¹⁴则所犯罪过一旦察觉，会众须向耶和华献一头无残疾的公牛犊作赎罪祭。应把牛犊牵到会幕门口，¹⁵让各位长老伸手按住它的脑门，在耶和华面前宰杀。¹⁶由受膏的祭司接一盆血，代表会众，上文第3节注。端进会幕。¹⁷用手指蘸血，在耶和华面前，向至圣所帐幔弹洒七次。¹⁸再抹一些在会幕内（耶和华面前）香坛的犄角上；剩余的血，倒在会幕门口全燔祭坛的坛脚。¹⁹接着，取下牺牲的全部脂肪，献上祭坛烧化，²⁰一如祭司自己的赎罪祭献牛犊之礼。如此执礼完毕，他便为会众求得了赦免。²¹牛犊的残骸，则运到营地外烧掉，如同前一具残骸。此即会众的赎罪之礼。

²²若是首领触罪，非属故意，违背了上帝耶和华的诫命，²³罪过一旦察觉，他须牵一匹无残疾的公山羊来作牺牲。²⁴应伸手按

住它的脑门，在耶和华面前，即宰全燔祭祭牲处，将它宰献，作一赎罪祭。²⁵然后，祭司用手指蘸牺牲的血，抹在全燔祭坛的犄角上。 注意：只有大祭司和全会众的赎罪祭，牺牲的血才能进会幕。 首领或平民个人赎罪，一切礼仪（包括抹血）都在会幕外进行。 剩余的血，倒在那祭坛的坛脚。²⁶牺牲的脂肪，全部献上祭坛烧化，一如平安祭献山羊之礼。 如此，祭司便为那首领行了赎罪之礼，替他求得了赦免。

²⁷若是平民百姓触罪，非属故意，违背了耶和华的诫命，²⁸罪过一旦察觉，他须牵一匹无残疾的母山羊来作牺牲。²⁹应伸手按住它的脑门，在宰全燔祭祭牲处将它宰献。³⁰然后，祭司用手指蘸牺牲的血，抹在全燔祭坛的犄角上。 剩余的血，倒在那祭坛的坛脚。³¹牺牲的脂肪，一如平安祭献山羊之礼，全部献上祭坛烧化：青烟飘香，是耶和华的珍爱。 如此，祭司便为那平民行了赎罪之礼，替他求得了赦免。

³²倘若他牵绵羊来作此祭的牺牲，须用无残疾的母绵羊。³³也伸手按住它的脑门，在宰全燔祭祭牲处将它宰献。³⁴然后，祭司用手指蘸牺牲的血，抹在全燔祭坛的犄角上。 剩余的血，倒在那祭坛的坛脚。³⁵牺牲的脂肪，一如平安祭献绵羊之礼，全部献上祭坛烧化供奉耶和华。 如此，祭司便为那平民行了赎罪之礼，替他求得了赦免。 下接5:7。

案　　例

五章

人若犯罪，例如——

听见咒誓传唤，'alah，判官传唤证人，可发一誓：若证人说谎、逃避就诅咒如何。 理应为所见所知之事作证却拒不陈述，此罪以故意为要件，和以下三例不慎负罪不同。 应受惩罚；

²或触碰不洁之物，如不洁的野兽家畜或爬虫的尸体，当时未加注意，事后发觉受了沾染，原文无"事后发觉"。译文从犹太社本，据下两节补。 故负罪责；

³或触碰别人的秽物，tom'ah，如排泄物。 不论何种不洁，当时未加注意，事后发觉受了沾染，故负罪责；

⁴或信口发誓，无论恶意善意、针对何事，当时不曾留意，事后想起，故负罪责——

⁵凡此种种，一经发现，罪人须公开认罪。⁶为弥补所犯之罪过，应牵一匹母羊（绵羊山羊均可）来作赎罪祭，敬献耶和华；由祭司为他行赎罪之礼。

穷　人

⁷倘若备办不起羊，上接4:35，平民赎罪之礼。 为弥补罪过，可以用两只斑鸠或雏鸽代替，献给耶和华：一只作赎罪祭，另一只作全燔祭。⁸飞禽应交给祭司，由他先献上作赎罪祭的那只。 即拧折其颈子，但不断开；⁹取牺牲的血少许，洒在祭坛壁上，再将血挤尽，倒在坛脚。 此为赎罪祭。¹⁰然后将另一只按照全燔祭的礼仪献上。 如此，祭司便为那罪人行了赎罪之礼，替他求得了赦免。

¹¹倘若连两只斑鸠或雏鸽也备办不起，可以用一碗精白细面代替，碗，直译：十分之一筐。 下同，见《出埃及记》16:16及36注。 作赎罪祭。 面粉不可和油，也不要放乳香，因为是赎罪祭。¹²应交给祭司，由他抓出一把，象征祭品全燔，投入祭坛上的火里烧化，献给耶和华。 这也是赎罪祭。¹³如此，祭司便为那人所犯的罪过行了赎罪之礼，替他求得了赦免。 余下的祭品归祭司，一如素祭之礼。

赎过祭

[14] 耶和华训示摩西：

[15] 凡出于疏忽，违犯耶和华圣物之礼者，如忘记按时足量献祭，实为侵犯了祭司特权。 须牵一匹无残疾的公绵羊来作赎过祭， 'asham，本义过失，转指谢罪赎过仪式。 向耶和华谢罪。 羊价由你估算决定， 你，指摩西。 七十士本略，下同。 折合成圣所银币。 直译：圣所舍克。 银币的基本单位称舍克或块（《出埃及记》30:13），圣所用旧制，分量比民间要重。[16] 除了抵偿所疏忽的圣物之外， 如补足祭品。 还须添加五分之一， 所谓"赎过钱"。 交给祭司。 由祭司用那绵羊为他行赎过之礼，祈求赦免。

[17] 凡行事不周，违背耶和华诫命者，虽属无意，仍应负罪责。[18] 为此，应按照你的估价，牵一匹无残疾的公绵羊来交给祭司。 但因未侵犯祭司特权，不必付赎过钱。 由祭司为他无意犯下的过失行赎之礼，祈求赦免。[19] 此即赎过祭，是为向耶和华谢罪而献的。 通行本第六章此处开始，至7:10。

案　　例

[20] 耶和华接着又说：

[21] 人若冒犯耶和华而负罪， 以下三例均为故意作恶。 诸如图谋同胞委托保管或抵押的物品， tesumah，无确解。 七十士本意译：（背叛）友谊。 或抢劫、欺压同胞；

[22] 或捡到失物却矢口否认；

或就任何犯罪事实发假誓作伪证——

[23] 凡此种种，一经发现，须归还一切不义之财；无论抢劫、欺诈或拾遗所得，[24] 还是发假誓侵吞之物，都要如数吐出。 并在原物价值之上，添加五分之一，于认罪当天，交付原主。[25] 然

后，按照你的估价，牵一匹无残疾的公绵羊来交给祭司，作敬献耶和华的赎过祭。²⁶由祭司在耶和华面前为罪人行赎罪之礼，祈求赦免，不论他获罪起于什么恶行。　以上五章分述祭品，以下两章针对祭司。

司祭之仪：献全燔祭

六章

耶和华训示摩西：²你去对亚伦父子传旨，献全燔祭之礼如下：

全燔祭献上祭坛，应彻夜焚烧直至天明，坛火不熄。　此句是后加的解释，提示早晚各献一次，以合《出埃及记》29:38以下的规定。　参较第5节。³祭司要穿上亚麻袍裤蔽体，将坛上祭品烧化的灰烬铲出，堆在坛边。⁴然后脱下亚麻袍裤，另换一套衣服，礼服不得穿出会幕（圣殿）。把灰烬运到营地外洁净处倒掉。⁵祭坛之火应常年不灭；每天早晨，由祭司添柴，摆上全燔祭并烧献平安祭牺牲的脂肪。　每日一献，是以色列建国后的做法，见《以西结书》46:13以下。⁶如此，祭坛长明，日夜不熄。　象征崇拜无止，24:2以下。

献素祭

⁷献素祭之礼如下：

素祭由亚伦子裔在祭坛前向耶和华献上。⁸抓一把精白细面，和了油，放上全部乳香，投入祭坛烧化，象征全燔。那飘香的白烟，最是耶和华的心爱。⁹余下的素祭归亚伦父子；做成无酵饼，让他们在圣所即会幕的院子里吃。¹⁰烤饼不可加酵，因为是我从烧献的祭品中特意拨出赐他们的，如同赎罪祭和赎过祭的牺牲，乃是至圣之物。[11]亚伦的后人，凡男子皆可享用这一份烧献耶和华的祭品，这是你们永世遵行的法例。 凡触碰祭品者，一律归圣。 献归上帝，《出埃及记》29:37 注。

[12]耶和华还说： 插入以下两段至 16 节，补充第八章立祭司之礼。

[13]亚伦父子受膏之日，应向耶和华献祭如下：

取一碗精白细面作日常的素祭，早晚各献半碗。[14]面粉调油，拌匀，放在铁盘里烙熟，掰开弄碎。 那缭绕的白烟，最是耶和华的珍爱。[15]亚伦后人受膏继位，立作大祭司的，都要恭行此礼，奉为永久之法例。 但祭品应完全烧化，供奉耶和华：[16]凡祭司自献的素祭，必须烧尽，不可分食。 即此祭不是与上帝分享的平安祭或圣餐。

献赎罪祭

[17]耶和华训示摩西： 上接 11 节。[18]你去向亚伦父子传达，献赎罪祭之礼如下：

祭牲应在耶和华面前，即宰全燔祭牺牲处宰献，因为是至圣之物。[19]祭肉归执礼祭司享用，在圣所即会幕的院子里吃。[20]凡触碰祭肉者，一律归圣。 如血迹沾衣，应在圣所内洗去。[21]煮过祭肉的陶锅都要摔破；若是铜锅，则用清水擦洗干净。[22]祭肉仅有祭司家的男子可以食用，因为祭牲至圣。 就首领和平民个人所献的祭品而言；祭司和会众的牺牲不可食，4:12 注。 下同。[23]但如果祭牲的血进了会幕，在圣所内行赎罪之礼， 即为大祭司或全会众赎罪，4:25 注。 牺牲就不可分食，必须烧化。

献赎过祭

七章

献赎过祭之礼如下：

此祭至圣，²祭牲应于宰全燔祭牺牲处宰献。 由祭司把血洒在祭坛四周。³然后取下牺牲的全部脂肪，包括肥尾、粘在内脏上的脂肪、⁴带脂肪的一对腰子及肝叶最肥的部分。 一并割下，⁵由祭司献上祭坛为耶和华烧化，作一赎过祭。⁶余下的祭肉，祭司家的男子都有份食用；但必须在圣所内吃，因为祭肉至圣。

⁷赎过祭与赎罪祭的规定相同：祭肉归执礼祭司。⁸为人献全燔祭，见1:2以下。 祭司可留下祭牲的皮。⁹各种熟素祭，无论炉烤盘烙锅烘，皆属执礼祭司。¹⁰一切生素祭，不论拌油干制，统归亚伦子裔，由其全体平分。 通行本第七章此处开始。

献平安祭

¹¹向耶和华献平安祭之礼如下：

¹²若是为感恩而献，感恩应是平安祭最初的用意。 除祭牲外，还应献无酵面食，即油糕圈、抹油礼饼和细面油饼；¹³配之以发酵面饼，与感恩祭牲一同供奉。¹⁴这些祭品每样取一份，作敬献耶和华的礼物，terumah，旧译举祭，不确，《出埃及记》35:5。 归于那洒平安祭牲血的祭司。¹⁵祭肉须在祭礼当天吃掉，不可留到天明。

¹⁶若所献牺牲是为了还愿或出于自愿，还愿(neder)，本义起誓。 誓言须兑现(shillem)了才能平安(shalom)，故名。 见《申命记》23:22以下。 应在祭礼当天食用；吃不完可留到次日再吃。¹⁷但第三日，所剩祭肉必须全部烧化。¹⁸第三日若继续吃平安祭祭肉，牺牲便不受悦纳，

祭礼无效，因为肉已不洁，食者必负罪责。

[19]祭肉如接触不洁之物，即不可食，必须烧掉。

洁净者得食祭肉。[20]凡沾染不洁而吃耶和华平安祭祭肉者，一律从子民中铲除；逐出部族，与上帝断绝关系，弃绝于荒野，《出埃及记》12:15注四。[21]任何人接触不洁，如人的秽物、不洁鸟兽或任何污秽，sheqez，若干古抄本及亚兰语、古叙利亚语译本作 sherez，爬虫。参见5:2。再吃那耶和华平安祭的祭肉，都必须从族中铲除。

脂肪与血

[22]耶和华训示摩西：[23]你去晓谕以色列子民：重申禁忌，3:16以下。

牛、绵羊、山羊的脂肪皆不可食。[24]动物自然死亡或被野兽咬死，脂肪也不许吃，但可作其他用途。[25]违命吃烧献耶和华之祭牲脂肪者，一律从族中铲除。

[26]你们不论去到哪里，都不可吃鸟兽的血。[27]违命者从族中铲除。

胸脯与后腿

[28]耶和华训示摩西：[29]你去通告以色列子民：

各家献平安祭，须预备一份烧献耶和华的牺牲：[30]祭品应亲手送来，脂肪连同胸脯肉。用胸脯肉在耶和华面前恭行举礼，te-nuphah，或称举祭，《出埃及记》29:24注。此处象征祭品归圣，供祭司食用。[31]脂肪则由祭司献上祭坛烧化。胸脯肉归亚伦父子；[32]平安祭牺牲的右后腿也要留下，交给祭司，[33]即洒血并烧献脂肪的那位亚伦子裔。[34]因为我已从子民所献的平安祭中，取了行过举礼的胸脯和后腿，赐给大祭司亚伦及其后人，作为以色列人谨守不渝的法例。

³⁵亚伦父子领受圣职为耶和华执礼那天,烧献耶和华的祭品中,有他们应得的一份。 mishḥah,本义膏油,引申作受膏者(祭司)的特权。³⁶那一份,乃是耶和华于他们膏立之日,命子民送来的:此规定万世不移。 引入第八至十章主题。

³⁷以上典仪,torah,总结前七章。 涉及全燔祭、素祭、赎罪祭、赎过祭、平安祭和授圣职之礼。³⁸是耶和华命令以色列子民在西奈荒野举行献祭那天,在西奈山为摩西传授的。

归　圣

八章

耶和华谕示摩西:²你把亚伦父子一同领来,带上礼服、圣油、献赎罪祭的公牛犊、两匹公绵羊和一篮无酵面食。³再召集全体会众,都来会幕门口。

⁴摩西遵命,把会众集合在会幕门口,⁵向他们宣告:此乃耶和华的旨意!⁶说着便叫亚伦父子上前,用清水洗濯。⁷然后给亚伦穿上内袍,束好腰带,着无袖外袍,外罩大祭司圣衣,腰间用缀花圣衣带子扎紧。⁸再为他系胸袋,装问旨石阄, 本义光明完美,或光与真,是求问上帝旨意的神器,《民数记》27:21。 旧译乌陵、土明,《出埃及记》28:30注。⁹戴礼冕;礼冕正面安一枚纯金徽花,象征归圣,一如耶和华给摩西的指示。

¹⁰接着,取圣油,将帐幕及内中所有陈设一一涂抹,为之祝圣。¹¹又一连七次,把圣油淋洒在祭坛上,为祭坛和献祭用具、铜盆与盆座抹油祝圣。¹²然后,倒了些圣油在亚伦头上,将他膏立归圣。 祭司行膏礼是第二圣殿(波斯统治)时期的制度;之前,只有国王受膏,表示君权神授,《出埃及记》30:30注。¹³礼成,命亚伦的儿子上前,依次穿

内袍、束腰带、缠礼冠，恰如耶和华的吩咐。

^{14}礼毕，牵过那头献赎罪祭的公牛犊，让亚伦父子伸手按住牺牲的脑门。^{15}摩西宰了牛犊，用手指蘸血，抹在祭坛的犄角上，使之洁净。 剩余的血，倒在那祭坛的坛脚：此为祭坛归圣的洁净之礼。^{16}接着，割下牺牲的脂肪，即粘在内脏上的脂肪、带脂肪的一对腰子及肝叶最肥的部分，献上祭坛烧化。^{17}牛犊的皮肉粪等，则运到营地外烧掉，依照耶和华的命令。

^{18}再牵过献全燔祭的公绵羊，让亚伦父子伸手按住牺牲的脑门。^{19}摩西宰了那羊，把血洒在祭坛四周。^{20}再将祭牲切成碎块，和羊头、脂肪一起烧化。^{21}内脏四肢用清水洗净，也献上祭坛，作一全燔祭：袅袅香烟，正合耶和华的心愿——他给摩西的训示。

^{22}再牵过第二匹公绵羊，即授圣职的祭羊，让亚伦父子伸手按住牺牲的脑门。^{23}摩西宰羊取血，涂在亚伦的右耳垂、右手大拇指和右脚大脚趾上。^{24}随后命亚伦的儿子上前，在他们的右耳垂、右手大拇指和右脚大脚趾也涂上血。 详见《出埃及记》29:20注。 剩余的血洒在祭坛四周。^{25}接着，割下牺牲的脂肪，即肥尾、粘在内脏上的脂肪、带脂肪的一对腰子及肝叶最肥的部分，加上右后腿。^{26}同时从摆在耶和华面前的那篮无酵面食里，面饼、油糕、礼饼各拿一块，搁在脂肪和右后腿上面。^{27}把这些都交在亚伦父子手里，让他们向耶和华行举祭之礼。^{28}礼成，摩西从他们手里接过祭品，放上祭坛，和全燔祭一同烧化。 此即圣职之祭：millu'im，本义（祭品）满（双手），转指祝圣授职，《出埃及记》29:9注二。 那缭绕的青烟，极受耶和华喜欢。

^{29}而后，摩西割下祭牲的胸脯肉，向耶和华行举祭之礼。 这份圣职祭羊的胸脯肉便归了摩西，按照耶和华的旨意。

^{30}最后，摩西取了些圣油和祭坛上的血，洒在亚伦父子的身

上和衣服上。 这样，他们本人和所穿礼服就都归圣了。

³¹摩西命令亚伦父子：你们煮祭肉应在会幕门口，吃祭肉和圣职祭篮子里的糕饼，也在那里——如我领受的指示： 原文：如我命令的。 译文从七十士本及下文35节，读作被动语态。 这一份该亚伦父子吃——³²剩肉剩饼，要全部烧掉。 ³³七天之内，圣职礼成以前，不可走出会幕大门，因为授职典仪须满七日。 ³⁴今天所做的一切，都是耶和华的旨意；照着去做，才能给你们赎罪。 ³⁵所以，你们务必留在会幕门口，七天七夜，恪守耶和华的典仪；否则你们必死。 如10:1以下。 这是我接到的命令！

³⁶亚伦父子遂将耶和华通过摩西下达的指示一一办了。

就　　职

九章

第八天，本章用语、仪式细节与前七章略不同，末尾写上帝荣耀，呼应《出埃及记》40:34，一说为较早的记录。 摩西召集亚伦父子和以色列众长老，²对亚伦说：你去牵一头牛犊、一匹公绵羊来，要无残疾的，作赎罪祭和全燔祭献给耶和华。 ³同时通告子民：预备一匹公山羊作赎罪祭，牛犊、绵羊羔各一（要一岁大无残疾）作全燔祭，⁴公牛、公绵羊各一作平安祭；再用油调制素祭，一同带来供奉耶和华。 因为今天，耶和华要向你们显现！

⁵以色列人按摩西的指示，带了祭品来到会幕；会众集合一处，站在耶和华面前。 ⁶摩西道：今天是奉耶和华之命，让你们见识他的荣耀！ ⁷便吩咐亚伦：你来祭坛前，献上你的赎罪祭与全燔祭，为自己和家人行赎罪之礼； 家人，原文"民众"。 译文从七十士本，指全体祭司，如16:6。 然后供奉民众的祭品，为他们赎罪，依照耶和华的旨意！

⁸亚伦走到祭坛前,宰了那头赎罪祭牛犊。⁹儿子们接了血,递上;亚伦以手指蘸血,抹祭坛的犄角,又将剩余的血倒在坛脚。¹⁰那牺牲的脂肪、一对腰子和肝叶最肥的部分,他捧上祭坛烧化了,一如耶和华给摩西的命令。¹¹肉和皮,则拿到营地外烧掉。

¹²接着,宰那匹全燔祭公绵羊。儿子们接了血,递上;亚伦把血洒在祭坛四周。¹³他们又递上肉块和羊头,亚伦接过,献上祭坛。¹⁴再用清水洗净内脏四肢,也放上祭坛作全燔祭烧化。

¹⁵之后,为民众献祭。先牵过他们送来的公山羊,宰了,如同刚才那头牛犊,作赎罪祭的牺牲。¹⁶又按全燔祭之礼,献上牛犊和绵羊羔。¹⁷再命人端上素祭,从中抓出一把面粉,投入祭坛烧化:这是早晨全燔祭之外,另加的一祭。¹⁸礼成,宰平安祭公牛和公绵羊。儿子们接了血,递上;亚伦把血洒在祭坛四周。¹⁹牛羊的脂肪,即肥尾、内脏上的脂肪、一对腰子和肝叶最肥的部分,²⁰他一并割了,他:原文"他们"(指儿子)。译文从七十士本。放在祭牲的胸脯上,献上祭坛烧化。²¹胸脯肉及右后腿,则向耶和华行了举礼,遵照摩西的盼咐。

²²终于,亚伦朝着子民举起双手,为他们祝福;赎罪祭、全燔祭、平安祭三番典仪已毕,他步下祭坛,²³同摩西一道走进会幕。当他们一起出来祝福时,耶和华的荣耀突然显现在众人面前:²⁴祭坛上腾起一团烈火,直译:有火自耶和华面前出来。同10:2。吞噬了全燔祭与脂肪。百姓见了,欢声雷动,一齐俯伏在地。

拿答和亚比户

十章

拿答和亚比户是亚伦的儿子。副手及接班人,曾与以色列七十长老一起登西奈山晋见上帝,《出埃及记》24:9 以下。 他们提着自己的香炉,盛了火,点上香,来到祭坛前。 直译:耶和华面前。 可那是耶和华禁止的番火, 'esh zarah,暗示二子效法外族异教,违犯上香之礼,16:11 以下。 旧译凡火,不妥。² 刚放上祭坛,腾起一团赤焰将他们吞了,当场烧死在耶和华面前。³ 摩西对亚伦说:应了耶和华那句话了——

侍奉我的,我必显圣;

人人面前,展我尊荣。 意为二子侍奉(直译:接近)不当,毁于圣火(尊荣)。

亚伦沉默不语。

⁴ 摩西把四叔乌齐的儿子米沙利和以利撒番叫来, 家谱见《出埃及记》6:22。 道:过来,把你们这两个兄弟抬出圣所,到营地外边去!⁵ 他们不敢违命,上前抓住死者的袍子, 圣火未烧衣服。 旧译:把(死者)穿着袍子,误。 将尸体抬营外去了。

⁶ 摩西又警告亚伦和他另外两个儿子艾利阿泽、以撒玛:你们不可蓬头散发, 七十士本作"光着脑袋",亦通。 撕破衣服; 俗人的哀礼,祭司归圣不得效法。 否则你们死掉不算,会众一起遭殃! 让族人哭去,让以色列全家为耶和华降怒火而哀伤!⁷ 要想保命,你们就不要走出会幕,因为你们身上有耶和华的圣油。 参见 21:10 以下。

他们照摩西的话做了。 下接 16:1。 以下三片断渊源各异,不衔接。

禁　酒

⁸ 耶和华训示亚伦:

⁹ 你们父子进会幕前,葡萄酒或烈酒都不许沾口; 烈酒(shekar),统称醉人饮料,包括蜜酒、麦芽酒、葡萄酒。 祭司执礼须戒酒,参较《以西结书》44:21。 否则必死。 此乃你们万代不移的法例。¹⁰ 因为你们要辨别圣与不圣、洁与不洁,¹¹ 还要把耶和华通过摩西颁布的律令,全部教给以色列子民。

祭司之份

¹²摩西告诉亚伦和他剩下的儿子艾利阿泽、以撒玛:烧献耶和华所剩的素祭,无酵的都可以拿来,在祭坛旁吃掉。 此乃至圣之物,¹³是烧献耶和华的祭品中专属你们父子的一份,须在圣所享用。 _{重申素祭之礼,6:9。} 这是我接到的训示。

¹⁴至于行过举礼的胸脯和后腿,你们父子及在家的女儿可以寻一洁净处食用。 因为那本是以色列子民所献平安祭中你们应得的一份。¹⁵脂肪烧化之后,那胸脯和后腿便要在祭坛前举起,向耶和华行举祭之礼,归于你和你的子裔:_{重申平安祭之礼,7:34。} 永世不变,根据耶和华的命令。

意　　外

¹⁶摩西问起那匹赎罪祭公山羊,_{似指为民众赎罪的那匹,9:15以下。}不想竟已经烧献了。 于是很不高兴,责问艾利阿泽和以撒玛,即亚伦剩下的两个儿子:¹⁷那赎罪祭,你们怎么不在圣所里吃?那是至圣的呀! 之所以赐食祭肉,就是要你们在耶和华面前为会众行赎罪之礼,替他们被除罪责。¹⁸既然那牺牲的血未进圣所,你们就应当按我的指示,在圣所把祭肉吃了! _{与前文规定(6:22以下)不尽相同。}

¹⁹亚伦回摩西道:唉,赎罪祭全燔祭,今天他们都给耶和华献了,可我还是遭殃! 就算我今天吃了祭肉,能保准耶和华满意? _{痛失二子,无心祭餐。}²⁰摩西听了,觉得也有道理。

洁与不洁

十一章

耶和华谕示摩西与亚伦，由此至 16:34 为"洁净律"。 洁与不洁，均就祭祀而言；不洁之物包括本族的生活禁忌和异族崇拜的动物（图腾）。说：²你们去向以色列子民宣布：

陆地上的牲兽，³凡蹄子分瓣且反刍的，都可供你们食用。⁴但那些只反刍，或仅仅蹄子分瓣的，则不许吃。 也不可献作祭品。例如骆驼，虽然反刍，却没有分瓣的蹄子，不洁；⁵岩狸不洁，只反刍而无蹄；⁶兔子也是，只反刍而无蹄；岩狸（shaphan，又名非洲蹄兔）和兔子抖腮，看似反刍，故言。⁷猪也不洁，尽管它蹄子分瓣，却不反刍。⁸这些你们都不要去吃，尸骸也不许碰，因为不洁。

⁹水族当中，凡有鳍有鳞的，海鱼河鱼不论，都可以吃。¹⁰但江河湖海里那些无鳍无鳞游动的生灵，则是你们必须憎恶的。 sheqez，即上文祭肉禁忌提及的"污秽"，7:21。¹¹这些秽物你们不要去吃，尸骸也不许碰；¹²一切无鳍无鳞的水族，你们都应当厌弃。

¹³飞禽当中，以下皆不可食，应视为秽物：名称种属诸译本及注家各异，大致为猛禽和啄食腐肉、垃圾或虫豸的鸟类。 褐雕、秃鹫、鹗、¹⁴一切鹞隼；¹⁵大小乌鸦；¹⁶鸵鸟，bath hayya'anah，古人以为不善孵蛋，愚笨粗心，《约伯记》39:14 以下。 夜鹰、海鸥、苍鹰、¹⁷猫头鹰之属；鸬鹚、¹⁸朱鹭、tinshemeth，无解。七十士本作 ibis：埃及人视为灵鸟，月神 Thoth 之化身，代表不灭的灵（b3）。 塘鹅、白雕、¹⁹鹳鹭一族；以及戴胜、蝙蝠。 归入飞禽。

²⁰虫豸当中，凡长翅膀四足爬行的皆属秽物，四足，非确数，为与两足的鸟类区别。 你们必须憎恶。²¹但有几种可供食用：一双后足生

有腿肌，_{直译：脚上有腿。}蝗、蟋蟀、蚱蜢之类，你们都应当厌弃。 可在地上蹦跳的，²²都可以吃，比如飞蝗。_{一说指各种蝗虫。}²³其他一切长翅膀的四足昆虫，_{下接 29 节。}

沾　染

²⁴下列情形属于沾染不洁：

不洁动物之尸骸，触碰者不洁，直到天黑；_{即当天不洁，次日来临（傍晚）为止，《创世记》1:5 注。}²⁵移动者亦然，不洁至傍晚，且须换洗衣服。²⁶蹄子不分瓣或不反刍的动物不洁，触碰即受玷污。²⁷四足兽凡以脚掌行走的，皆秽物。_{不仅跖行动物，如猫狗，泛指所有无蹄走兽。}其尸骸触碰者不洁，直到天黑；²⁸移动者亦然，不洁至傍晚，且须换洗衣服。凡此种种，于你们均为不洁。_{下接 32 节。}

续洁与不洁

²⁹地上的爬虫，_{统称蛇蜥虫鼠之类，《创世记》1:25 注。}于你们不洁的有：鼹鼠、_{hole<u>d</u>，七十士本作鼬鼠，通行本从之。}老鼠和各种蜥蜴，_{za<u>b</u>，七十士本与通行本作鳄鱼，路德本作蛤蟆，钦定本作乌龟。}³⁰如壁虎、_{anaqah，本义呻吟。}巨蜥、_{koa<u>h</u>，本义大力。}石龙子、蛤蚧、变色龙等。_{tinshameth，无解，同上文 18 节，标音略异。从犹太社本作 chamaileon（语出七十士本）。}³¹这些爬行秽物你们当小心在意：触碰其尸骸者不洁，直到天黑。

续沾染

³²任何物件，_{上接 28 节。}这些爬虫的尸骸落在上面，即属不洁；无论木器衣服皮革口袋，须浸在水里泡至天黑始得洁净。³³若尸骸落入陶罐碗碟，则器皿因所盛食品沾染不洁，必须打

碎。³⁴器皿里的水，其他食品沾上即受玷污；一切饮料，经此器皿便是秽物。³⁵凡落上过爬虫尸骸的东西皆为不洁；若是炉灶，则应拆毁：既已玷污，你们就要当作秽物对待。³⁶但是，泉流或蓄水池中落入尸骸，水仍洁净，因为水能养育生命、洗涤万物。 虽然触碰尸骸者不洁。³⁷若尸骸落在准备播撒的种子上面，那种子仍保有洁净。³⁸但如果种子泡在水里，再落上尸骸，于你们就是不洁的了。

³⁹死兽若是可供人食用的，属于洁净一类，但非宰杀或猎杀。 其尸骸触碰者不洁，直到天黑；⁴⁰移动者、烹食者亦然，不洁至傍晚，且须换洗衣服。

⁴¹凡在地下爬动的，都是当憎恶的，绝对不要去吃。⁴²无论用肚皮还是以四足或多足爬行，只要贴着地面蠕动，便是秽物，不许食用。⁴³千万不要让那些爬虫玷污自己，沾染不洁：⁴⁴因为我，耶和华，是你们上帝。 你们既要归圣，就应圣洁，因为我乃圣洁。 当心，不要让地下的爬虫玷污了你们！⁴⁵是的，领你们出埃及的就是我，耶和华——为了做你们上帝！ 所以你们必须永葆圣洁，因为圣洁在我。

⁴⁶以上律例，torah，同 7:37。 适用于各种飞禽走兽和一切水族爬虫，⁴⁷是为划分其洁与不洁、可吃与不可吃而颁布的。

产　　妇

十二章

耶和华训示摩西：²你去通告以色列子民：

妇人分娩，tazria'，"结籽"，通作怀孕（如路德本）。 若生男婴，有七日不洁，犹如行经之染。 血为生命之源，1:5 注二；生殖器官流血不洁（吉），需用祭礼补救。³第八天，婴儿须行割礼。⁴产妇得再守三十三日洁期，待流血止了才算洁净。共四十日。在此期间，不可接触任何圣物，亦不得入圣所。

⁵若生女婴，则有两周不洁，犹如行经之染。须再守六十六日洁期，以待产血流尽。古人以为生女比生男危险，故产妇洁期（禁忌）加倍。

⁶洁血期满，无论生男生女，她应取一只一岁羊羔作全燔祭，并一只雏鸽或斑鸠作赎罪祭，求洁，4:3 注二。带到会幕门口交给祭司。⁷由祭司将祭品献在耶和华面前，为她行洁净之礼：流血后的产妇即可重归洁净。

产妇之律（生男生女不论）如上。⁸倘若备办不起羊羔，可以用两只斑鸠或雏鸽代替，一只作全燔祭，另一只作赎罪祭。重申5:7。见《路加福音》2:22 以下，圣母生耶稣的洁期与祭礼。祭司用以行洁净之礼，产妇也可重归洁净。

癞　病

十三章

耶和华训示摩西与亚伦：以下至46节规定各种皮肤病的诊治，病名多无确解。

²人皮肤上若长了疮疖恶癣，肿大溃烂，好似感染癞病，zara'ath，旧译"麻风"（源出七十士本），非现代医学术语。病症包括霉菌感染，衣服（47节以下）和墙壁（14:33以下）长霉。应带他到祭司即亚伦或其子裔那里，³请他检查患处。若患处毛发变白，且疮口陷入皮肉，便是癞病的症候了。一经确诊，祭司即应宣布病人不洁。⁴若患处呈浅白色斑，疮口未凹陷，毛发亦不变白，则应将病人隔离七日。⁵第七天检查患处：若病情照旧，但感染并无蔓延，应再隔离七日。⁶第七天复查：若症状消退，他处皮肤未受感染，便可宣布病人洁

净，生的是普通疮疖。 mispahath，或作疥癣、皮疹。 患者将衣服洗了，便可重归洁净。

⁷若患者在祭司诊治，宣布洁净之后，皮肤再度感染，须回去祭司那里重新检查。⁸若祭司发现感染已扩散到他处皮肤，则应宣布病人不洁，得了癞病。

白　痂

⁹人身上发现癞病症候，应领去祭司那里检查。¹⁰若患处呈白色肿块，毛发变白，皮肤溃烂露出瘀肉，直译：活肉。¹¹便是顽疾癞病。 祭司应宣布病人不洁，但不必将他隔离，即无需继续观察、再次检查。 因为不洁已确定无疑了。

¹²倘若病及全身，从头到脚可见疮疖，¹³祭司须仔细诊断。若病人遍体白痂，可宣布洁净，因为一身白痂是康复的前兆。 疮口结痂，即将痊愈（洁净）。¹⁴但是，患处一旦溃烂露出瘀肉，即成不洁。¹⁵一经确诊，祭司须宣布病人不洁，因为瘀肉是癞病的症候。¹⁶除非那溃烂疮口重新结痂变白，病人回来复诊，¹⁷若祭司验得疮口确已结了白痂，宣布洁净：病人才重归洁净。

生　疮

¹⁸人皮肤上生过疮，shehin，或作溃烂、脓肿。 平复了，¹⁹但后来患处又长出白色肿块或白里带红的色斑，就应请祭司检查。²⁰若患处疮口陷入皮肉，毛发变白，祭司须宣布病人不洁：此乃毒疮病变转为癞病的症候。²¹但如果检查发现，毛发没有变白，疮口亦不凹陷，且患处颜色已淡，则应将病人隔离七日。²²七日后，若感染扩散到他处皮肤，即宣布病人不洁，得了癞病。²³若色斑既未扩散也无转移，只是一个疮疤，zarebeth，或作疮口发炎。 祭司就

应当宣布，患者已重归洁净。

烧　伤

²⁴人烧伤皮肤，旧译火毒，不确。下同。　伤口瘀肉呈白里带红或浅白色斑，²⁵祭司须仔细检查。　若伤口毛发变白，色斑凹陷，便是烧伤病变而成的癞病。　应宣布病人不洁，确诊为癞病。²⁶但如果毛发没有变白，色斑亦不凹陷，且颜色已淡，则应将病人隔离七日。²⁷第七天检查伤口：若感染扩散到他处皮肤，即宣布病人不洁，得了癞病。²⁸若色斑既未扩散也无转移，且开始消退，便是普通烧伤引起的瘀肿。　se'eth，七十士本作疮疤，亦通。　祭司应宣布患者洁净，因为伤口已结痂了。

疥癣皮疹

²⁹男女不论，头皮或下颌皮肤病变，³⁰祭司须仔细检查。　若患处凹陷，上面毛发稀疏发黄，应宣布病人不洁，长了疥疮：netheq，或作鳞癣、湿疹。　一种头皮与下颌的癞病。³¹但如果患处没有凹陷，毛发亦不发黄，原文"亦无黑毛"，似误。据七十士本及下节改。则应将病人隔离七日。³²第七天复查：若疥疮并无扩散，毛发不再发黄，患处亦未凹陷，³³可令病人剃去须发（病变区除外），再隔离七日。³⁴七天过后，若他处皮肤未受感染，患处平复，即宣布病人洁净：让他把衣服洗了，重归洁净。

³⁵若宣布洁净后，疥疮蔓延到别处皮肤，³⁶则须请祭司复诊：若发现感染确已扩散，便不必检视毛发是否发黄，因患者肯定是不洁的了。³⁷但如果疥疮颜色不变，上面还长出黑色毛发，则表明即将痊愈，复归洁净：祭司应宣布病人洁净。

³⁸无论男女，皮肤上起了成片疙瘩，beharoth，通作白斑。　颜色发

白，³⁹祭司须仔细检查。 若疙瘩呈灰白色，便只是发了皮疹：bo-haq，"白皮病"，七十士本：alphos，俗称白麻风。 译文从圣城本。 **患者洁净。**

秃　发

⁴⁰男人掉头发秃顶，不影响洁净。⁴¹因掉发而脑门光秃，仍属洁净。⁴²但是，头顶或脑门光秃处出现白里带红的疮口色斑，nega'，本义打击、病变，如上文29节。 则可能是头皮感染了癞病，⁴³祭司须作一检查：若患处肿起，红点白斑，状若皮肉上的癞病症候，⁴⁴即可确诊患者不洁。 祭司应宣布那人不洁，头上生了癞病。

病　人

⁴⁵凡身患癞病者，应撕破衣服，蓬头散发，仿佛为自己举哀，10:6注。 并且把嘴遮起，嘴（sapham），髭须，或脸的下半部。 见人即喊：不洁！ 不洁！ 警告旁人避开。⁴⁶恶疾期间，病人不洁；不洁者须隔离，去营地外居住。

衣物长霉

⁴⁷衣物长霉，旧译：大麻风灾病，不通。 包括羊毛亚麻，⁴⁸一切布料成衣，直译：麻毛经纬，即织品，如下文。 以及皮革皮具：⁴⁹若霉斑发绿或发红（不论毛麻织品皮革皮具），发绿（yeraqraq），或作发黄。 便是癞病的症候，应呈交祭司检验。⁵⁰检验完毕，应将长霉之物收藏七日。 ⁵¹第七天取出查看：若霉斑已蔓延开去（不论毛麻织品皮革皮具），可确诊为癞病，不洁，⁵²必须烧掉。 因为癞病可借霉斑蔓延，惟有用火焚毁。

⁵³但如果那霉斑未见长大(不论毛麻织品皮革皮具)，⁵⁴则祭司应命人把衣物洗涤了再收藏七日。⁵⁵洗过之后，第七天再行检验。 若霉斑重现，色状依旧，即使没有蔓延，也算不洁，应当焚毁：那霉物里外都烂了。 peheteth，无确解，译文从犹太社本。

　　⁵⁶衣物洗涤后，若祭司发现霉斑变暗，可将长霉的部分撕掉(不论毛麻织品皮革皮具)。⁵⁷但如果后来那霉斑重现，则表明旧病复发，霉物当焚。

　　⁵⁸若衣物洗涤后霉斑消失(不论毛麻织品皮革皮具)，再洗一遍，即可重归洁净。

　　⁵⁹衣物长霉(包括毛麻织品皮革皮具)之律如上；为诊断癞病症候，宣布洁与不洁的依据。

痊愈求洁之礼

十四章

　　耶和华训示摩西：²病人痊愈，癞病祛除之日，礼仪如下：

　　祭司得知病人康复，本段所述仪式源于驱魔古礼，摩西加以改造，与赎罪/求洁之礼结合。 参见《民数记》19:1以下。³即应出营，为他作一检查。若癞病症候确已消失，⁴可命他取洁净活鸟两只，通说为麻雀。 并雪松一段、ʽerez，有芳香，古人用以驱邪，又名香柏。 朱线一根、牛膝草一束，即以雪松木一尺为柄，朱线缚牛膝草做一刷子。 牛膝草也有香味，《出埃及记》12:22注。 一同带来，行求洁之礼。⁵先令人将其中一只鸟儿杀了，用陶盆盛活水接血。 活水不腐，见11:36注。⁶再把另一只活鸟并雪松、朱线、牛膝草，在那只杀于活水之上的鸟儿的血里，蘸一蘸，用牛膝草刷子。⁷向病人身上弹洒七次。 然后，宣布病人洁净，释放活鸟，让它飞回田野。 象征驱逐病魔。⁸那祛除不洁的病人则应换洗衣服，剃去全身毛发，清水濯浴取洁。 但他返回营地以后，七日之内，仍旧不得入自家帐篷。[9]待到第七天，要再剃一遍毛发，包括头发、胡须、眉毛，并且涤衣沐浴，才算完全洁净。

以下回到"标准"求洁仪式，外加膏礼。

　　[10]第八天，他要挑两只公羊羔和一只一岁母羊羔，须无残疾，预备三碗和了油的精白细面（作素祭）及橄榄油一盅。 log，液量单位，1/12壶，约合公制0.6升，《出埃及记》29:40注。[11]主持洁礼的祭司，应命他携带这些祭品站到会幕门口，耶和华面前。[12]由祭司把其中一只公羊羔连同那盅油，一起献作赎过祭；即先向耶和华恭行举礼，[13]然后在圣所内宰赎罪祭和全燔祭祭牲处，见1:11。 宰献那羊羔。 赎过祭与赎罪祭一样，祭牲至圣，该归祭司。[14]接着，蘸一些牺牲的血，涂在病人的右耳垂、右手大拇指和右脚大脚趾上。 如同祝圣之礼，《出埃及记》29:20注。[15]再拿那一盅油，倒些在左手掌心，[16]用一右手指蘸左手掌心的油，在耶和华面前弹洒七次。[17]随后把手掌心的油，如同那赎过祭牺牲的血一般，抹一点在病人的右耳垂、右手大拇指和右脚大脚趾上。[18]剩余的油，则膏在那求洁者的头顶。 如此，祭司就在耶和华面前为他行了求洁之礼。

　　[19]然后献赎罪祭，为病人祛除不洁。 末了，宰全燔祭祭牲，[20]将牺牲与素祭一同献上祭坛，为赎罪之礼。 礼成，病人便复归洁净了。

　　[21]穷人求洁，负担不起全副祭品，可以仅出一只公羊羔作赎过祭，行举礼为他赎罪；素祭则只需献一碗和了油的精白细面；再预备橄榄油一盅，[22]斑鸠或雏鸽两只（视财力而定），一只作赎罪祭，另一只作全燔祭。 同5:7。[23]洁期第八天，将这些祭品送到会幕门口，在耶和华面前交给祭司。[24]由祭司行举礼，把那只赎过祭羊羔和那盅油奉献在耶和华面前。[25]然后宰羊羔取血，涂在病人的右耳垂、右手大拇指和右脚大脚趾上。[26]再倒些油在左手

掌心，²⁷用一右手指蘸着，在耶和华面前弹洒七次。²⁸随后把手掌心的油，如同那赎过祭牺牲的血一般，抹一点在病人的右耳垂、右手大拇指和右脚大脚趾上。²⁹剩余的油，则膏在那求洁者的头顶，为他在耶和华面前行求洁之礼。³⁰最后，取那两只斑鸠或雏鸽（视他的财力而定），³¹一只作赎罪祭，另一只作全燔祭，与素祭一同献上祭坛。 礼成，病人在耶和华面前就重归洁净了。

³²癞病痊愈求洁之律如上，特为无力备办全副祭品者颁。

房屋长霉

³³耶和华训示摩西与亚伦：

³⁴将来你们抵达迦南，拿到我赐予的产业安家以后，如果我让房屋长霉，旧译：大麻风灾病，不通。³⁵屋主发现，应立刻禀报祭司：我屋里好像长了癞病样的东西！³⁶祭司进屋查看以前，应命人把屋子搬空——以免家具什物沾染不洁——搬完了才进屋检查。³⁷倘若发现墙上有霉斑发绿或发红，见13:48注。且已凹陷，sheqa'aroroth，无确解，译文从七十士本。仿佛啃入墙皮，³⁸就马上离开屋子，将房门锁上，封闭七日。³⁹第七天，回来检查：若墙上霉斑蔓延，⁴⁰则应命人撬下长霉的石块，运到城外不洁处扔掉。⁴¹再叫人把墙皮全部铲去，铲下的灰泥，也倒在城外不洁处。⁴²然后另找石块补墙，给屋子重新刷上灰泥。

⁴³换过石块、铲刷灰泥之后，如果霉斑再次出现，⁴⁴祭司须认真检查。 若是霉斑确已扩散，那屋子便整个染了癞病，不洁，⁴⁵必须拆掉。 拆下的石块、木料和灰泥等，都运到城外不洁处扔弃。

⁴⁶屋子封闭期间，接上文38节。进屋者不洁，直到天黑。⁴⁷凡在屋里睡觉或饮食者，还须换洗衣服。沾染不洁，至次日来临，11:

24 注。

⁴⁸重刷灰泥之后，接上文42节。若祭司回来检查未见霉斑扩散，应宣布屋子洁净，感染祛除。⁴⁹随即，取飞鸟两只，并雪松一段、朱线一根、牛膝草一束，为那屋子行求洁之礼。待病屋如病人，洁礼同上文第4节以下。⁵⁰先将其中一只鸟儿杀了，用陶盆盛活水接血。⁵¹再把雪松、牛膝草、朱线并另一只活鸟，在牺牲的血和活水里蘸一蘸；用这血水对那屋子弹洒七次。⁵²如此，以血水浸活鸟、雪松、牛膝草、朱线，为屋子求洁已毕，⁵³释放活鸟，让它飞回城外田野。礼成，屋子即复归洁净了。

⁵⁴癞病之律如上；总结两章。适用于各种症候，如疥癣、⁵⁵衣物及房屋长霉、⁵⁶瘀肿疮痂色斑之类。⁵⁷病人病物之洁与不洁、诊治处理，均照此律。

男人不洁

十五章

耶和华训示摩西与亚伦：²你们去通告以色列子民：

男人下体淋漓不尽，下体（basar），本义肉、身；婉称生殖器，如《创世记》17:13，《出埃及记》28:42。不洁。³患此淋症者不洁，淋症（zob），七十士本作 rheon gonos（流种/遗精），现代西语"淋病"一词源于此。无论淋液多寡或时流时止，皆为不洁：

⁴凡患者睡过的床、坐过之物，概属不洁。⁵触其床者不洁，直到天黑，且须涤衣沐浴；⁶坐其座位，⁷碰其身体，⁸或为其唾沫吐中者亦然：不洁至傍晚，且须涤衣沐浴。冒号后文字，原文6—8节重复，译文合三款为一句。以下不一一指出。

⁹患者骑过的鞍鞯不洁。¹⁰其身下任何物品，触碰者皆染不洁，直到天黑；携带者亦然，¹¹一如被患者不洗手即触摸者：不

洁至傍晚，且须涤衣沐浴。¹²陶罐碗碟，凡患者摸过的，一律打碎；木器则清水洗净。

¹³患者淋漓停止，病愈之后，要守七日洁期。并换洗衣服，活水濯身以复归洁净。¹⁴第八天，应带两只斑鸠或雏鸽来会幕门口，在耶和华面前交给祭司。¹⁵由祭司把其中一只献作赎罪祭，另一只献作全燔祭。这样，便在耶和华面前为淋症患者行了求洁之礼。

精　液

¹⁶男人遗精，应用清水洗濯全身，天黑始得洁净。精液孕育生命，源于神圣，故外溢不洁，须守洁期一日。¹⁷衣物、皮革沾染精液，也用清水洗濯，不洁至傍晚。¹⁸男女同房媾精，两人皆须沐浴，不洁至傍晚。

经　血

¹⁹女人来月经流血，有七日不洁。niddah，七十士本作隔离，亦通。在此期间：

接触她身体者不洁，直到天黑。²⁰凡她躺卧或坐过处，皆属不洁。²¹触其床铺者，²²一如触其坐处者：不洁至傍晚，且须涤衣沐浴。²³床上或坐处任何物品，触碰者均不洁，直到天黑。²⁴男人若与她同房，沾染经血，直译：不洁。译文从通行本。也有七日不洁；在此期间，他所睡之床统归不洁。

²⁵女人若在经期外流血多日，或淋漓不止，经期超常，则其流血之日如同行经，概属不洁。²⁶在此期间，凡她躺卧的床、坐过的地方，如逢月事，也都不洁。²⁷触碰者须涤衣沐浴，不洁至傍晚。

²⁸当她身子干净后，要再守七日方才洁净。²⁹第八天，应带两只斑鸠或雏鸽来会幕门口，交给祭司。³⁰由祭司把其中一只献作赎罪祭，另一只献作全燔祭。这样，便在耶和华面前为她的流血行了求洁之礼。

³¹所以，_{总结本章。}你们务必要以色列人戒避不洁；以免他们因不洁而玷污我在子民中间的居处，_{即圣所的帐幕，17:4，《出埃及记》25:9注。}被我取了性命！

³²男女不洁之律如上；凡因淋症、遗精、³³月经流血，一切淋漓不止及经期交合而沾染不洁之事，均照此办理。

赎罪日

十六章

耶和华因亚伦两个儿子擅自近前，_{七十士本作"献番火"，通行本从之。事见10:1以下。}取了他们的性命。之后，²又训示摩西，道：

告诉你哥哥亚伦，平时不可拉开帐幔，入至圣所，来约柜施恩座前——若不想死！因为，那施恩座是我乘云显现之处。_{见《出埃及记》25:17注。}

³亚伦入圣所之典仪如下：预备赎罪祭公牛犊一头，全燔祭公绵羊一匹。⁴清水濯身已毕，着白圣衣，即用归圣细麻缝制的一套长袍、贴身内裤及腰带礼冕。⁵再从以色列子民会众那里取两匹公山羊作赎罪祭，一匹公绵羊作全燔祭。

⁶亚伦应先奉献赎罪祭公牛犊，为自己和家人行洁净之礼。_{家人，指亚伦子裔全体祭司。下接11节。}⁷然后把两匹公山羊牵到会幕门口，耶和华面前。⁸为它们各拈一阄，_{goral，本义卵石，转指石阄、命运，《出埃及记》28:30注。}一阄归耶和华，另一阄归恶魔阿匝。_{'aza'zel，"山羊去(罪)"，旧译替罪羊。一作断崖(替罪羊跌死处)，实乃统治荒野的恶魔}

之名。⁹拈归耶和华的那匹，要献作赎罪祭；¹⁰另一匹拈归阿匝的，不宰，留在耶和华面前作洁礼之用：即放入荒野，送给恶魔。 此礼甚古，与下文施恩座洒血之祭渊源不同。 下接20节。

¹¹宰献了赎罪祭牛犊，上接第6节。 为自己和家人行过洁礼，¹²亚伦才能从耶和华的祭坛上提下香炉，祭坛，指香坛，《出埃及记》30:10。 盛满火炭，拿两把研成细末的熏香，见《出埃及记》30:34以下。 进到帐幔里边。¹³他要在耶和华面前将那熏香撒在炭火上；香烟缭绕，遮住约柜上的施恩座，方可保全性命。¹⁴再用手指蘸些牛血，弹洒在施恩座东面；即正面。 施恩座的前方，也弹洒七次。¹⁵接着，把那匹为民众赎罪的公山羊宰了，即上文第9节那匹。 取了血，拿进帐幔内，和牛血一样，也弹洒在施恩座上及座前。¹⁶礼成，圣所便被除了以色列人的种种不洁、忤逆与罪过。

如此求洁，乃因会幕处在子民中间，为其不洁所包围。¹⁷会幕从亚伦踏入圣所执礼那一刻起，直至出来，任何人不得入内。亚伦为自己，为家人和全以色列会众赎了罪，¹⁸退出，还要到耶和华的祭坛前，为那祭坛行洁礼。 取牛血和羊血，抹在祭坛的四只犄角上；¹⁹并用手指蘸血，向祭坛弹洒七次。 祭坛即可摆脱以色列子民的罪愆污秽，复归圣洁。

替罪羊

²⁰圣所会幕与祭坛的罪污被净，上接第10节。 便轮到那匹留下不宰的公山羊了。²¹亚伦应双手按住它的脑门，把以色列人的大小罪过和忤逆之事一一坦白了，旧译承认，不确。 全部放在那山羊头上。 然后指派专人， 'itti, 或作"胜任者"（如钦定本），亦通。 第二圣殿时期此职由外族人担任。 把羊牵到荒野里放掉。²²这样，子民犯下的种种罪恶，便都由那山羊负着，故名替罪羊。 源于部落消弭争讼的古礼，但此处

仪式由祭司在祭坛前主持（第 10 节），清除了巫教因素。 去了渺无人迹的大荒。

²³礼毕，亚伦复入会幕，脱下他穿着进圣所的细麻白圣衣，收起。²⁴就在那圣洁之地沐浴，换上礼服，回到日常的穿戴，《出埃及记》28:4。 再出来献全燔祭；即为自己和民众行赎罪之礼，²⁵将赎罪祭牺牲的脂肪捧上祭坛烧化。

²⁶那送羊去给恶魔阿匝的，须涤衣沐浴了，方准入营。²⁷献作赎罪祭的公牛犊和公山羊，取了血为圣所求洁之后，皮肉粪便等都要运到营地外烧掉。 见 4:11 以下。²⁸那焚秽物的，不涤衣沐浴，不得入营。

²⁹此项法例，你们要永远遵行：

七月初十，赎罪日（yom kippur），即新年第十日，在公历九、十月间，是犹太人最神圣的安息日。

必须禁食，直译：磨练身心。 下同。 你们自己和客居在你们中间的外族人，都不可劳作。³⁰这一天，你们应为自己赎罪求洁，在耶和华面前被除一切罪过，让自己复归洁净。³¹这在你们，便是全休的安息日，必须禁食：根据永恒的诫命。 十诫之四。

³²那受膏继承父职、立为大祭司的，负责赎罪求洁之礼。 即身着细麻白圣衣，³³依次为至圣所、会幕和祭坛求洁，为全体祭司与会众赎罪。³⁴这于你们，乃不移之法：为使以色列子民涤荡罪污，此礼一年一度。

摩西按耶和华的指示，直译：他按耶和华给摩西的指示。 一一办了。

禁吃血

十七章

耶和华谕示摩西：由此至 26:46 称"圣律"。 古俗除外，多半是耶路撒冷建圣殿后的规定。²你去向亚伦父子和全体以色列子民宣告，耶和华有旨，如下：

³以色列家若宰公牛、绵羊或山羊，营内营外不论，⁴凡没有牵到会幕门口，在耶和华的居处前献作牺牲的，血属于上帝，应在祭坛前屠宰；而"居处"（圣所）只规定一处，在耶路撒冷，《申命记》12:2以下。 即犯了流血之罪，该从族中铲除。 见《出埃及记》12:15注三。⁵因此，以色列子民不可像平素那样，在野外设祭；取消各地圣所，贬为异教劣习。 应把祭牲牵到耶和华面前即会幕门口，交给祭司，作平安祭供奉耶和华。⁶由祭司将血洒在会幕门口耶和华的祭坛上，脂肪烧化成烟，馨香而为耶和华喜爱。⁷今后，他们再不可祭拜那些羊怪，se'irim，本义山羊，转指魔怪，如阿匝之类，16:8注二。 同它们行淫作乱！ 比喻信奉邪神，《出埃及记》34:15。 这是他们世世代代必守的戒律。

⁸还要警告他们：

以色列家若献全燔祭或任何牺牲，族人客籍不论，⁹凡没有把祭牲牵到会幕门口供奉耶和华的，一律从族中铲除！

¹⁰以色列家若有人吃了血，族人客籍不论，我必沉下脸来与那吃血者为敌，旧译：向……变脸，不妥。下同。 将他从族中铲除。¹¹肉身之命，存乎鲜血。 肉身，旧译活物，误。 我把血赐予你们，是要在祭坛上为你们的生命赎罪；惟有鲜血能赎回生命。 或作：血赋予生命，故能赎罪。¹²所以我才嘱咐以色列人：你们中间，包括客居的外族人，谁也不许吃血。¹³族人客籍，无论谁狩猎打到可食的鸟兽，都要把血放尽，用泥土盖上。 古俗入律，给予教义的解释。¹⁴因为，血是一切生灵的命。 故而我一再告诫子民：无论什么血，你们都不可吃。 肉躯之命，皆在血中；谁吃就铲除谁！

¹⁵族人客籍不论，凡吃了死肉或野兽撕碎的肉的，非经屠宰放血，不洁，《出埃及记》22:30。 都要换洗衣服，清水濯身；直到天

黑，方始恢复洁净。¹⁶不涤衣沐浴者，必负罪责。

诫恶俗

十八章

耶和华训示摩西：²你去晓谕以色列子民：

我乃耶和华，你们上帝。³你们曾寄居埃及，不可效法那里的陋习；将来我领你们去到迦南，更不许效法那里的恶俗，信从他们的仪式！⁴你们要谨守我的律例，奉之为法，遵行不渝——我，耶和华，是你们上帝。

⁵我的法令、我的规定你们必须服从，靠守法而获生命——

我，是耶和华。<small>不断重复，以强调诫命之神圣，故名圣律。</small>

乱　伦

⁶同出一体者，<small>即近亲，包括血亲和姻亲，下文17节注。</small>你们不可亲近，<small>你们，如下节之"你"，皆指男丁。</small>不可裸露羞处：<small>'erwah，婉言性交，下同，《创世记》9:22注。</small>我是耶和华。

⁷父母的羞处，你不可裸露；<small>旧译混乱：不可露你母亲的下体，羞辱了你父亲。</small>亲生母亲，<small>直译：她是你母亲。与下节"父亲妻妾"区别。</small>绝对不许污辱。<small>直译：裸露羞处。下同。</small>

⁸父亲妻妾的羞处也不可裸露，<small>父亲妻妾，旧译继母，误。古人实行多妻制。</small>那是你父亲的羞处。<small>视为对父亲的侵犯。</small>

⁹姐妹的羞处不可裸露；无论父亲所出还是母亲所养，生在家中抑或成长在外，都不许污辱。

¹⁰孙女、外孙女的羞处不可裸露，那是你自己的羞处。<small>如同玷污自己。</small>

[11] 父亲妻妾的女儿，等于你的同父姐妹，羞处不可裸露。

[12] 不可裸露姑母的羞处，她是你父亲的姐妹。 直译：骨肉（同胞）。下同。

[13] 不可裸露姨母的羞处，她是你母亲的姐妹。

[14] 不可裸露叔伯的羞处，也不可亲近其妻； 旧译混乱：不可亲近你伯叔之妻，羞辱了你伯叔。 她是你的叔伯母。

[15] 不可裸露儿媳的羞处；她是你儿子之妻，不容污辱。

[16] 不可裸露兄嫂、弟媳的羞处， 叔嫂婚除外，《创世记》38:8 注，《申命记》25:5 以下。 那是你兄弟的羞处。 参见上文第 8 节。

[17] 不可裸露一女子的羞处，又与她女儿同床；也不可娶她的孙女或外孙女，裸露其羞处：她们是你的近亲， sha'arah，本义血亲、骨肉。 夫妇"结为一体"（《创世记》2:24），故言。 译文从七十士本。 同床即乱伦。

[18] 不可娶一女子，令她与姐妹争宠； 如利娅与拉结，《创世记》29:27 以下。 妻子在世，不可与她的姐妹同床。 以上禁乱伦；以下规定其他淫行。

[19] 女子经期不洁，不可与她亲近，裸露她的羞处。

[20] 邻人之妻，不可同床， 重申《出埃及记》20:14。 以免玷污自己。 通奸不洁。

[21] 自家儿女，不可当祭物烧献耻王， molek，词根同"王"（mlk），元音读若 bosheth（耻辱）。 旧译摩洛。 迦南冥王，享人祭，对以色列影响极大，如《列王记下》16:3。 从而亵渎上帝圣名：我是耶和华。

[22] 不可像与女子睡觉那样跟男人共寝，秽行恶心。 to'ebah，见下文 27 节注。

[23] 不可与任何兽畜睡觉，玷污自己；女人也不可委身兽畜而与之交合：亵渎人性。 重申《出埃及记》22:18。

异　族

^{24}以上种种，你们切不可沾染了。 你们前方，我即将赶走的那些异族，就是这样淫乱而陷入污秽的。^{25}连那片土地也不洁了；所以我必须降罪，让土地吐掉它的居民！ 拟人：土地（迦南）受不了居民淫乱，只好驱逐他们。

^{26}故而你们一定要遵从我的法规律例；无论族人客籍，那些恶心秽行，一概禁止。^{27}所有这些，都是你们前头异族的风气，污染大地的陋习。 禁淫乱不仅为日常伦理，而且关乎信仰与恩惠：子民须与异族"邪"教有别。^{28}当心你们不要也玷污了国土，被它吐掉，重蹈前人的覆辙！ 是警告也是预言。^{29}是的，那些恶心秽行，任何人只要犯下其中一桩，即应从族中铲除。^{30}所以你们务必严守我的禁令，万不可效法前头异族的恶俗，而为其玷污——我，耶和华，是你们上帝。

道德与教规

十九章

耶和华指示摩西：本章为日常生活规范的片段汇总，渊源在十诫与约书。^{2}你去对以色列子民全体会众传达：

你们应坚持圣洁，因为圣洁在我，耶和华你们上帝。 重申 11:44 以下。

^{3}人人要敬奉父母； 七十士本直译：畏父母。 参见《出埃及记》20:12。

要守我的安息日：我是耶和华，你们上帝。

^{4}不可追随偶像， 'elimim，本义虚无，复数转指一切虚妄之物，《以赛亚书》2:8。 也不可为自己铸神像：因为我，耶和华，是你们上帝。 下接 11 节。

^{5}你们若向耶和华献平安祭，应这样执礼，才会蒙悦纳。^{6}祭肉要当天或次日吃完；如有剩余，第三天必须烧掉。^{7}第三天若继续食用，则祭肉不洁，不受悦纳，^{8}食者必负罪责。 重申 7:16 以下。因为他亵渎了耶和华的圣物，该从族中铲除。

^{9}收获时节，不可割尽田边埂角，也不要去捡遗地的谷穗；^{10}不可摘光葡萄园子，也不要去拾落地的葡萄。 遗落的谷穗葡萄，应当留给穷人和外族人： 参见《出埃及记》23:11。 我是耶和华，你们上帝。

爱人如己

^{11}不可偷盗。 上接第 4 节。 不可欺诈、彼此撒谎。^{12}不可妄呼我的名发假誓，亵渎上帝圣名： 重申《出埃及记》20:7。 我是耶和华。

^{13}不可欺压、抢劫邻人。 rea', 泛指任何人，《出埃及记》20:16 注。佣工的工钱不可拖欠，应当日付清。 直译：留到天明。 见《申命记》24:15。^{14}不可骂聋哑人， 因他不能还嘴。 也不可在盲人脚下放东西绊他。 要敬畏你的上帝： 我是耶和华。

^{15}听讼不可违背正义：不偏袒穷人，也不讨好权势；审判同胞， 'amith, 七十士本作邻人，亦通。 下同。 须秉公无私。 即忠于上帝之法，正义的源泉，《诗篇》7:9。^{16}不可搬弄是非，诽谤族人；也不可诬陷邻人，害他性命： 直译：不可站在邻人的血上。 无确解，译文从圣城本注。我是耶和华。

^{17}兄弟之间，不可怀恨。 同胞有错，要坦诚指出，以免引罪上身。 因未尽劝戒责任。^{18}不可报复，也不可怨恨族人；相反，你要爱邻人如爱自己： 八节归于一句：爱人如己。 耶稣引以为第二大诫命（第一大诫命：爱上帝），《马太福音》22:39。 我是耶和华。

其 他

¹⁹以下我的法例,你们务必遵循:

牲畜非同类,不得交配;同一块田里,不可播两样种子;两种料子织的衣服,sha'atnez,特指毛麻混织,通说与巫术有关,故为禁忌,《申命记》22:11。 不要去穿。

²⁰婢女虽许配与人,但尚未赎身获得自由,人若与她同床交媾,应受惩罚;biqqoreth,钦定本据犹太传统意译:她应受鞭打。 但罪不至死,非有夫之妇,不算通奸,20:10。 因为她还不是自由人。 奴婢无完全意志与行为能力,罪在男子;比照侵犯他人财产处罚。²¹罪人须牵一匹公绵羊到会幕门口,献给耶和华作赎过祭。²²由祭司用那绵羊为他行赎罪之礼,在耶和华面前替他祛除罪过,求得赦免。

²³你们去到那片土地,指迦南,上接18:30。 无论栽种什么果树,头三年结的果子皆应视为不洁,仿佛未行割礼,比作未割包皮(归圣上帝)者,不洁,《创世记》17:11注。 不可食用。²⁴第四年结的果子,要全数献出归圣,作为初熟之果,《出埃及记》22:28。 礼赞耶和华。²⁵从第五年起,你们才可以吃树上的果子;如此,才会年年丰收:我是耶和华,你们上帝。

²⁶不可吃带血的肉。 重申17:10以下。 不可占卜念咒。 下接31节。

²⁷不可剃掉两鬓头发,剪去两腮胡须,鬓、腮,直译:(头和下巴的)边角。²⁸也不可割破皮肉志哀;皆异教举丧习俗,但以色列民间显然禁而不止,如《约伯记》1:20,《以赛亚书》22:12。 不可文身:纪念亡人。 我是耶和华。

²⁹不可玷污自家女儿,逼她卖笑;不然,家园会变为淫窝,乱伦当道。

³⁰一定要守我的安息日，以我的圣所为尊：我是耶和华。

³¹不可招鬼魂、问巫师，受他们的玷污：我是耶和华，你们上帝。

³²见皓首应起立，对长者必恭敬；敬畏你的上帝：我是耶和华。

³³若有外族人在你们境内寄居，_{旧译不妥：外人……和你同居。} 不可欺负他。³⁴待他应像待本族同胞一样，要爱人如己；因为，你们自己当初在埃及也是外族人：_{重申《出埃及记》22:20。} 我是耶和华，你们上帝。

³⁵度算衡量，_{旧译：施行审判，不确。} 不可有失公正。³⁶一切尺秤筐壶，_{用作量器及干量/液量单位，《出埃及记》29:40 注。} 皆应平准无欺。我是耶和华，领你们出埃及的上帝：³⁷凡是我的法规律例，你们都要谨守遵行——我，是耶和华。

惩不忠

二十章

耶和华训示摩西：_{本章为刑罚片段汇总，时代不一，与前文法例略有出入。}²你去向以色列子民颁布：

凡把自家儿女献祭耻王者，_{见 18:21 注。} 子民客籍不论，一律处死：由当地民众扔石头砸死。_{在营地（城门）外执行，《申命记》17:5 以下。}³而且我必沉下脸来与那人为敌，_{见 17:10 注。} 将他从族中铲除。因为献儿女给耻王，就是玷污我的圣所，亵渎我的圣名。⁴倘若当地民众竟闭起眼睛，听任他献祭儿女而不砸死他，⁵那么，我将亲自降罚，_{直译：沉下脸来。} 把罪人和他的亲族，_{mishpaḥah，罪与罚均属集体责任，《创世记》18:24 注。} 就是那些跟他一起膜拜耻王的人，通通从子民中铲除！

⁶凡招鬼魂问巫师，追随其行淫者，我必沉下脸来与他为敌，将他从族中铲除。

⁷你们一定要归圣，永葆圣洁：因为我，耶和华，是你们上帝。⁸遵循我法，谨守不懈：因为祝圣在我，在耶和华。

惩奸淫

⁹辱骂父母者，死；父母高堂，辱骂必血罪临头。 罪若谋杀，须偿血债，下同。

¹⁰与邻人之妻通奸者， 原文此句重复，显系誊写之误。 死；奸夫淫妇一同处死。

¹¹与父亲之妻妾同床， 见18:8注一。 不啻裸露父亲的羞处；血罪临头，男女皆死。

¹²与儿媳同床，男女皆死；亵渎人伦，必血罪临头。

¹³二男共寝如男女同床，秽行恶心；血罪临头，两人皆死。

¹⁴同娶母女为妻，当属乱伦；zimmah，七十士本作"违法"（anomia），其恶与上节"秽行"（bdelygma）或不洁之恶相对。 三人一同烧死，以使你们杜绝乱伦。 你们，指以色列人。

¹⁵男人与兽畜睡觉者，死；罪畜一同杀掉。

¹⁶女人委身兽畜而与之交合，人畜皆死；血罪临头，同处极刑。

¹⁷娶自家姐妹为妻，无论父亲所出抑或母亲所养，互裸羞处，玷辱伦常；须当着族人的面将男女铲除： 七十士本作毁灭，通行本作处死，皆意译。 裸露姐妹羞处者，必负罪责。

¹⁸女子月经期间，人若与她同床而裸露其羞处，即揭其血泉，maqor，婉言女阴。 或使她自揭血泉；则男女皆从族中除名。 后起的峻法，未必能执行；早先的规定见15:24。

¹⁹不可裸露姨母或姑母的羞处；近亲成奸，必负罪责。 惩罚比

照下节。

²⁰与叔伯母同床，不啻裸露叔伯的羞处；男女同罪，绝嗣而亡。

²¹娶兄嫂或弟媳为妻，大不洁；niddah，废叔嫂婚，也是后起的禁忌。参较18:16注。等于裸露兄弟的羞处，罪当绝后。暗示俄南娶嫂故事，《创世记》38:8以下。

诫 勉

²²凡是我的法规律例，你们都要服从，遵行不怠。这样，我领你们去安家的那片土地就不会把你们吐掉。²³你们前方，我即将赶走的那些异族，他们的恶俗你们不可效法。正因为他们淫乱，我才憎恶他们，²⁴才应许你们：去，占领他们的土地；我要赐你们一片产业，一座淌着奶与蜜的家园！

是我，耶和华你们上帝，将你们与各族分开。²⁵所以，你们一定要分清走兽飞禽的洁与不洁，照我划定的类别，切勿受那些不洁鸟兽和爬虫的玷污。²⁶要归圣于我，因为圣洁在我，在耶和华——是我，从芸芸万民之中拣选了你们，做我的子民。

²⁷凡通鬼魂行巫术的，无分男女，一律处死：用石头砸死，叫他们血罪临头。此节是后加的，补充19:31及上文第6节。

祭司洁律

二十一章

耶和华嘱咐摩西：你去为亚伦子裔即祭司们规定：

祭司不可接触族人的遗体而沾染不洁。原文无"遗体"，据七十士本补。见《民数记》19:11以下。²但骨肉至亲除外，如父母、子女、兄弟，³以及尚未出嫁仍是姑娘的姐妹：已婚女子是夫家的人，丈夫的"骨肉"，《创世记》2:23。 **为她，祭司可以接触不洁。** 即她的遗体。**⁴但已经嫁人的就不应接触，** 原文：丈夫（ba'al）不应沾染。似誊抄脱字，译文从传统本注，补一同源字（带介词）：libe'ulath ba'al（有夫之妇），与上节"姑娘"相对。 **以免玷污己身。**

⁵不可剃光头发、剪去两腮胡须，也不可割破皮肉。 举丧，19:28注。**⁶应当归圣上帝，而不可亵渎圣名。 因为祭司负责供奉耶和华的火祭，为上帝献胙，** lehem，本义食物、面饼。七十士本作礼品，或另有所本。 **必须保持圣洁。**

⁷不可娶娼妓或玷污了的女子为妻，也不可娶被丈夫离弃的女子， 但寡妇不在禁止之列，《以西结书》44:22。 **因为做祭司即归圣上帝。**

⁸所以，你应以祭司为圣， 你，指会众。 **他为你的上帝献胙，便是你的圣人：** 代表子民侍奉上帝。 **圣洁在我，祝圣你们的是耶和华。**

⁹若有祭司之女卖淫，玷污己身即是玷污父亲，必须烧死。

大祭司

¹⁰大祭司既身为众兄弟之首， 祭司之长。 **头膏圣油，身着礼服而归圣受职，便不可蓬头散发，撕破衣裳；** 见10:6注。**¹¹不可靠近死人，包括父母的遗体，以免沾染不洁；** 这一点比普通祭司严格，见上文第2节。**¹²也不可随便离开圣所，亵渎上帝居处。 因为他头上戴着上帝膏油之冕：** nezer，本义分、献，转指归圣之礼、冠。 **我是耶和华。**

¹³他娶妻应选择姑娘——¹⁴寡妇、弃妇或娼妓之类决不能要——只可娶本族姑娘， 通译处女，不确，《出埃及记》22:15注。 后世犹太祭司只娶祭司（亚伦子裔）之女，《路加福音》1:5。**¹⁵以免玷污了子孙后代。** 夫妻"一体"，大祭司婚配不当会亵渎圣所，遗传不洁。 **因为，给他祝圣的是我，耶和华。**

身体缺陷

¹⁶耶和华训示摩西：¹⁷你去告诉亚伦：

你的子裔中间，凡身体有缺陷的，永远不得来此为上帝献胙。 祭司分享上帝的圣洁（归圣），须自身无瑕：上帝创造的世界，原本是无残缺的。¹⁸以下残疾，一概不许近前：瞎眼、跛足、耳鼻畸形，¹⁹或断脚断手，²⁰或驼背侏儒，或眼生白翳，直译：流（泪不止）。 或作发炎。 疥疮流脓，阉人等等。 直译：睾丸打碎。²¹大祭司亚伦的后代凡供奉耶和华火祭者，都不能患有残疾：一处缺陷，即无资格献胙于上帝面前。

²²不过，祭品归圣上帝，无论至圣与否，他都可以吃。²³只是不许掀开帐幔，也不得走近祭坛；不可因他身上的缺陷而玷污我的圣所。 因为圣所归我，归耶和华。

²⁴摩西领旨，向亚伦父子及全体以色列子民一一传达了。

圣　物

二十二章

耶和华指示摩西：

²告诉亚伦父子，领受以色列子民奉献而归圣于我的祭物，祭品被上帝悦纳，即归圣成为"圣物"（miqdash）；受其供养，祭司应时刻保持圣洁。必须一丝不苟，nazar，本义区别、节制，译文从七十士本。 以免亵渎我的圣名：我是耶和华。

³再为他们规定：

你们一家，世世代代，凡沾染不洁仍上前领受以色列子民所献圣物者，一律从我面前铲除：即剥夺祭司职务。 我是耶和华。

⁴亚伦子裔，凡身患癞病或淋症的，参观13:2及15:2以下。 未恢复洁净以前，不可吃圣物。 任何人接触了死尸玷污之物，或遗精，⁵或摸了不洁爬虫或沾染秽行之人——凡此种种，⁶一经接触，他即陷于不洁，直至傍晚：除非清水濯身，不得领受圣物。⁷须待到日落时分，重归洁净了，才可食用圣物，即其中归他的一份。

⁸死肉或野兽撕碎的肉，祭司不可去吃；见17:15注。 否则即沾染不洁：我是耶和华。

⁹祭司应严守我的禁令，以免引罪上身；亵渎禁令者死：禁令，直译：它。 解作圣所，亦通。 亵渎，旧译轻忽，误。 祝圣在我，在耶和华。

俗　人

¹⁰俗人不可吃圣物；俗人(zar)，通指外族，但此处相对祭司及其家人(包括奴隶)而言。 祭司家的客人和佣工也不许吃。¹¹但祭司花钱买来的奴隶除外，奴隶属于主人(祭司)，无独立人格，故不算俗人。 他们和家生奴隶一样，可以吃祭司的那一份祭物。

¹²祭司的女儿若嫁与俗人，就不许吃奉献的圣物。 奉献，旧译举祭，误。¹³但如果已是寡妇或弃妇，离婚是丈夫而非妻子的权利，《申命记》24:1以下。 又无子女，回了父家，犹言娘家。 如同未出阁时，直译：年轻时。 则可以吃父亲分得的祭物。 俗人概不准吃；¹⁴倘若不慎误食了圣物，应按原价再加五分之一，偿还祭司。 见5:16注。

¹⁵以色列子民奉献耶和华的祭物，任何人不得亵渎；任何人，旧译祭司，不妥。¹⁶凡擅吃子民圣物的，都要负罪赎过。 因为祝圣祭物的是我，耶和华。

祭　牲

[17] 耶和华吩咐摩西：[18] 你去对亚伦父子和全体以色列子民宣布：

以色列家献祭，无论族人客籍，为了还愿抑或出于自愿，见 7:16 注。若是耶和华的全燔祭，[19] 须用无残疾的雄性，牛或绵羊山羊皆可，耶和华才会悦纳。[20] 有缺陷的，不可做献仪：耶和华不会喜欢。

[21] 若是耶和华的平安祭，为了还愿抑或出于自愿，祭牲不论牛羊，也要完好无损，才会蒙悦纳。[22] 凡瞎眼、跛足、残废、长脓疮、生疥癣的，一律不许献上祭坛，作供奉耶和华的火祭。[23] 发育不全或肢体畸形的牛羊，只可献作自愿祭，不能作还愿祭。[24] 此外，凡睾丸损伤破碎或骟除的，原文无"睾丸"，从通行本补。都不可向耶和华奉献：在你们境内，决不允许；[25] 也不可从外族人手里收下这种牲畜，供奉你们的上帝。畸形残损的祭牲，决不会为你们求得眷顾。

[26] 耶和华接着又说：

[27] 牛犊、羊羔生下后，应同母牛、母羊一起度过七天。从第八天起，仿佛生命"初熟"，《出埃及记》22:29。才可作祭品烧献耶和华。[28] 但是，母牛母羊及其犊羔，不可在同一天屠宰。传统上据此禁献怀胎的牛羊。

[29] 你们若向耶和华献感恩祭，todah，为获救、消灾而谢恩赞颂之礼，如《诗篇》56:12。参见 7:12。应这样执礼，才会蒙悦纳：[30] 祭肉要当天吃完，不可留到天明：我是耶和华。

[31] 我的诫命你们务必谨守，处处遵行：我是耶和华。[32] 不可亵渎我的圣名；要让以色列子民尊我为圣。因为选你们归圣的是

我，耶和华，³³是我把你们领出埃及，做你们上帝：我是耶和华。

圣 会

二十三章

耶和华谕示摩西：本章的规定，上承《出埃及记》两段记载（23:14和34:18以下），下启《民数记》二十八至二十九章，及《申命记》16:1以下。²去，通知以色列子民，向他们宣告：

以下是我的节日，耶和华的节日，你们召集圣会的节日：

³你们六天劳作，但第七天要完全休息，召集圣会，miqra'，本义宣告（礼拜）。不可做工。你们无论住在哪里，这一天都是耶和华的安息日。

⁴耶和华的节日如下，你们应在规定的日期举行圣会：

逾越节与无酵节

⁵正月十四，从傍晚开始，是耶和华的逾越节。 见《出埃及记》12:2以下。⁶正月十五，是耶和华的无酵节。 两个节日重合，《出埃及记》12:17注，《民数记》28:16以下。一连七日，只可吃无酵饼。⁷第一天，你们应举行圣会，不可劳作。⁸七日期间，要为耶和华供奉火祭。第七天，复又召集圣会，不可劳作。

初熟节

⁹耶和华还指示摩西，¹⁰告诉以色列子民，为他们规定：

将来你们去到我恩赐的那片土地，庄稼初熟之时，指大麦初熟，在公历四月，逾越节过后。应把收割的第一束新麦呈交祭司。¹¹由祭司在安息日的次日行举礼，为你们献在耶和华面前。 见《出埃及记》29:24注。[12]同一日，举礼之外，还要献一只一岁大无残疾的公羊羔，作耶和华的全燔祭。[13]同献的素祭，则取两碗调了油的精白细面，烧化成袅袅白烟，请耶和华悦纳；另加一大盅酒，直译：四分之一壶，《出埃及记》29:40注。 作醑祭。[14]新麦收下，无论怎样食用，生吃、烤熟或做成面饼，都要等到这一天，上帝的祭礼结束。 此律永世长存，你们无论去到哪里，都要遵循。

五旬节

[15]自安息日的次日，即你们献新麦行举礼那一天算起，数七周，[16]到第七个安息日过后，总计五十天。 故名五旬节，《出埃及记》23:16注。 那时再向耶和华献一次新谷作素祭：[17]各家出两块面饼，即用两碗精白细面发酵烤成面饼，行举礼献给耶和华作初熟之祭。 见2:14以下。[18]此外，还要取一岁大无残疾的公羊羔七只、公牛犊一头和公绵羊两匹，献作耶和华的全燔祭，同素祭、醑祭一起，烧化成缭绕青烟，祈求耶和华悦纳。[19]然后，献一匹公山羊作赎罪祭，两只一岁羊羔作平安祭。[20]由祭司把它们和新麦做的面饼一道，恭行举礼，献在耶和华面前。 这两只羊羔与面饼便是耶和华的圣物，归祭司享用了。

[21]这一天，你们应守为节日，举行圣会，停止劳作。 此律万代不移，你们无论住在何处，都要服从。

[22]你们收获庄稼，不可割尽田边埂角，也不要去捡遗地的谷穗。 遗落的谷穗，应当留给穷人和外族人：重申19:9以下。 我是耶和华，你们上帝。

新　　年

[23]耶和华盼咐摩西，[24]通告以色列子民：

七月初一，通常在公历九月里。**是你们的安息日**。古代以色列人有两种历法：教历年始于春（正月），农历年始于秋（教历七月）；每月初一迎新月（ḥodesh），七月初一庆新年。**应吹响号音**，teru'ah，指羊角号，25:9 注；但第二圣殿时期曾用银号，《民数记》10:10。**召集圣会**，召集，旧译纪念，误。²⁵ 并停下一切劳作，为耶和华供奉火祭。

赎罪日

²⁶ 耶和华叮嘱摩西：

²⁷ 至于七月初十，乃是赎罪日。见 16:29 注。你们要举行圣会，禁食，为耶和华供奉火祭。²⁸ 那一天不可做工，因为是赎罪日，应在上帝耶和华面前，为你们自己行赎罪之礼。²⁹ 那一天，凡没有禁食的，一律从族中铲除；³⁰ 凡继续做工的，我必将他从族中消灭；³¹ 决不允许任何劳作。此律永世传承，你们无论去到哪里，都要信守。³² 此乃你们的歇工安息之日，须禁食守节，从本月初九的傍晚开始，到次日黄昏。直译：从傍晚到傍晚。

住棚节

³³ 耶和华命令摩西，³⁴ 去向以色列子民颁布：

七月十五，是住棚节，见《出埃及记》23:16 注三。应为耶和华守节七日。³⁵ 第一天举行圣会，不可劳作。³⁶ 一连七日，为耶和华供奉火祭。第八天复又召集圣会，敬献耶和华的火祭。圣会庄严，'azereth，无定解，译文从通行本。须停下一切劳作。

³⁷ 以上为耶和华的节日，你们应召集圣会，按时为耶和华敬献火祭，包括全燔祭、素祭、各种牺牲和酹祭——³⁸ 平常的安息日除外，你们为还愿或自愿供奉耶和华的礼品也不算在内。

³⁹ 所以七月十五，以下至 43 节是以色列人结束巴比伦之囚后补入的，以出

埃及比喻重获自由，《申命记》16:13以下。 地里的庄稼收起后，你们要为耶和华守节七日。 第一天和第八天是安息日：⁴⁰第一天，你们要从树上摘下甜美的果子，hadar，所指不详，传统上解作香橼。 折一些叶子茂密的枝子，如海枣和溪畔的柳条，海枣，旧译棕树，误。 到耶和华你们上帝面前欢度七天节日。⁴¹每年七月，都这样庆祝，为耶和华守节：此律恒久不变，由你们代代相传。

⁴²节日期间，你们应搭棚子居住，以色列所有族人都要住进棚子。⁴³为的是让后人记得，当初我把子民领出埃及，曾让他们搭棚子栖身：我，耶和华，是你们上帝！

⁴⁴摩西受命，向以色列子民宣布了耶和华的节日。

长明灯和圣饼

二十四章

耶和华训示摩西：

²传令以色列子民，送新榨的清橄榄油来给你，会幕要灯火长明！³灯台由亚伦掌管，旧译经理，不通。 置于约柜的帐幔外，由傍晚至清晨，点燃在耶和华面前：此律常存，万代不变。⁴灯台纯洁，tahor，就祭祀而言；解作纯金，据《出埃及记》25:31，亦通。 下同。 亚伦须殷勤照看，使之在耶和华面前长明不灭。 七十士本：直至天明。

⁵再拿精白细面烤十二只饼，每只用两碗面粉。 见5:11注。⁶将这些饼六只一行，排两行，摆在耶和华面前的纯洁供桌上。 见《出埃及记》25:24。⁷然后撒上纯乳香，象征饼作食祭，象征，旧译纪念，误。 烧献耶和华。 参见2:2。⁸每逢安息日，都应如此供奉圣饼；此乃以色列子民要对耶和华永远信守的约。⁹圣饼归亚伦父子，应在圣所食用。 因为圣饼至圣，来自耶和华的火祭：此律万世不移。

亵渎圣名案

¹⁰当时有个汉子,母亲是以色列人,父亲是埃及人。 不算子民。 一天,他当着子民们的面,在营地里跟一个以色列人打架。¹¹这以色列女人的儿子——他母亲名叫佘罗蜜,是丹支族狄伯里的女儿——竟然亵渎圣名,拿它咒骂。 众人将他扭送到摩西那里,¹²关押起来,听候耶和华降旨发落。

¹³耶和华指示摩西:¹⁴把罪犯带到营外,所有听见他咒骂亵渎的人,都要把手按在他的头上;然后全会众扔石头砸他! 亵渎者玷污了会众,所以行刑须全体参加;手按罪人头,一如献祭牺牲赎罪求洁,16:21。¹⁵你再对以色列子民宣布:

诅咒上帝者应受罪罚,¹⁶亵渎耶和华圣名者必处极刑,由全会众扔石头砸他;客籍族人不论,亵渎圣名者必死! 以下至22节是插入的,与故事无关。

¹⁷杀人者死。

¹⁸打死牲畜者赔还牲畜,一命抵一命。

¹⁹伤人者偿伤,依样报还。 重申同态报复律,《出埃及记》21:22以下,但适用范围扩展到外族人。²⁰以肢赔肢, sheber,本义断(肢)、裂(骨)。 以眼还眼,以牙还牙。 他怎样害人,人也怎样害他;²¹杀牲赔牲,杀人偿命。²²此律于你们一视同仁,族人客籍不分:因为我,耶和华,是你们上帝。

²³于是, 上接16节。 摩西传达了耶和华的旨意。 以色列子民遵命,把亵渎犯拉到营地外面,用石头砸死了。

安息年

二十五章

耶和华在西奈山训示摩西,说:²你去向以色列子民宣告:

将来你们去到我恩赐的家园,那片土地也要安息,为耶和华守节。 细化约书的规定,《出埃及记》23:10以下。³你们有六年耕种,修剪葡萄园,收获果实。 收获,旧译收藏,误。⁴但第七年要让田园休息,做耶和华的安息年。 既不耕种,也不修剪,⁵连田里自生的谷物也不收割,未经修整的藤上的葡萄也不摘采:让土地彻底休息一年。⁶不过,安息年土地的其他出产,你们尽可以吃:让你自己,让你的奴婢佣工与客居的外族人,⁷还有你的家畜和野地里的兽类,都以大地的馈赠为食。

禧 年

⁸你要记得数安息年:每过七个安息年,就是七七四十九年,⁹七月初十,亦即赎罪日那天,你应吹响羊角号; shophar,传说为纪念圣祖献子,上帝以公羊代以撒而制。 上帝降临西奈山时曾为前奏,《出埃及记》19:16。 在全国每一个角落,用号声宣布:¹⁰第五十年神圣!向全国居民宣告:自由了,禧年来临了! 禧年(yobel),本义公羊、羊角;后世转喻理想境界或太平盛世。 人人重归祖业,家家户户团圆! 见下文41节。¹¹第五十年是你们的禧年,这一年不可耕种,也不可收割田里自生的谷物、摘采未经修整的藤上的葡萄。¹²因为这禧年是你们的圣年,你们要以大地的馈赠为食。

¹³禧年到来,每个人都要恢复祖业。¹⁴同胞之间,买卖土地不得亏负对方。¹⁵你向邻人求购,只能就距上一禧年的年数还价;

卖方要价，则应根据至下一禧年的收成年数——[16]年数越多，地价越贵；反之则贱——因为他卖给你的，实际是每年的收成。 确立公平交易原则，也有遏止土地兼并的用意，《以赛亚书》5:8。[17]你们彼此不可亏负，要敬畏上帝：因为我，耶和华，是你们上帝。

[18]所以，你们一定要恪守我的法规律例，始终不渝。 惟有这样，你们才能安居乐业；[19]那片土地才会果实累累，使你们丰衣足食。

[20]也许你们要问：第七年不种不收，我们靠什么为生呢？[21]我会命令第六年降福予你们，让大地丰饶，一年抵三年： 通说即休耕的安息年和禧年(第八年)，再加因禧年不播种而新年(秋季)无收成的第九年。[22]我要叫你们从第八年播种时节到第九年新粮入仓， 来年五月。 都有吃不完的余粮！

土　　地

[23]土地不可卖断，因为大地归我；对于我，你们只是旅人、过客。

[24]所以，你们必须允许，一切祖业均可赎回。[25]若有兄弟因穷困而售地， 兄弟，泛指以色列人，下同。 族中至亲应出面赎回他变卖的祖业。 至亲(go'el)，词根本义救赎；转指男性族人的互助义务，包括血亲复仇，《民数记》35:19。[26]若没有至亲代赎，原主可等家境好转了再行赎回。[27]赎价应根据变卖的年数，将余年的价值还给买主， 如上文16节所示。 便可收回祖业。[28]若原主无力出价赎回，土地就归买主占有直至禧年；禧年一到，即应退还土地，让原主重归祖业。

[29]城墙内的住宅，卖方有权在一年内赎回。 此赎权以一年为限；[30]过期不赎，房屋即归买主及其后代永久所有，禧年亦不必退还。 禧年律在城市受到限制，应是政治和经济的现实。[31]但是，无围墙的

村庄里的房屋，应视同田产，可以随时赎回；禧年一到，须退还原主。

³²至于利未人，对其祖业即城里的房产，见《民数记》35:2以下。他们得永享赎权。³³利未人如果卖房而无力赎回，禧年来临，买主应全数退还；因为利未人城里的那些房是他们在以色列子民中祖传的产业。 此节前半句原文费解，大意谓利未人的祖业不受30节规定的约束。译文从通行本。³⁴此外，城外四郊的牧场不能变卖，那也是他们永久的产业。

赎　身

³⁵若有兄弟贫穷潦倒，向你求助，你应施以援手，如同照顾来自异乡的客人，留他同住。³⁶不可克扣或追加他的利息，要敬畏上帝。 而上帝拯救子民，从来不收利息。 凡是兄弟与你一起生活，³⁷无论借钱赊粮，都不要收取利息。 见《出埃及记》22:24，《申命记》23:20。³⁸我是耶和华你们上帝：我领你们出埃及，又把迦南赐给你们，为的是做你们上帝。

³⁹若有同住的兄弟为穷困所迫而卖身于你，你不可把他当奴隶使唤。⁴⁰应待他像佣工或外族人一样，让他为你做工，直至禧年。⁴¹然后他可自由离去，带上他的子女，回家乡复归祖业。 修改希伯来奴隶七年为期的约书规定，《出埃及记》21:2以下。 但只是变更名分，工期反而长了。⁴²凡我从埃及领出来的，都是我的仆人，同为子民。 不准卖身为奴。⁴³所以你决计不可虐待他，旧译不通：严严地辖管他。 要敬畏上帝。

⁴⁴你的奴婢，应得自四周的异族。 可以去邻国买，⁴⁵也可以在境内寄居的外族人或在其本地出生的家属中购置。 这些奴婢便是你们的财产；⁴⁶作为财产可以传给子孙，当他们永久的产业或

使唤的奴婢。 但是，以色列子民兄弟之间，谁也不许奴役他人。 旧译：严严地辖管，误。

⁴⁷若有客居以色列的外族人发了财，而你的兄弟却一贫如洗，不得不卖身给那外族人或其家属后裔为奴，后裔，或作一支。 ⁴⁸那卖身的应可以随时赎身：或者由亲戚出钱代赎，⁴⁹例如叔伯、堂房兄弟或任何家人骨肉，或者待他日后攒了钱自赎。 ⁵⁰赎价应和买主一同计算，根据从卖身之日到下一禧年的年数，以及佣工每日的工价而定。 ⁵¹如果禧年尚远，应计入剩余年数，按比例偿还一部分买价。 ⁵²若禧年已近，赎价就相应降低，也依照工期长短。 ⁵³总之，买主用他，应像雇来的年工，不可虐待——而且就在你眼前！ 以色列人有保护卖身同胞的责任。

⁵⁴但如果那人未能以上述方法赎身，则禧年到来，他可自由离去，带上他的子女。 ⁵⁵因为，以色列子民只对我称仆人——我的仆人——救他们出埃及的是我，耶和华，你们上帝！

诫 勉

二十六章

你们切不可为自己营造偶像，不可在境内立雕像石柱，对它们俯身膜拜。 迦南习俗，《出埃及记》23:24 注。 因为我，耶和华，是你们上帝。 ²你们要守我的安息日，尊崇我的圣所：我是耶和华。 以下"祝福加咒祸"格式，常见于古代近东盟约的结束语。

守法的祝福

³只要你们遵从我的法规诫命，奉行无误，⁴我必按时为你们降下甘霖，令大地丰饶，果实累累；⁵让你们打谷子打到葡萄成

熟，由五旬节至住棚节。 摘葡萄摘到播种季节：十一月种冬麦(大麦)。 人人丰衣足食，家家安居乐业。

⁶我必赐全国太平，睡眠无人惊扰，田园不见害兽，刀剑停止入侵。⁷你们将追击仇敌，让他们在利刃下栽倒；⁸你们将以五当百，以百当万，叫穷寇无处遁逃！ 直译：丧身剑下。

⁹我必眷顾你们，使你们子孙繁盛，并坚守与你们立的约。坚守，旧译坚定、固守，不通。¹⁰你们将陈粮囤积，享用不尽，须清出陈粮让新谷入仓。

¹¹我必把居处安在你们中间，决不厌弃你们；¹²我必与你们同行，当你们上帝，你们做我的子民。 重申《出埃及记》6:7。¹³那领你们走出埃及，打碎枷锁摆脱奴役，令你们昂首阔步的，是我，耶和华，你们上帝。

违法的咒祸

¹⁴但是，若你们不听我的指示，不守我的法令，¹⁵背弃我的律例和诫命，你们就违反了我的约。¹⁶我必降灾，使你们陷于恐惧：瘰病与热病，qaddahath，或作疟疾。 将夺去你们的视力和无数生命。 你们播下的种子，到头来是敌人的盘中餐。¹⁷我将沉下脸来对付你们，叫你们败于敌手，受仇人统治；旧译辖管、压制，不妥。 虽然无人追赶，也只会惊慌逃窜！

¹⁸如果陷入这般困境，你们仍不肯顺从，我将按你们的大罪，加上七倍惩罚：七倍谓大。 ¹⁹我要粉碎你们狂妄的蛮力，使苍天如铁，四野如铜；大旱。 ²⁰任你们拼命劳作，地里也不长庄稼，树上也不结果实。

²¹如果你们继续抗拒，不愿服从，我将数你们的大罪，再添七倍打击：²²我要放野兽伤害你们，攫走你们的儿女，咬死你们

的牲畜，如《列王记下》17:25记载。 直至人丁稀落，街市一片颓垣。

²³如果经过这些教训，你们还敢与我作对，旧译不通：行事与我反对。²⁴我将毫不留情，给你们的大罪再记上七倍刑罚：²⁵我要兴起刀兵，为我的约向你们问罪；待你们躲进城里，再降下瘟疫，deber，泛指各种传染病，或鼠疫。 把你们交到仇敌手中。²⁶我还要折了你们的面饼之杖，喻断绝粮源。 让十个女人用一口灶烤饼；一份口粮十个人分，你们吃了还饥肠辘辘。

²⁷如果经历这番打击，你们依旧负隅顽抗，²⁸当心我按捺不住惩罪的怒火，对你们掷下七倍灾祸：²⁹饿殍遍野，你们会煮食亲生儿女。³⁰我将夷平你们的神龛，bamoth，本义不明；一般从通行本，解作高丘（excelsa），置偶像处。 打碎你们的香坛，旧译日像，误。 把你们的尸首堆上你们偶像的残骸——你们让我厌恶！³¹我要使你们的城镇沦为废墟，圣所化作瓦砾，不再闻你们祭品的香烟；³²国土之凄惨荒凉，连侵占它的仇敌也震惊不已！³³是的，你们要流离失所，散居列国，为刀剑所驱逐，在都邑倾圮、家园变荒原之后。

³⁴于是，赤地千里，当你们流亡敌国之际，故土才得了安息，补足它未守的年期。³⁵寂寞荒原，直到你们不在那儿住了，安息年才回到家乡。³⁶至于那些侥幸逃得性命的，由"你们"转入第三人称，以示弃绝。 我要他们生活在仇人中间，胆战心惊，七十士本：当奴隶。 一片落叶也会把他们吓跑，仿佛躲避刀剑；无人追赶便已经踉踉跄跄，³⁷一个跌在另一个身上，乱成一团：只能听任强寇宰杀，直译：面临刀剑，无力抗敌。³⁸在异国他乡倒下，被敌人的土地吞没。³⁹是的，你们的那些残存者终将为自己的大罪，为祖宗的恶行，在仇人中间凋落。

悔过的希望

⁴⁰终于，他们服罪了，认了自己和祖宗犯下的恶行，对我的不忠与反叛——⁴¹所以我才决意与他们为敌，旧译不通：行事与他们反对。 不忠，旧译干犯（我），误。 把他们流放敌国——他们未受割礼的心变得谦卑了，未受割礼：形容愚钝，《出埃及记》6:12 注。 甘愿受罚赎罪。⁴²于是，我记起了我同雅各的约，同以撒、同亚伯拉罕所立的约，想到了那片家园。 记起/想到，旧译记念，误。

⁴³它还在安息年中，荒芜的土地；它已经将他们抛弃，要他们背负罪责：因为，他们曾公然蔑视我的规定，违背我的法令。

⁴⁴尽管如此，在他们流浪异乡的岁月，我仍然不厌恶他们，无意将他们摈弃、毁灭，更不会废除我同他们的誓约：因为我，耶和华，是他们的上帝。⁴⁵为了他们，我不会忘记与他们祖先缔结的约：我当着万族的面，把子民领出埃及，乃是为了做他们上帝——我，耶和华！

⁴⁶就这样，通过摩西，耶和华在西奈山，在自己与以色列子民之间，立下了全套典仪与律法。 toroth，复数。 七十士本作单数，总称圣法。

附录：人身价

二十七章

耶和华训示摩西：²你去对以色列子民宣布：

凡以人身向耶和华许愿，折价还愿，³应按照下列规定，许愿本是不可更替的，如《士师记》11:30 以下；折价还愿形成规定，当在以色列人结束巴比伦之囚以后。 故本章习称"附录"。 以圣所的秤为准：

成人，二十岁至六十岁，折银：男，五十块；[4]女，三十块。

[5]少年，五岁至二十岁，折银：男，二十块；女，十块。

[6]幼童，满月至五岁，折银：男，五块；女，三块。

[7]老人，六十岁以上，折银：男，十五块；女，十块。

[8]倘若家贫，付不起价银，则应把人带到祭司面前。由祭司视许愿者的财力，另定身价。

祭牲价

[9]若许给耶和华的是可作祭品的牲畜，这祭牲就必须归圣，[10]不可掉换替代，无论以好换坏还是以次充优。即不许折价还愿。万一替换了，则两牲一同归圣，不得收回。[11]若许给耶和华的牲畜不洁，不能献作祭品，则应将它带到祭司面前。[12]由祭司视其品质估价，品质，直译：好坏。估定多少就是多少。[13]如许愿者又想赎回，则赎价之外，还应加付五分之一。见5:16注，下同。

房 价

[14]若有人将房屋祝圣了献给耶和华，祭司应根据房子的状况估价，状况，直译：好坏。估定多少就是多少。[15]如许愿者又想赎回，则房价之外，还应加付五分之一，房子才可退还于他。

地 价

[16]若有人把祖业田产祝圣了，献一幅给耶和华，地价应根据那幅地的收成估算：收成，或作（播下的）麦种，亦通。一驮大麦折银五十块。驮(homer)，干量单位，源于毛驴的负载，合10筐或100碗，《出埃及记》16:16及36注。[17]禧年奉献田产，这估价即是定价；[18]禧年过后奉

献，祭司应按照距下一禧年的年数多少，相应降低估价。[19]如许愿者又想赎回，则地价之外，还应加付五分之一，田产才重归他所有。[20]但如果他并不赎回，却将田产转卖他人，就失去了赎权。[21]禧年来临，买主退田，_{据25:13规定。}那幅地便归圣于耶和华，作为禁田，_{见下文28节注。}属于祭司的产业。

[22]若有人把买来的田产，而非自家祖业，献给耶和华，[23]祭司估定地价，也要计算距下一禧年的年数。地价须当天付清，归圣耶和华。[24]但禧年一到，那幅地仍要退还卖方亦即田产的原主。[25]以上一切价银，均以圣所的秤为准：一块等于二十毫。_{见《出埃及记》30:13注。}

头胎牲畜

[26]头胎牲畜归耶和华；无论牛羊，已属耶和华的，皆不可再行奉献。[27]但如果献的牲畜不洁，可按祭司的估价再加五分之一赎回；不赎的，一律按估价卖掉。

禁 物

[28]凡许给耶和华的禁绝之物，_{herem，本义神咒（七十士本：anathema），转指无条件许愿归圣，或上帝命令禁绝的人口城邑等，《民数记》21:2以下。}无论人畜或祖业田产，一经奉献，即不许变卖、赎回。禁物至圣，属耶和华。[29]禁绝之人概不能赎回，必须处死。

什一之物

[30]凡土地的出产，无论田间谷物还是树上果实，十分之一归耶和华，_{大地的主人，25:23；详见《申命记》14:22以下。}即耶和华的圣物。_{见22:2注一。}[31]若想赎回，估价之外，还应加付五分之一。

^{32}牛羊由牧人杖下经过，每数十只，第十只奉献耶和华。^{33}不可挑拣好坏，也不可掉换。 若有掉换，则两只一同归圣，不得赎回。

^{34}以上是耶和华通过摩西，在西奈山为以色列子民颁布的诫命。

二零零二年冬初稿,零四年九月定稿,一一年四月修订

学院的圣日

（增订版跋）

> 他为第七日赐福,定为圣日,因为在这一天上帝完成了创世,休息了。《创世记》2:3

第一日,晴

一楼会议室午餐,盒饭。小魏请给"论文博士"班开一讲座,因学员都是在职干部,只能周末听课。内容可别太理论化,啊,她说。题目定为"社会主义法律体系的若干问题",谈谈违宪审查跟新法治(又名"形式法治")中国特色的基本矛盾。J大学冠名教授评审材料寄到。

小高电话,今晚七点半国家大剧院普契尼《托斯卡》有票,约仁卿同往。说三位主角均为意大利当红的歌剧明星,Nicola Carbone 饰 Tosca,布景一流云云,热情推荐。遂提前晚餐。

改《政法笔记》增订版书稿。

第二日,晴

继续改书稿。下午"论文博士"班讲违宪审查,三小时。学员十来个,不甚发言,仿佛还在部里开他们的会。课间聊天,却活跃了,好几个说去过美国这儿那儿,进修或是访问。

一网友询问《约翰福音》1:1译法,说有帖子称"上帝就是那言"错了,因为"言"字带冠词(ho logos,旧译"道"),按"基础文法"该作主语,如和合本"道就是神"(译自钦定本:and the Word was God)。他自己主张语境化的理解,即设想作者是在向希腊文化背景的人宣传希伯来上帝,所以强调那神不是别个,正是希腊人的"逻各斯"(logos)。并告知"国内拜占廷学学者留学希腊多载的陈志强老师,也根据Neophytos Bambas翻译的现代希腊文圣经……认为旧译'道就是神'不妥"。简复如下:

谢谢。原文交错配列(chiasmus),故这样译。参较拉丁语通行本:

In principio erat Verbum, et Verbum erat apud Deum, et Deus erat Verbum.

跟原文(及拙译)完全一致,"太初有言:那言与上帝同在,上帝就是那言"。照钦定本等现代译本作"那言是上帝"也行,但力量就弱了。译诗须兼顾原文的语气、词序和节奏。你举的理由也包含其中了。夏安

又,马丁·路德也保持了交错配列:

Im Anfang war das Wort, und das Wort war bei Gott, und Gott war das Wort.

后来的德文译本如 Elberfelder,才变为初级语法的"und das Wort war Gott"(那言是上帝),或是受了钦定本的影响。供参考。

第三日,大热,30 度

评审材料阅毕,推举了 L 君。评审表"学术能力资格"一栏,填"完全具备"所谓"一级(社科)核心期刊"论文之水平,但加了一条注:

> 此类核心期刊并不能代表中国法学最优秀的研究成果,所载法学论文,多数还上不了北大法学院学生编的《北大法律评论》(两轮审稿,双向匿名)。因此有必要补充一句:"完全具备"只是充分肯定 L 学术能力的意思,而非表示他的著作仅仅达到核心期刊的水准。目前用核心期刊来衡量学术成果高下的做法,乃是中国学术评价机制败坏之后一个可悲的症候。

晚七点十分工字厅开会,讨论黑石集团创办人捐款建国际硕士学院事宜。他的计划,是想在中国培养年轻一代的"全球领袖人才",故理工课程、国人看重的院士头衔或国际大奖之类一律舍弃,以为"工科思维"非"领袖人才"所需。建制则模仿哈佛耶鲁或牛津剑桥的本科生寄宿学院,也要请 Master and Tutors 入居,英文授课。可是,外国的"三好生"来中国念一年硕士,读点英文资料,讨论些西方(主要是美英)视角下的中国与世界问题,不仍是"工科思维""普世"(catholic)价值么?负笈"天朝"而不学中文,不通过一手文献了解华夏的思想文化历史制度,日后即便亨通了当个澳大利亚首相或美国财长,也算不上中国培养吧。一个曾经的(第三)世界领袖,如何吸引并影响未来的"世界领袖"? 依样画葫芦,恐怕不行。

基辛格的新著《论中国》,就极重视研究对手的文化心理、军事思想和政治传统。

第四日,多云间阴

下午"法律与伦理"课,评李庄案"第二季"同重庆打黑,总结《利维坦》三、四部分,论基督教联合体(Commonwealth)及黑暗王国,或撒旦治下的现世之邦。霍布斯的名言,"闲暇乃哲学之母,而联合体(国家)则是和平与闲暇之母",要点在"共同福祉"(commonwealth)基础上的主权结构。课后,学生谈论文选题,案例的分析跟提问,渐渐能摆脱教条了。

宽宽发来关于华东师大讲座《论背叛》的报道,其实记者已告知了。

晚,如骏来,邀至"醉爱"饭店,那里有两样杭州菜尚可。旧雨重逢,谈耶鲁新事,甚欢。继续改书稿。

第五日,晴

午前 D 君到,挂职锻炼了一年,谈吐见识大有长进。至东门外"拾年咖啡"共进意面,味道平平,但氛围好,安静;客人一个个都粘在笔记本电脑上,可以从从容容聊天,是晨光介绍的。

"法律与伦理"课开讲马克思,由《黑格尔法哲学批判》导言入手。"应当让受现实压迫的人意识到压迫,从而使现实的压迫更加沉重;应当公开耻辱,从而使耻辱更加耻辱"。对宗教与神学的批判不免如此——不免走向对法权亦即对政治的批判。反之,若是想有效回避社会批判,最大限度地消解革命的可能性,法权须上升为一套宗教信条,"一种颠倒的世界意识";如同路德,"恢复信仰的权威,把俗人变成僧侣"。

A 君下午抵京,住王府井半岛酒店。晚餐请在"全聚德"吃烤鸭,菜单与往日不同,划掉好几样。服务员说,最近政府检查食品添加剂,货源变了。之前小高提议,明天带 A 君仁卿逛马连道茶城。

第六日,阴

上午九点起硕士生答辩,共十二人。论文是昨天下班时分送到办公室的,倘使每本论文需四小时读完,再列出问题,十二本便应预留至少四十八小时或整整一周的工作量。如今各校的"惯例",却是临答辩才送论文,或许有照顾考官的意思,省却教授们读论文的麻烦?快快翻阅一遍,水平参差不齐。然而也不可苛责,世风若此,人容易疏懒,随大流。其实,不妨学习美国,取消硕士论文的答辩程序,改由导师评分。干部企业家混个"论文博士",也可以放宽条件,允许免除答辩,跟学术型博士分开档次。因为如果严格要求,恐怕半数得不及格,势必引发更大规模的难以控制的腐败。现在的制度既不公平又不经济;浪费师生的时间精力不算,还糟蹋纸张,损害环境。

四点半答辩结束。遵小高指示,乘地铁到菜市口换出租车,到她家小坐,欣赏插花、威尼斯面具、原木书架等,饮普洱茶,皆饶有情趣。但 A 君已返酒店,晚间会议有活动。仨人遂至珍珠店参观,原来是诸暨人开的,店主说话带着乡音,颇感亲切。随后打的往云腾饭店（云南驻京办）用餐。气锅鸡、牛肝菌、石屏豆腐、宣威火腿夹乳饼、酸角汁等，均地道，价亦廉。唯装修粗陋，全无云南山水的灵气。聊至打烊，十一点尽兴而归。

车上同的哥聊天，问：老北京有多少城门？答：皇城四门，内九外七，总数二十个。又问：多少座塔呢？答：西城五塔，东城无塔；您算算看，有几座？

第七日，晴

补读昨天答辩的学生论文（多少有点好奇），有三四本确属优秀，稍作修改即可发表。但也有十分马虎，甚至文句不通的——中小学教育出了问题。

年轻人毕竟可爱，透露一个秘密给我：昨天是订婚结婚的黄道吉日，5/20，谐音"我爱你"。结果，午后突然互联网流量倍增，飞信大塞车，有关部门着实紧张了一阵，以为发生群体事件。赶紧检查内容才松了口气，是网民选择在十三时十四分（13:14）表达爱情，互道"一生一世"。

书稿改定。文章二十五篇，只作个别文字的调整，归上编。下编《利未记》则重新对照原文逐句推敲，订正了几处译文，添了若干夹注。古以色列的圣法，不论祭礼、圣职、节期或求洁之律，抑或家庭与司法伦理，都是西方法律传统的一个源头。

无巧不成书，还有一大"秘密"上了央视晚间新闻：今天（5/21）居然是"世界末日"，美国一基督教家庭电台宣布。据说他们尊奉的是耶和华这一条谕旨（《以西结书》33:1以下）：

> 人子啊，去告诉你的族人，说：若是我的剑指向哪一

国,那国便选立一人担任守望者,要他一见圣剑降临就吹响号角,警诫百姓,那么凡听到号音而不受警诫的,圣剑来时,一律攫走,必血罪临头……

二零一一年五月于清华园

参考书目

以下列出本书各篇文章引用、参考的主要中外文著作,以著(编)者姓名或中译名的拼音及四声笔画为序。同一作者的不同著作,按出版年代排列。外国经典作家的中译名已约定俗成的,不列出外文原名,如:马克思。

为方便阅读,书名和刊名长度超过六个字的,在文章中大多简化了,不用全称,如:艾德曼《形象所有权》。

A

霭理士(Havelock Ellis):《性心理学》(*Psychology and Sex*),潘光旦译注,北京三联书店,1987。

艾伯拉罕(Henry Abraham):《司法程序》(*The Judicial Process*),第六版,牛津大学出版社,1993。

艾德曼(Bernard Edelman):《形象所有权:马克思主义法理基础》(*Ownership of the Image: Elements for a Marxist Theory of Law*),E. Kingdom 英译,Routledge & Kegan Paul,1979。

艾里克森(Robert Ellickson):《秩序不用法律》(*Order Without Law: How Neighbors Settle Disputes*),哈佛大学出版社,1991。

安守廉(William Alford):《窃书不为偷:知识产权法在中华文明》(*To Steal a Book is an Elegant Offense: Intellectual Property Law in Chinese Civilization*),斯坦福大学出版社,1995。

奥古斯丁:《忏悔录》(*Confessiones*),周士良译,商务印书馆,2010。

B

鲍德里亚(Jean Baudrillard):《替身与模拟》(*Simulacra and Simulation*),Sheila Glaser 英译,密执安大学出版社,1994。

贝柔(Michelle Perrot)(编):《私生活史》(*Histoire de la vie privee*)卷四,《从法国大革命到一次世界大战》(*De la Revolution a la Grande Guerre*),Editions du Seuil,1987。

本雅明(Walter Benjamin):《启明集》(*Illuminations*),Harry Zohn 英译,Fontana,1970。

毕克尔(A. M. Bickel):《最不危险的部门》(*The Least Dangerous Branch*),Bobbs-Merrill,1962。

波斯纳(Richard Posner):《法理学问题》(*The Problems of Jurisprudence*),哈佛大学出版社,1990。

波斯纳:《性与理性》(*Sex and Reason*),哈佛大学出版社,1992。

波斯纳:《法律与文学》(*Law and Literature*),修订版,哈佛大学出版社,1998。

伯尔曼(Harold Berman):《法律与革命》(*Law and Revolution: The Formation of the Western Legal Tradition*),哈佛大学出版社,1983。

柏拉图:《法律篇》(*Nomoi*, tr. R. G. Bury),哈佛/罗伯丛书,2001。

柏拉图:《费德罗》(*Phaidros*, tr. H. N. Fowler),哈佛/罗伯丛书,1982。

柏拉图:《理想国》(*Politeia*, tr. Paul Shorey),哈佛/罗伯丛书,1987。

博思维(John Boswell):《基督教、社会容忍与同性恋》(*Christianity, Social Tolerance,* and Homosexuality），芝加哥大学出版社，1980。

博伊尔(James Boyle)：《巫师软件脾脏之属：信息社会的建构与法》(Shamans, Software, and Spleens: Law and the Construction of the Information Society)，哈佛大学出版社，1996。

薄一波：《若干重大决策与事件的回顾》(上卷)，中央党校出版社，1991。

布迪厄(Pierre Bourdieu)：《语言与象征性权力》(Language and Symbolic Power, ed. J. B. Thompson)，哈佛大学出版社，1993。

布鲁克斯(Peter Brooks)：《身体活儿：现代叙事中的欲望之对象》(Body Work: Objects of Desire in Modern Narrative)，哈佛大学出版社，1993。

C

蔡翔：《革命/叙述：中国社会主义文学——文化想象（1949—1966）》，北京大学出版社，2010。

陈维纲：《边缘正义》(Peripheral Justice: The Marxist Tradition of Public Hegemony and Its Implications in the Age of Globalization)，载《立场》(Positions), vol. 13, no. 2, fall 2005。

陈兴良(编)：《当前贪污贿赂、非法所得违法违纪犯罪的政策法律界限与认定处理》，中国方正出版社，1995。

慈继伟：《正义的两面》，北京三联书店，2001。

崔卓兰：《行政规章可诉性之探讨》，载《法学研究》1/1996。

D

但丁：《神曲》(La divina commedia, ed. C. H. Grandgent, rev. C. S. Singleton)，哈佛大学出版社，1972。

但丁：《神曲》，田德望译，三卷，人民文学出版社，2002。

德雷贺斯(Peter Drahos)：《知识产权哲学》(A Philosophy of Intellectual Property), Dartmouth, 1996。

德沃金(Ronald Dworkin)：《在北京认真对待权利》，载《纽约书评》(New York Review of Books) 2002.9.26。

迪亚斯(Clarence Dias)等(编)：《法律家在第三世界》(Lawyers in the Third World: Comparative and Developmental Perspectives), Scandinavian Inst. of African Studies and Int'l Ctr. for Law and Development, 1981。

杜比(Georges Duby)(编)：《私生活史》(Histoire de la vie privee)卷二，《从封建欧洲到文艺复兴》(De l'Europe feodale a la Renaissance), Editions du Seuil, 1985。

段百涛：《关于司法裁判中地方保护主义的认识与思考》，载《法律适用》9/1998。

F

法学教材编辑部编写组(编)：《中国法制史资料选编》，上下册，群众出版社，1988。

方流芳：《中国法学教育观察》，载贺卫方(编)：《中国法律教育之路》，中国政法大学出版社，1997。

费什(Stanley Fish)：《言论自由，没有的事》(There's No Such Thing as Free Speech)，牛津大学出版社，1994。

费思(Owen Fiss)：《言论自由的讽刺》(The Irony of Free Speech)，哈佛大学出版社，1996。

费孝通：《无讼》，载《律师文摘》1/2002。

芬尼斯(John Finnis)：《自然法与自然权利》(Natural Law and Natural Rights)，牛津大学出版社，1980。

冯象:《中国知识产权》(*Intellectual Property in China*),Sweet & Maxwell Asia,1997,增订版,2003。

冯象:《玻璃岛:亚瑟与我三千年》,北京三联书店,2003。

冯象:《摩西五经》,牛津大学出版社/香港,2006。

冯象:《木腿正义》(增订版),北京大学出版社,2007。

弗洛伊德:《图腾与禁忌》(*Totem und Tabu*),James Strachey 英译,Routledge & Kegan Paul,1950。

福柯(Michel Foucault):《疯史》(*Histoire de la folie a l'age classique*),Gallimard,1972。

福柯(Michel Foucault):《性史》(*History of Sexuality*),Robert Hurley 英译,Vintage Books,1980。

傅莱(Northrop Frye):《批评之解剖》(*Anatomy of Criticism*),普林斯顿大学出版社,1957。

G

盖恩丝(Jane Gaines):《争夺下的文化:音、像与法》(*Contested Culture: The Image, the Voice, and the Law*),北卡罗莱纳大学出版社,1991。

高振农:《中国佛教》,上海社会科学院出版社,1986。

H

哈夫洛克(Eric Havelock):《柏拉图序》(*Preface to Plato*),哈佛大学出版社,1963。

韩国磐:《中国古代法制史研究》,人民出版社,1993。

韩述之(编):《社会科学争鸣大系:政治学/法学卷》,上海人民出版社,1991。

何海波:《实质法治:寻求行政判决的合法性》,法律出版社,2009。

何锦璇:《信托立法不宜操之过急》,载《北大法律评论》一卷二辑,1998。

黑格尔:《法哲学》(*Philosophy of Right*),T. M. Knox 英译,牛津大学出版社,1967。

湖南省高级人民法院研究室:《谈谈性贿赂》,载《法治通讯》3/1989。

黄宗智:《民事审判与民间调解》(*Civil Justice in China: Representation and Practice in the Qing*),斯坦福大学出版社,1996。

霍布斯:《利维坦》(*Leviathan*, ed. Richard Tuck),剑桥大学出版社,1991。

霍姆斯(O. W. Holmes, Jr.):《普通法》(*The Common Law*),Little, Brown & Co.,1946。

J

贾宇:《死刑的理性思考与现实选择》,载《法学研究》2/1997。

强世功:《"法律"是如何实践的》,载王铭铭(编):《乡土社会的秩序、公正与权威》,中国政法大学出版社,1997。

景汉朝、卢子娟:《经济审判方式改革若干问题研究》,载《法学研究》5/1997。

K

康德:《道德形而上学》(*The Metaphysics of Morals*),M. J. Gregor 英译,剑桥大学出版社,1991。

凯尔曼(Mark Kelman):《批判法学指引》(*A Guide to Critical Legal Studies*),哈佛大学出版社,1987。

阙泊斯(Paul Campos):《法疯:美国法发

疯》(Jurismania: The Madness of American Law),牛津大学出版社,1998。

康树华(编):《犯罪学通论》,北京大学出版社,1992。

康特尔(Norman Cantor):《想象法律:美国法制的根基与普通法》(Imagining the Law: Common Law and the Foundations of the American Legal System),HarperCollins,1997。

柯维尔(Robert Cover)等:《程序》(Procedure),第二版,Foundation Press,1988。

克朗曼(Anthony Kronman):《失律师》(The Lost Lawyer),哈佛大学出版社,1993。

孔薇耳(Patricia Cornwell):《凶手肖像:撕人狂杰克》(Portrait of a Killer: Jack the Ripper—Case Closed),Putnam,2002。

L

李国机(编):《李国机律师案例选》,同济大学出版社,1996。

李浩:《法官素质与民事诉讼模式的选择》,载《法学研究》3/1998。

李束、文力(编):《中国名人名案实录》,法律出版社,1994。

利帕(Cesare Ripa):《像章学》(Iconologia, ed. Piero Buscaroli),Fogola Editore, Torino,1986。

林伟然:《一场夭折的中国文化启蒙运动——阶级斗争理论和文化大革命》,李玉华译,威斯康星州大学/麦迪逊,1996。

林元:《我十六年的律师生涯》,法律出版社,1996。

刘连泰:《我国宪法规范在审判中直接适用的实证分析与评述》,载《法学研究》6/1996。

刘南平:《法学博士论文的"骨髓"和"皮囊"》,载《中外法学》1/2000。

洛克:《政府论》(Two Treatises of Government, ed. P. Laslett),剑桥大学出版社,1988。

卢梭:《忏悔录》(Les confessions),Bibliotheque de la Pleiade,1962。

鲁本(David Luban):《律师与正义》(Lawyers and Justice: An Ethical Study),普林斯顿大学出版社,1988。

罗士(Mark Rose):《作者与业主:版权的发明》(Authors and Owners: The Invention of Copyright),哈佛大学出版社,1993。

M

马克昌(编):《刑法的修改与完善》,人民法院出版社,1995。

马克思、恩格斯:《马恩选读》(The Marx-Engels Reader, ed. R. C. Tucker),第二版,W. W. Norton & Co.,1978。

马克思、恩格斯:《马克思恩格斯选集》,二版四卷,人民出版社,1995。

马晓刚、高华苓(编):《著作权案例百析》,中国人民大学出版社,1993。

马原(编):《民事审判实务》,中国经济出版社,1993。

马原(编):《中国行政诉讼法教程》(修订本),红旗出版社,1995。

麦道维(Douglas MacDowell):《古典时期的雅典法》(The Law in Classical Athens),康乃尔大学出版社,1978。

麦金农(Catharine MacKinnon):《走向女权主义国家理论》(Toward a Feminist Theory of the State),哈佛大学出版社,1989。

麦金农(Catharine MacKinnon):《言词而已》(Only Words),哈佛大学出版社,1993。

毛泽东:《毛泽东选集》,二版四卷,人民出版社,1991;第五卷,1977。

毛泽东:《毛泽东文集》,八卷,人民出版社,1999。

茅彭年、李必达(编):《中国律师制度研究》,法律出版社,1992。

梅特兰(Frederic Maitland):《论文集》(*Collected Papers*, ed. H. A. L. Fisher),剑桥大学出版社,1911。

梅因(Sir Henry Maine):《古代法》(*Ancient Law*, ed. F. Pollock),牛津大学出版社,1905。

蒙田:《随笔集》(*Essais*, ed. Albert Thibaudet), Gallimard, 1934。

莫弗斯(Yochanan Muffs):《爱与喜:古代以色列的法律、语言与宗教》(*Love and Joy*: *Law, Language and Religion in Ancient Israel*),哈佛大学出版社,1992。

莫理斯(Clarence Morris)(编):《法哲学选读》(*The Great Legal Philosophers*),宾州大学出版社,1959。

N

尼古拉斯(Barry Nicholas):《罗马法概论》(*An Introduction to Roman Law*),牛津大学出版社,1962。

牛汉:《我仍在苦苦跋涉》,北京三联书店,2008。

努南(John Noonan, Jr.):《贿赂史》(*Bribes*),加州大学出版社,1987。

努丝包姆(Martha Nussbaum):《诗的正义》(*Poetic Justice*: *The Literary Imagination and Public Life*), Beacon Press, 1995。

P

培根:《随笔》(*The Essays or Counsels Civil and Moral*, ed. B. Vickers),牛津大学出版社,1999。

皮普斯:《皮普斯日记》(*The Diary of Samuel Pepys*, ed. Robert Latham and W. Matthews),十一卷,加州大学出版社,1970—1976。

普鲁塔克:《道德论》(*Moralia*), Rex Warner英译,企鹅丛书,1971。

Q

瞿同祖:《中国法律与中国社会》(*Law and Society in Traditional China*), Mouton, 1961。

全国人大常委会法制工作委员会刑法室(编):《中华人民共和国刑法释义》,法律出版社,1997。

R

柔德(Deborah Rhode):《说性》(*Speaking of Sex*: *The Denial of Gender Inequality*),哈佛大学出版社,1997。

S

萨斯(Louis Sass):《癫狂与现代主义》(*Madness and Modernism*),哈佛大学出版社,1994。

莎士比亚:《全集》(*The Riverside Shakespeare*, ed. E. B. Evans et al.), Houghton Mifflin Co., 1974。

《圣经》(希伯来语, *Biblia hebraica*, ed. Rudolf Kittel), Wuerttembergische Bibelanstalt Stuttgart, 1973。《新约》(希腊语/拉丁语, *Novum testamentum graece et latine*, ed. Eberhard Nestle), Deutsche Bibelgesellschaft Stuttgart, 1994。

史蒂芬斯(Robert Stevens):《美国法律教育:1850—1980》,载 Richard Abel(编):《解读法律家》(*Lawyers*: *A Critical Reader*), The New Press, 1997。

史维理(P. Wesley-Smith):《香港宪法与行政法》(*Constitutional and Administrative Law in Hong Kong*), Longman Asia, 1995。

苏力:《法治及其本土资源》,中国政法大学出版社,1996。

苏力:《送法下乡:中国基层司法制度研究》,中国政法大学出版社,2000。

苏力:《从法学著述引证看中国法学》,载《中国法学》2/2003。

索福克勒斯:《安提戈涅》(Antigone, tr. Lloyd-Jones),哈佛/罗伯丛书,1994。

T

谭纳(Harold Tanner):《严打》(Strike Hard: Anti-Crime Campaigns and Chinese Criminal Justice, 1979—1985),康乃尔大学出版社,1999。

佟柔(编):《中国民法》,法律出版社,1990。

童兆洪:《关于缓解执行难和治理执行乱的认识和思考》,载《法律适用》4/1998。

W

瓦尔准(Jeremy Waldron):《私有产权》(The Right to Private Property),牛津大学出版社,1988。

汪庆华:《政治中的司法:中国行政诉讼的法律社会学考察》,清华大学出版社,2011。

王沪宁:《反腐败——中国的实验》,三环出版社,1990。

王健:《中国的J. D. ?》,载贺卫方(编):《中国法律教育之路》,中国政法大学出版社,1997。

王力:《同源字典》,商务印书馆,1982。

王亚南:《中国官僚政治研究》,中国社会科学出版社,1981。

王振民(编):《中国宪法案例教程》,清华大学出版社,待出。

吴晓芳(编):《婚姻家庭继承案件司法务实》,新时代出版社,1993。

伍德曼西(Martha Woodmansee)(编):《建构作者:法律与文学中的文本占有》(The Construction of Authorship: Textual Appropriation in Law and Literature),杜克大学出版社,1994。

X

西蒙(William Simon):《正义的实践》(The Practice of Justice),哈佛大学出版社,1998。

希尔(Christopher Hill):《自由以法律为敌》(Liberty Against the Law: Some Seventeenth-century Controversies),企鹅丛书,1996。

希罗多德:《九卷史》(The Histories),Aubrey de Selincourt 英译,企鹅丛书,1972。

肖胜喜:《律师与公证制度教程》,中国政法大学出版社,1996。

肖扬(编):《贿赂犯罪研究》,法律出版社,1994。

休谟:《人性论》(A Treatise of Human Nature, ed. P. H. Nidditch),牛津大学出版社,1978。

许崇德(编):《中国宪法教程》(修订本),人民法院出版社,1991。

Y

亚里士多德:《伦理学》(Ethica nikomacheia),Thomson/Tredennick 英译,企鹅丛书,1976。

亚里士多德:《修辞学》(Techne rhetorike, tr. J. H. Freese),哈佛/罗伯丛书,1994。

亚里士多德:《政治学》(Politika, tr. H. Rackham),哈佛/罗伯丛书,1990。

阎步克:《乐师与史官:传统政治文化与政治制度论集》,北京三联书店,2001。

杨殿升(编):《中国特色监狱制度研究》,法律出版社,1999。

伊利亚米(Raymond Iryami):《让法庭还死者清白》,载《福丹知识产权、传媒及娱乐法学刊》(Fordham Intellectual Property, Media & Entertainment Law Journal)卷九,1999。

易延友:《中国刑诉与中国社会》,北京大学出版社,2010。

余辛文:《关于农民负担的行政诉讼案件的几个问题》,载《法学研究》2/1997。

喻敏:《论男女平等的宪法原则在民事领域内的直接效力》,载《中国法学》6/1995。

Z

曾晓明:《舆论监督与名誉侵权:新闻侵权案代理人手记》,载《中国律师》3/1999。

张建国:《夷三族解析》,载《法学研究》6/1998。

张贤亮:《我的菩提树》,作家出版社,1994。

张新宝:《言论表述和新闻出版自由与隐私权保护》,载《法学研究》6/1996。

张志铭:《当代中国的律师业:以民权为基本尺度》,载夏勇(编):《走向权利的时代》,中国政法大学出版社,1995。

张中晓:《无梦楼随笔》,上海远东出版社,1996。

周熙乐(Hilary Josephs):《孰直孰贱:美、中腐败考》,载《雪城国际法商学刊》(Syracuse Journal of International Law and Commerce)卷廿七,2000。

图书在版编目(CIP)数据

政法笔记(增订版)/冯象著.—北京:北京大学出版社,2012.1
ISBN 978-7-301-16673-4

Ⅰ.①政… Ⅱ.①冯… Ⅲ.①法律-文集 Ⅳ.①D9-53

中国版本图书馆 CIP 数据核字(2011)第 209818 号

书 名	政法笔记(增订版)
	ZHENGFA BIJI(ZENGDING BAN)
著作责任者	冯 象 著
责任编辑	陈晓洁
标准书号	ISBN 978-7-301-16673-4
出版发行	北京大学出版社
地 址	北京市海淀区成府路 205 号 100871
网 址	http://www.pup.cn http://www.yandayuanzhao.com
电子邮箱	编辑部 yandayuanzhao@pup.cn 总编室 zpup@pup.cn
新浪微博	@北京大学出版社 @北大出版社燕大元照法律图书
电 话	邮购部 010-62752015 发行部 010-62750672
	编辑部 010-62117788
印刷者	北京宏伟双华印刷有限公司
经销者	新华书店
	880 毫米×1230 毫米 32 开本 10.875 印张 238 千字
	2012 年 1 月第 1 版 2024 年 11 月第 22 次印刷
定 价	49.00 元

未经许可,不得以任何方式复制或抄袭本书之部分或全部内容。
版权所有,侵权必究
举报电话:010-62752024 电子邮箱:fd@pup.cn
图书如有印装质量问题,请与出版部联系,电话:010-62756370